Claudio Guarino

Claudio

Guarino

CHARTA

Claudio Guarino era un artista che non voleva essere inserito in nessuna categoria. Il suo amore per l'opera e la gente e il suo entusiasmo contagioso per il divertimento andavano di pari passo con l'arguzia, la passione e l'incoscienza. Claudio ha intrapreso un viaggio imprevedibile che quelli che lo conoscevano bene ricorderanno pieno di invenzioni, spettacolo e confusione. Questo libro illustra una parte di quel viaggio.

Claudio era irritante e simpatico allo stesso tempo: quando c'era non potevi fare a meno di notarlo. Suscitava una certa anarchia malandrina, mai offensiva, che stimolava amici, colleghi e pubblico. Nel suo mondo di evasione dalla realtà tutto poteva succedere, e spesso succedeva. Eppure nessuno di noi l'ha mai abbandonato.

Era appassionante stargli vicino quando lavorava a un progetto nuovo. Le idee sgorgavano a fiumi, il suo senso della scoperta era enorme, il suo mondo girava attorno alle infinite possibilità che il compito gli offriva. Spesso il suo entusiasmo contagioso coglieva le persone alla sprovvista, quando presentava un progetto nuovo o chiedeva la collaborazione per realizzarlo. Ma una volta terminata l'opera, il suo lato privato riaffiorava ed egli si ritirava in se stesso. Non era mai sicuro di essere riuscito nel suo intento, di aver fatto un passo avanti o uno indietro.

Non è facile riassumere il viaggio di Claudio in parole e immagini; lui stesso forse avrebbe pensato che era un esercizio inutile. Gli piaceva passare rapidamente all'idea successiva e lasciare indietro i suoi amici, arrancanti. Riguardo a questo libro, ho il sospetto che in privato ne sarebbe stato orgoglioso, ma in pubblico, imbarazzato dall'analisi che esso presenta. Forse rappresenta noi che iniziamo a raggiungerlo, e cerca di spiegare a chi non è stato così fortunato da conoscerlo cosa significava fare parte della sua squadra.

Steve Child, febbraio 2008

Claudio Guarino was an artist who would not be categorized.
His love of opera and people, and his infectious enthusiasm for fun,
came together with wit, passion, and bravado, launching an unpredictable
journey which those of us who knew him will remember as being filled with
invention, spectacle, and confusion.
This book illustrates part of that journey.

Claudio was annoying and loveable in equal parts: you were never unaware
of him if he was in the room. He created a sense of mischievous anarchy—
never hurtful—which challenged friends, colleagues, and audiences. In his
world of escapism anything could, and frequently did, happen. Yet none of us
ever jumped ship.

It was challenging to be around him when he was working on a new project.
Ideas flowed, his sense of discovery was enormous, his world spun round
the infinite possibilities of the task. Often his infectious enthusiasm caught
people unawares, presenting them with a new project or seeking their
collaboration to make it happen. But once a piece was done, his private
side would surface, and he would withdraw into himself. He was never
sure whether or not he had succeeded—whether he was heading forwards
or backwards.

It is not easy to capture Claudio's journey in words and pictures, and Claudio
might have thought it an unnecessary exercise. He liked to move swiftly onto
the next idea and to leave his friends trailing behind. I suspect that he would
be, in equal measure, privately proud of this book, and publicly embarrassed
with its analysis. Maybe it represents the rest of us beginning to catch up with
him, trying to explain, to those who were unlucky enough not to have known
him, just what it was like to be one of his crew.

Steve Child, February 2008

I ritmi di Norma 1996

ABBANDONANDOSI

I Ritmi di Norma   By Claudio Guarino

ANDANTE GRAVE

I Ritmi di Norma   By Claudio Guarino

A TUTTA FORZA

I Ritmi di Norma   By Claudio Guarino

DI DENTRO PERDENDOSI

I Ritmi di Norma   By Claudio Guarino

DOLCE ESPRESSIVO

I Ritmi di Norma   By Claudio Guarino

INCALZANTE SEMPRE

I Ritmi di Norma   By Claudio Guarino

LENTO A PIACERE

I Ritmi di Norma   By Claudio Guarino

SPASMODICO

I Ritmi di Norma   By Claudio Guarino

Kit 1998

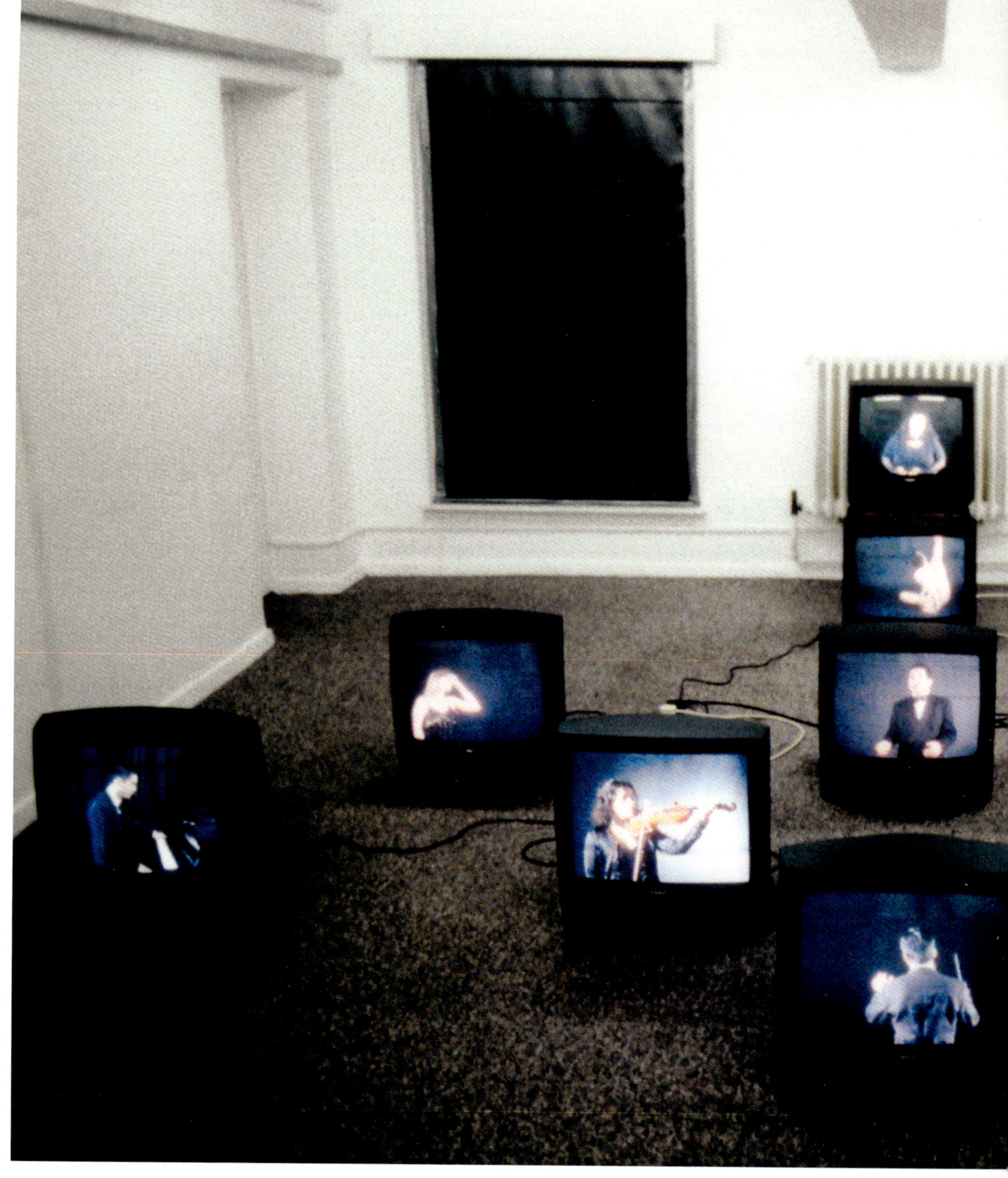

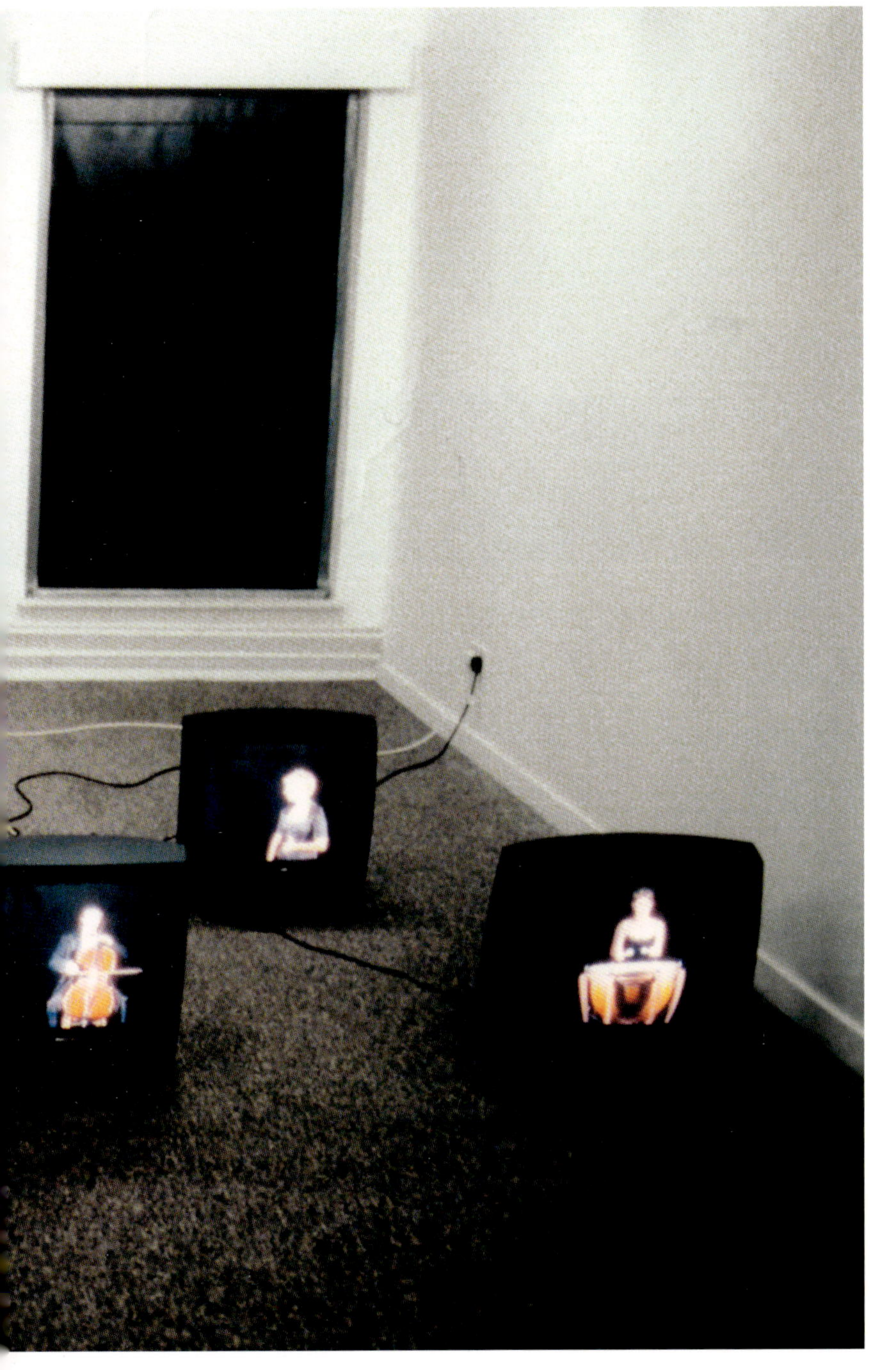

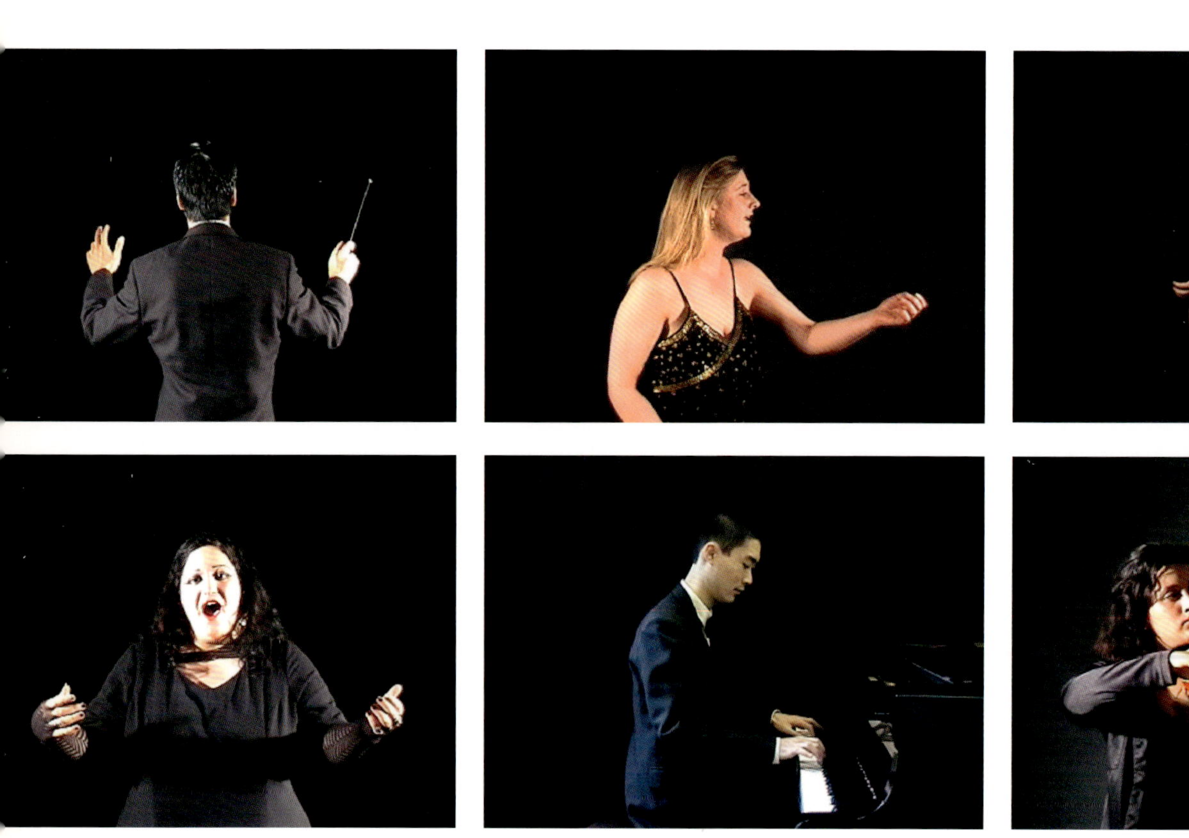

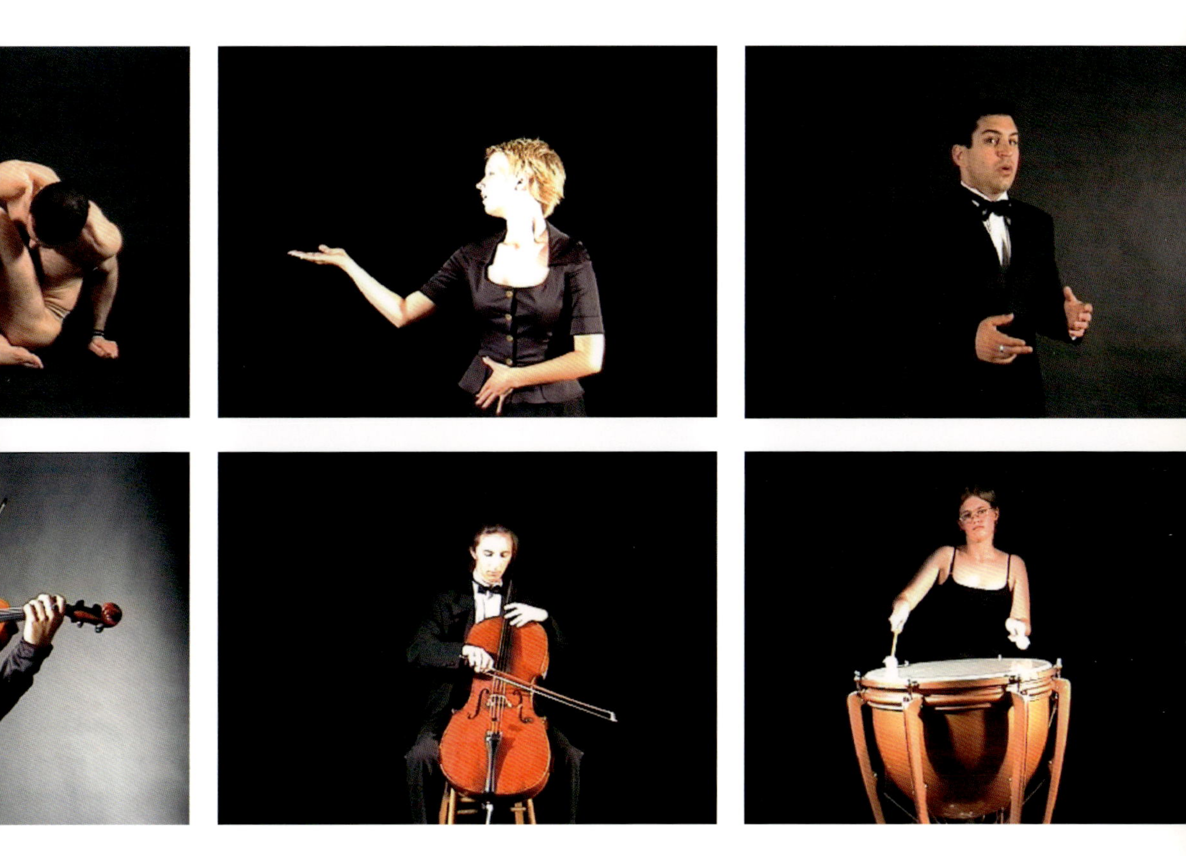

Suspicion - More Horrible than the Most Horrible Wrong of Wrongs 1996

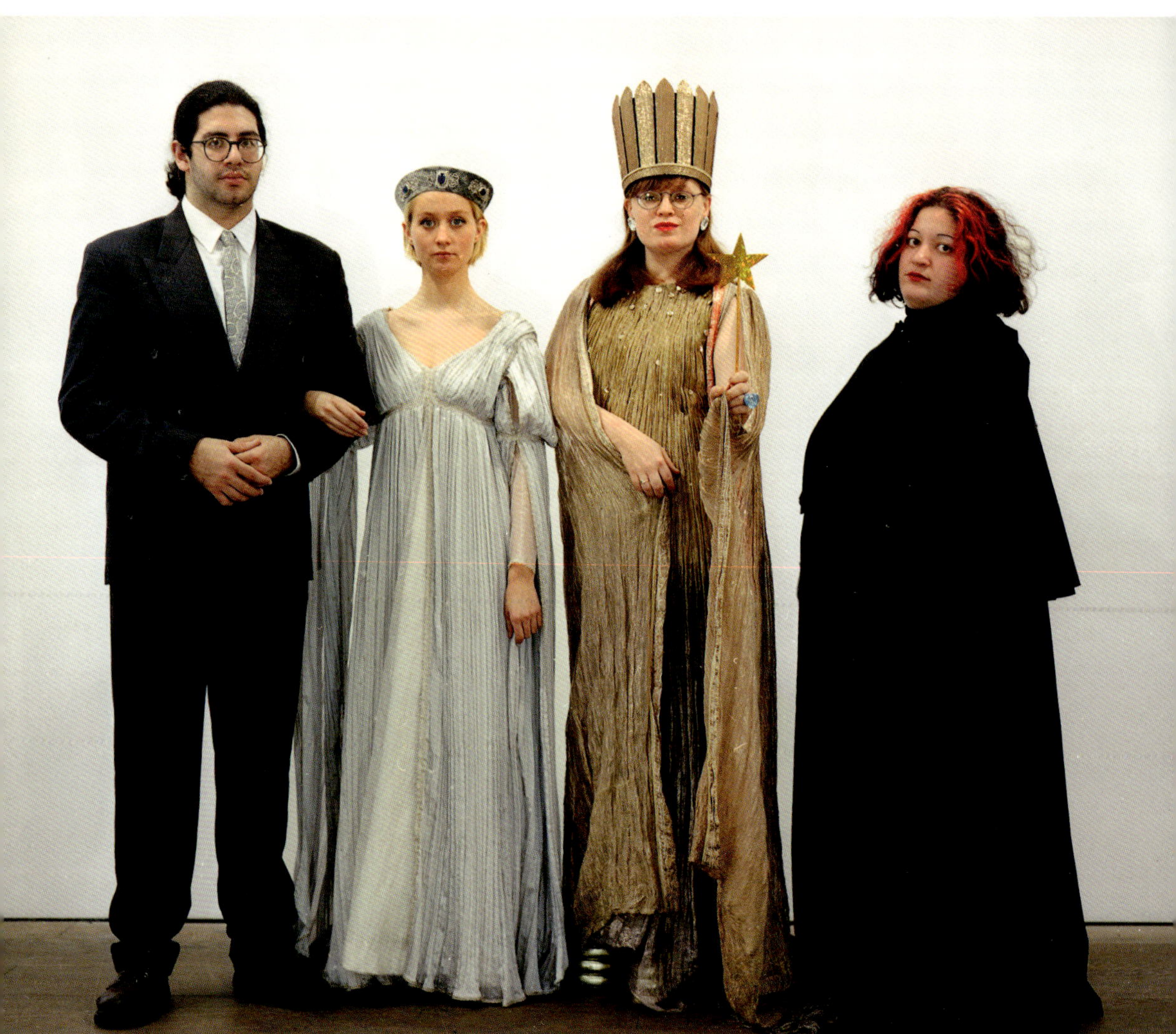

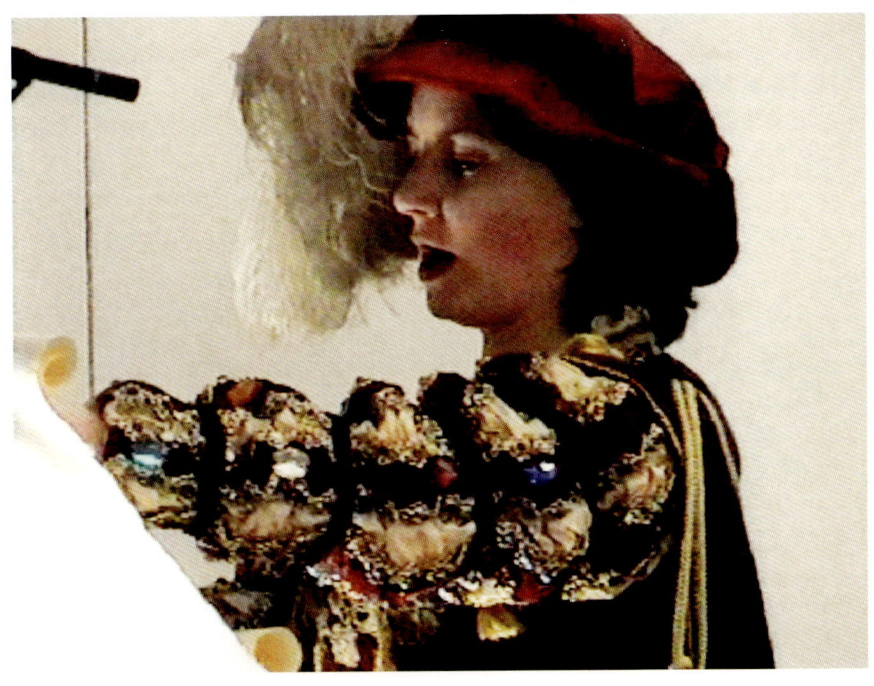

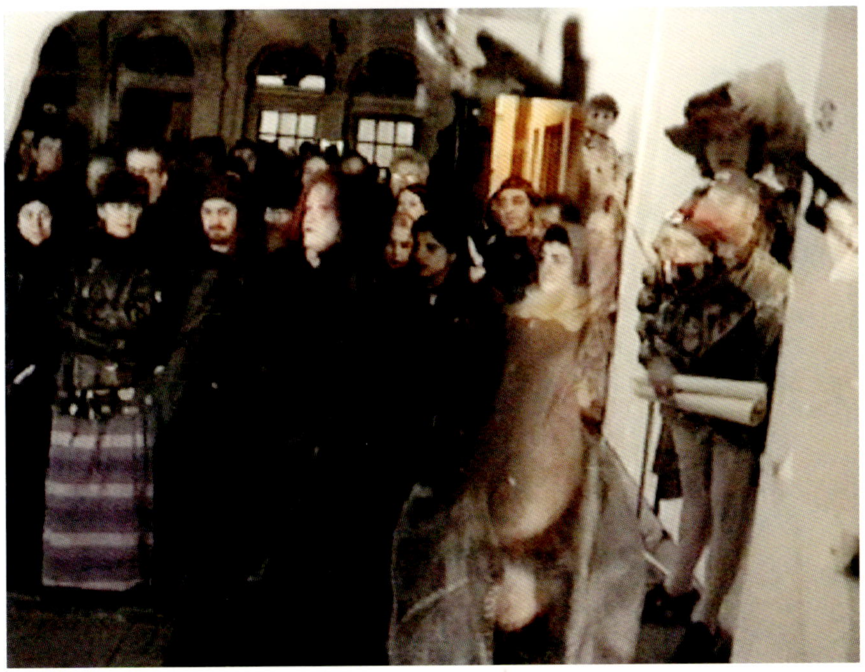

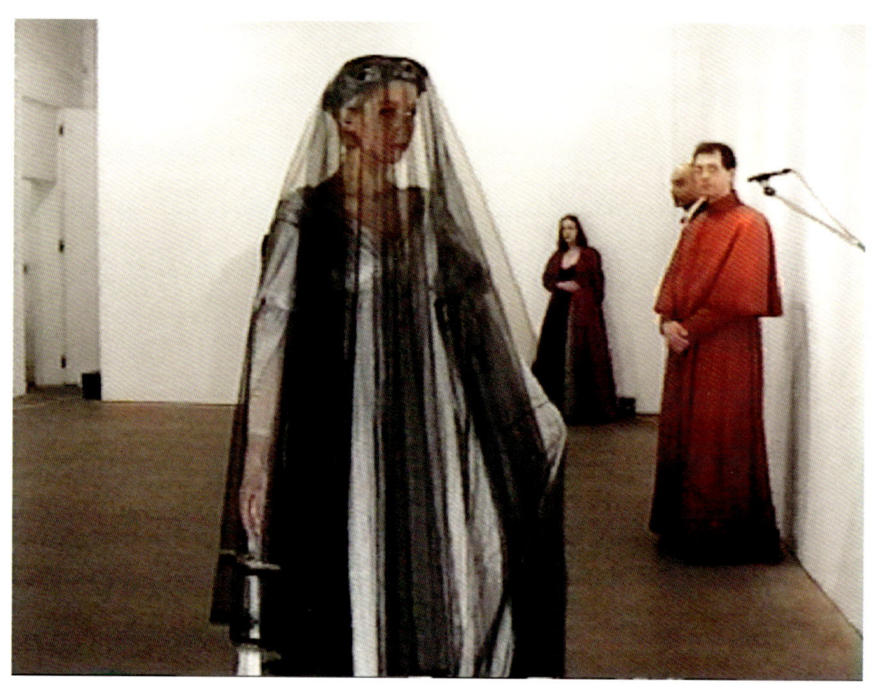

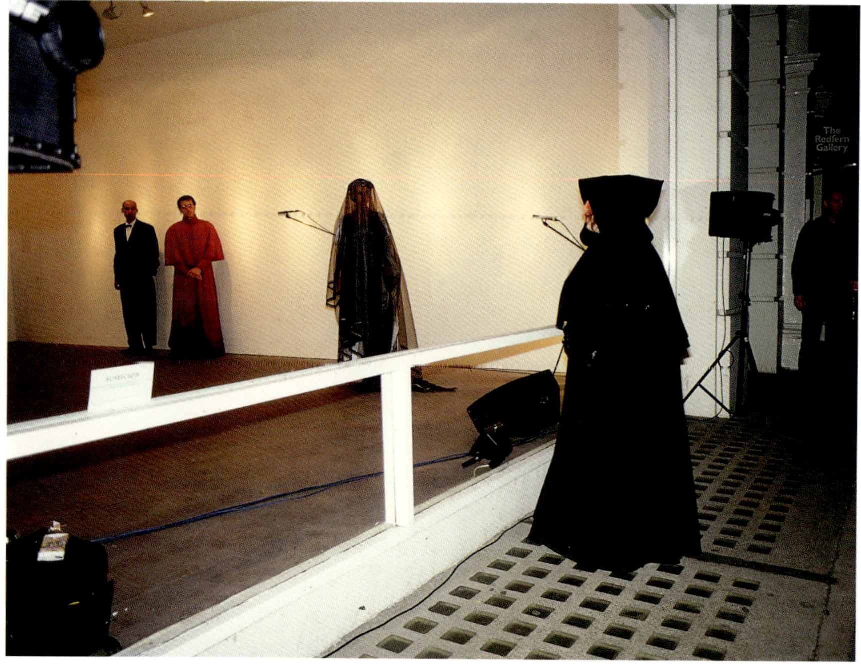

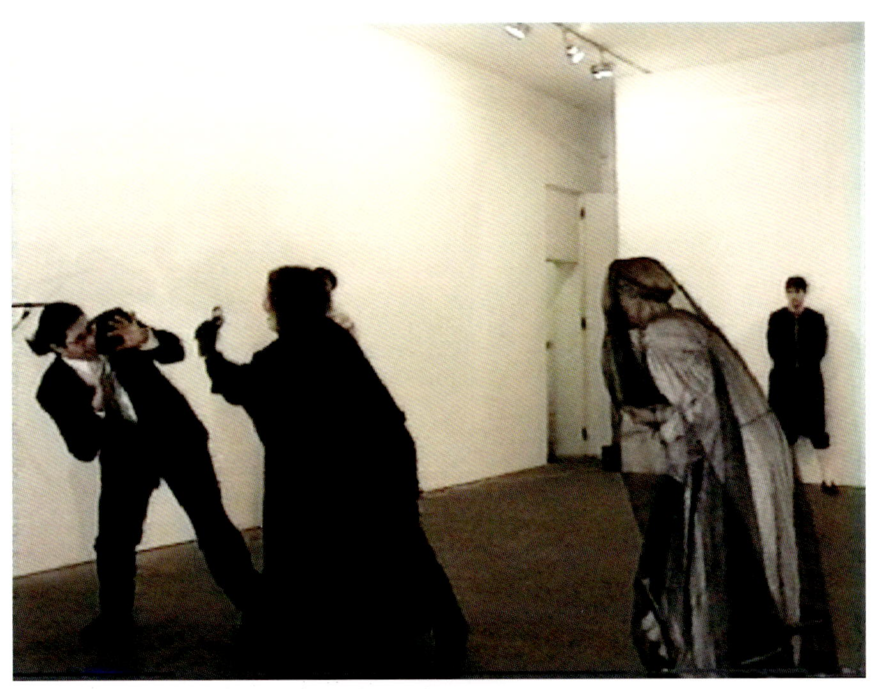

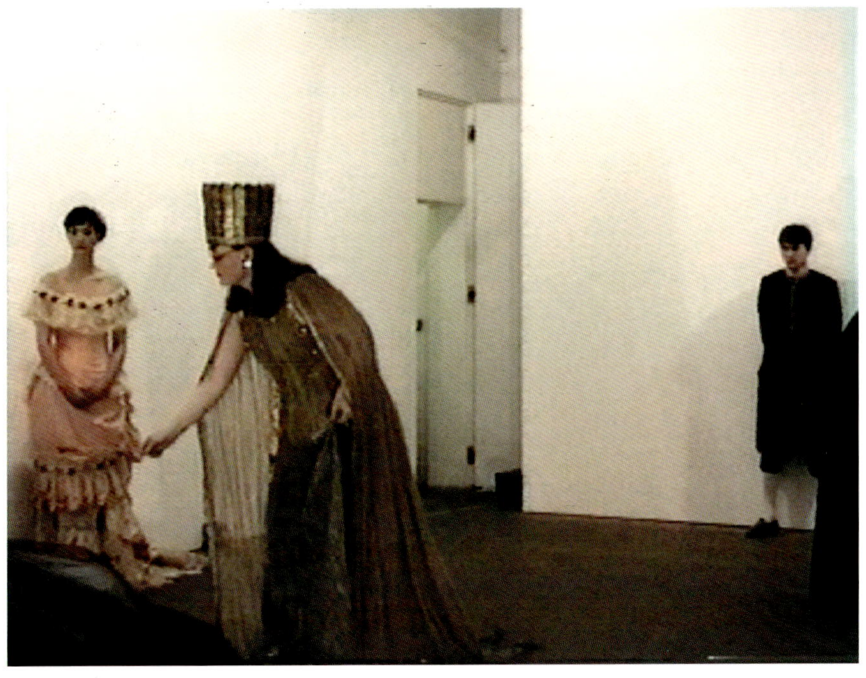

Mater Dolorosa 1997

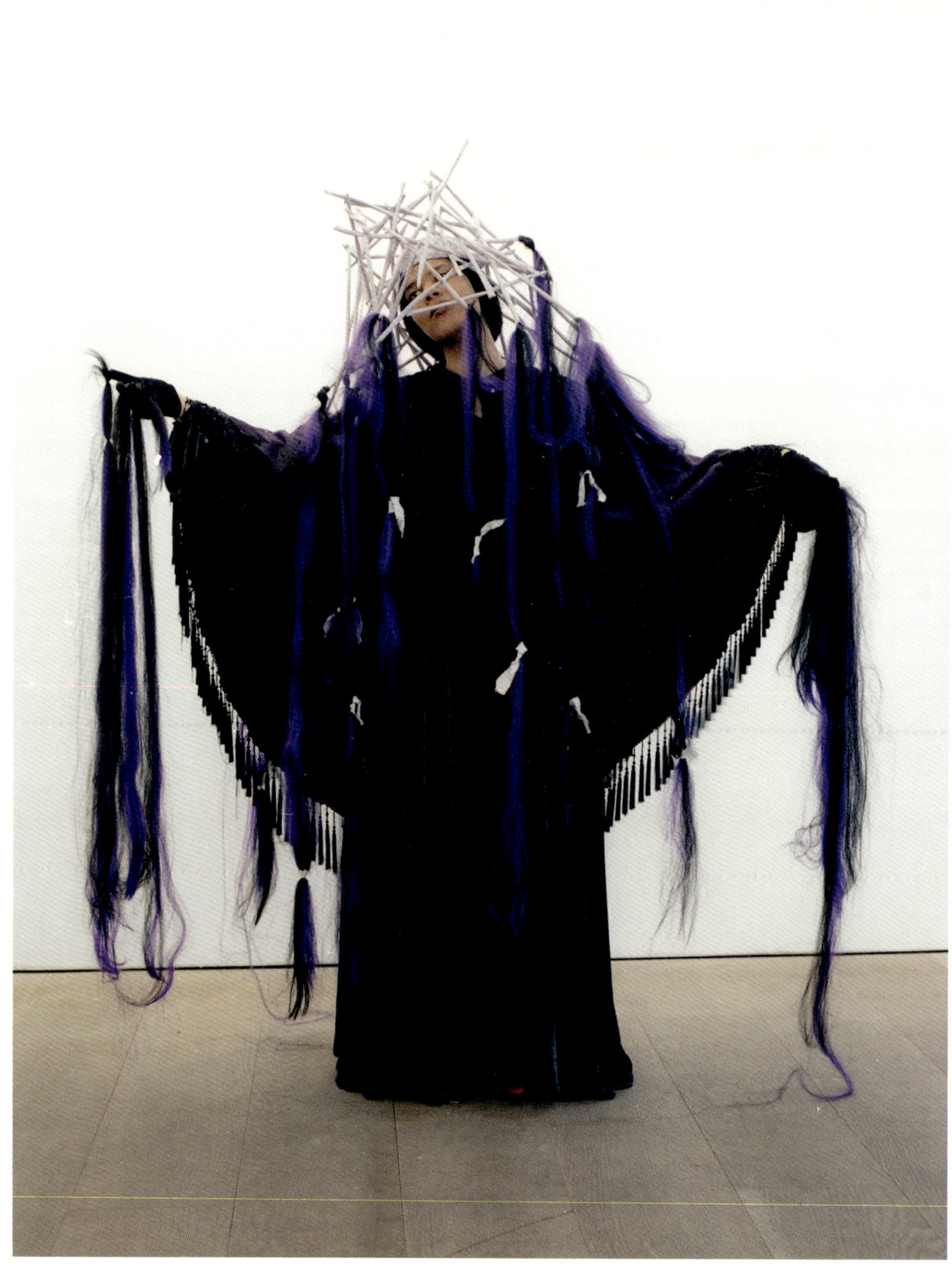

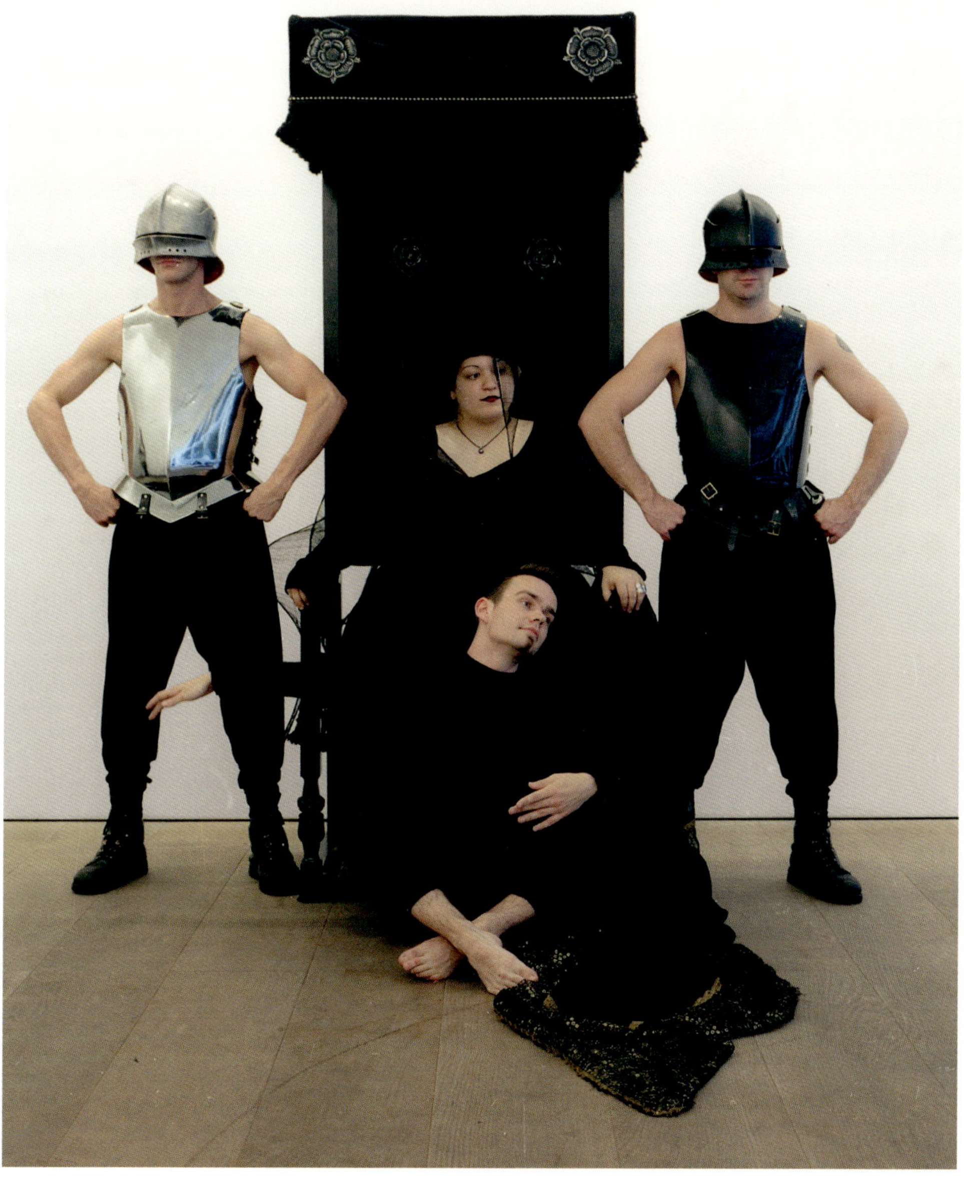

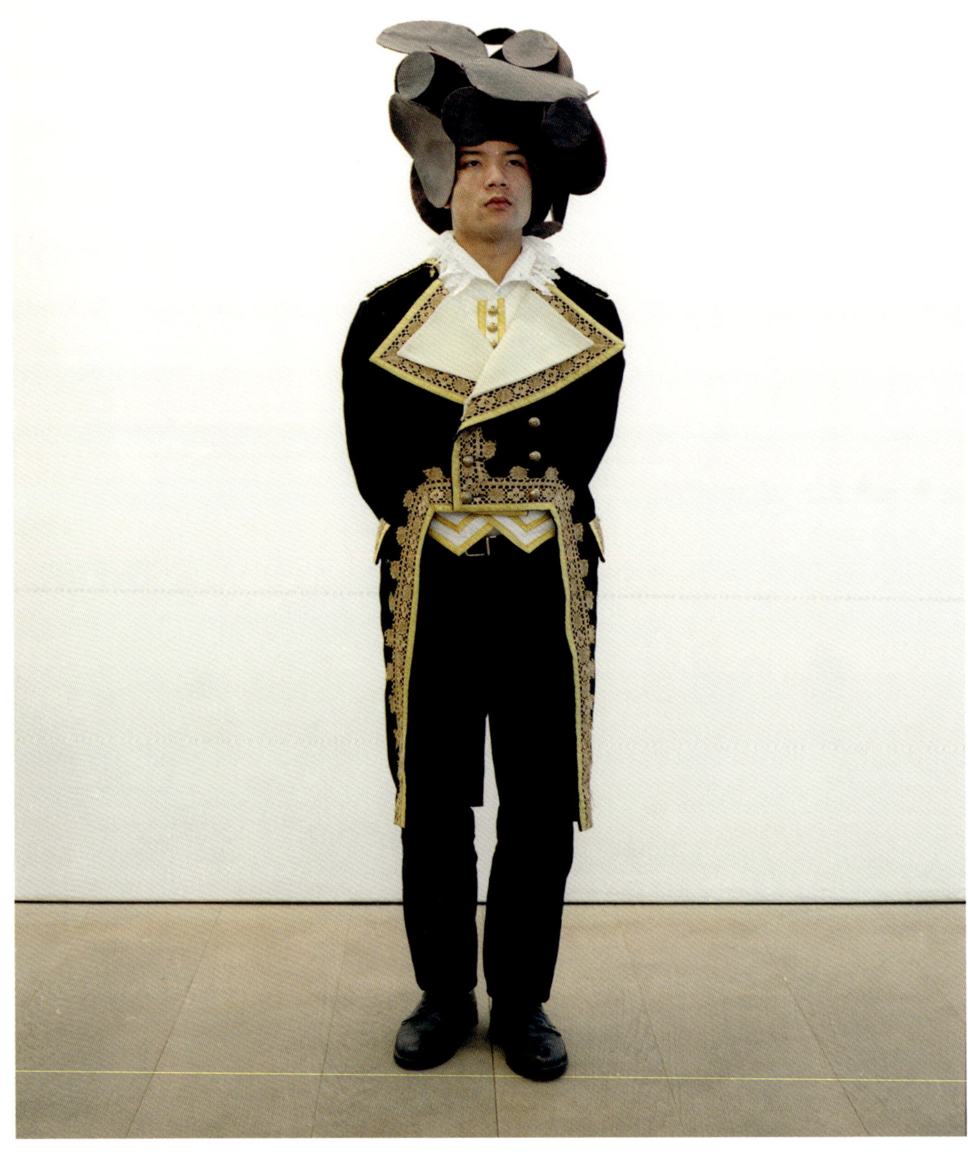

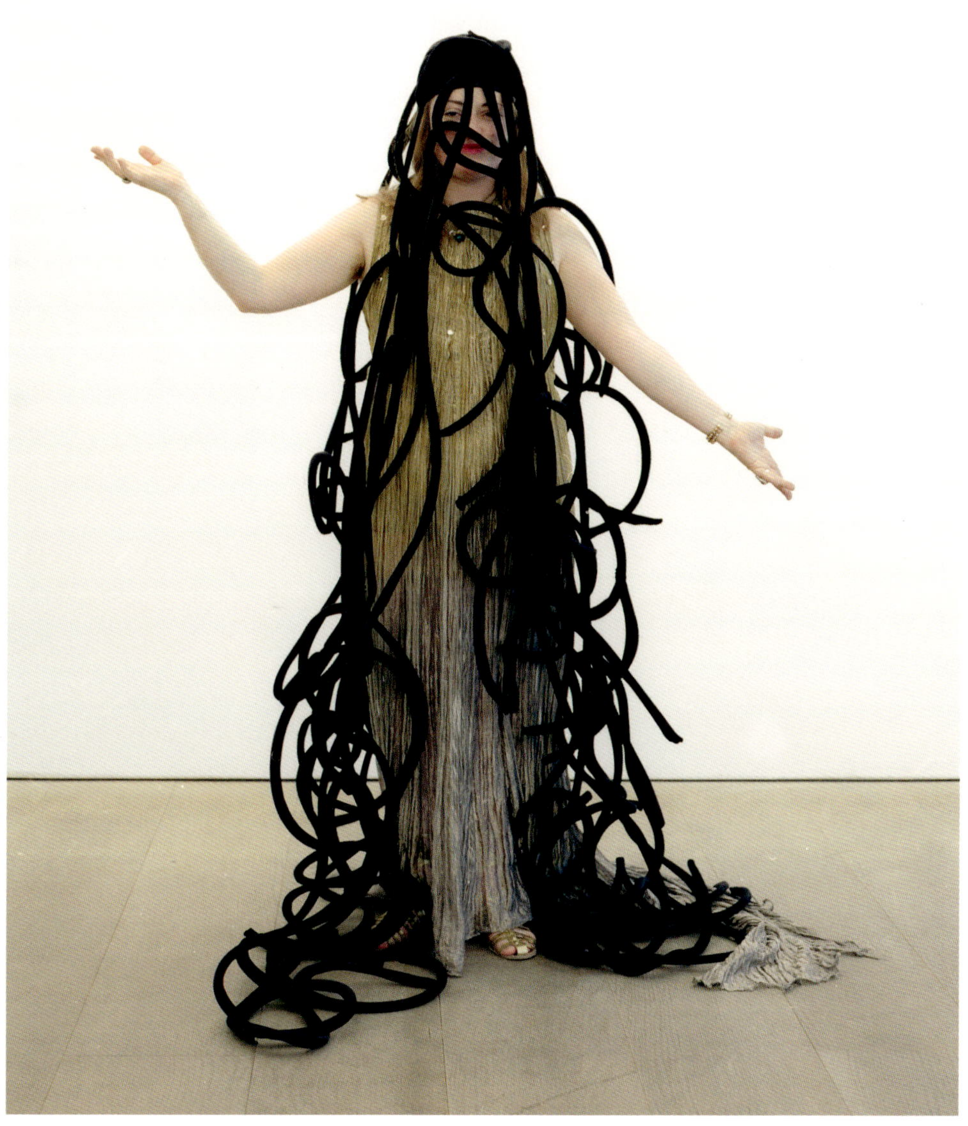

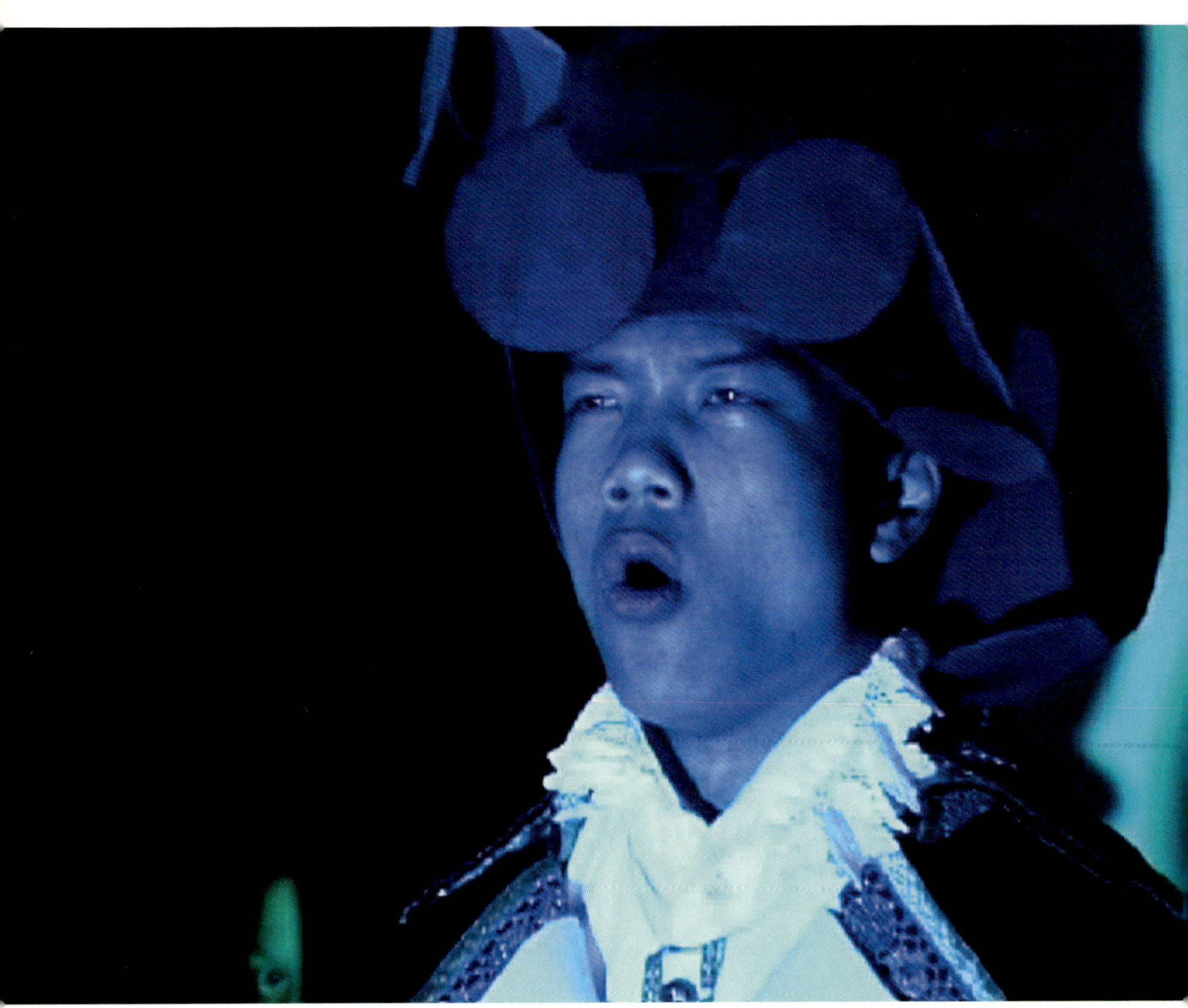

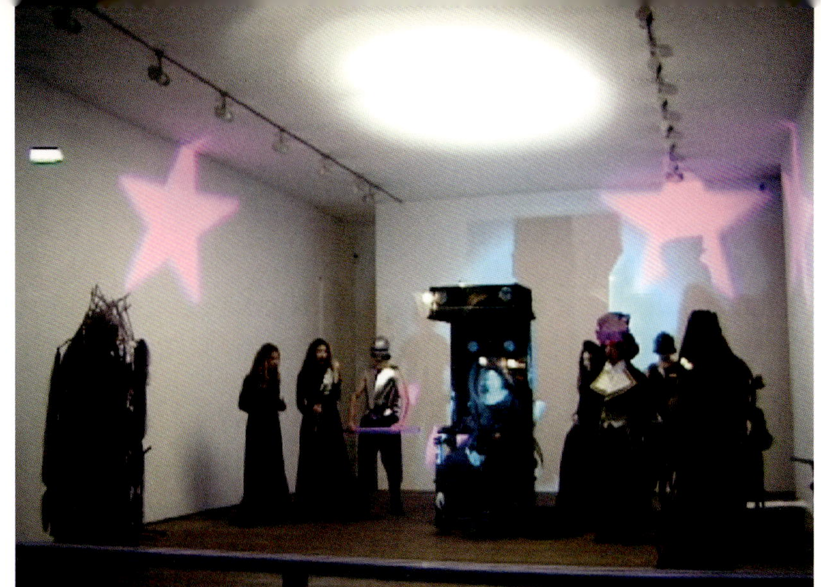

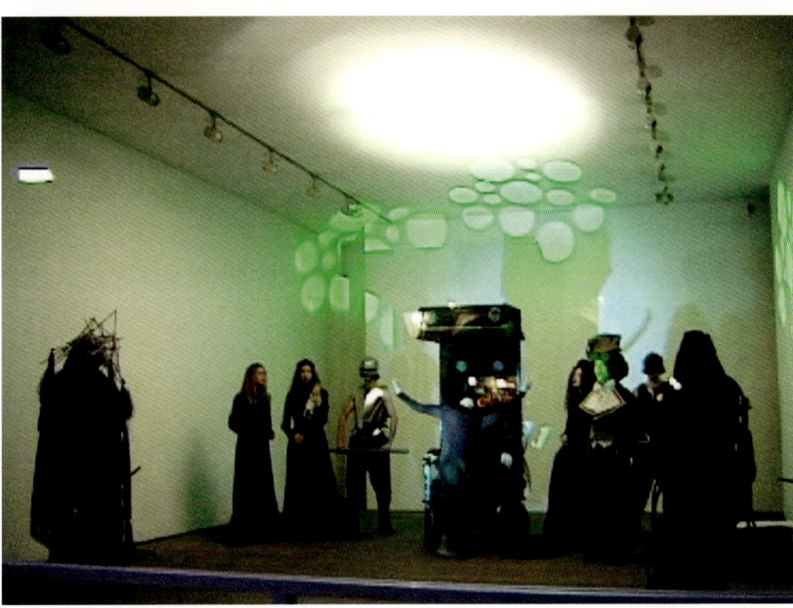

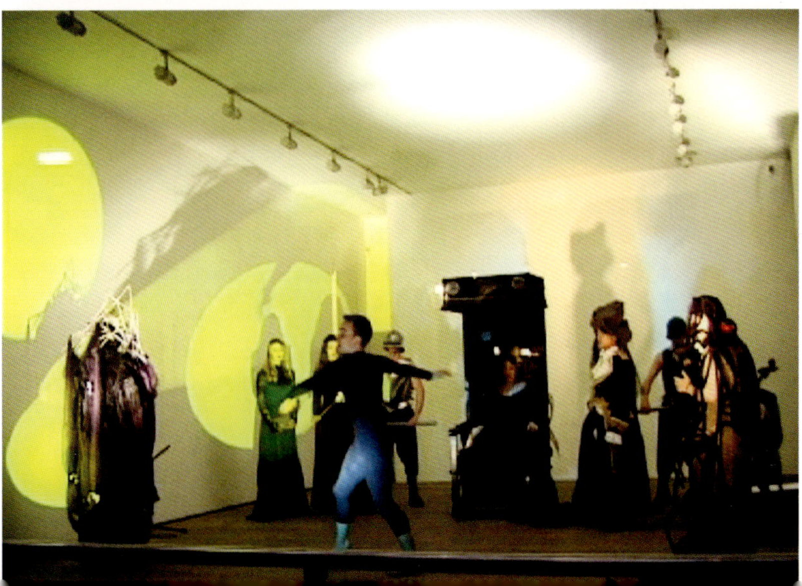

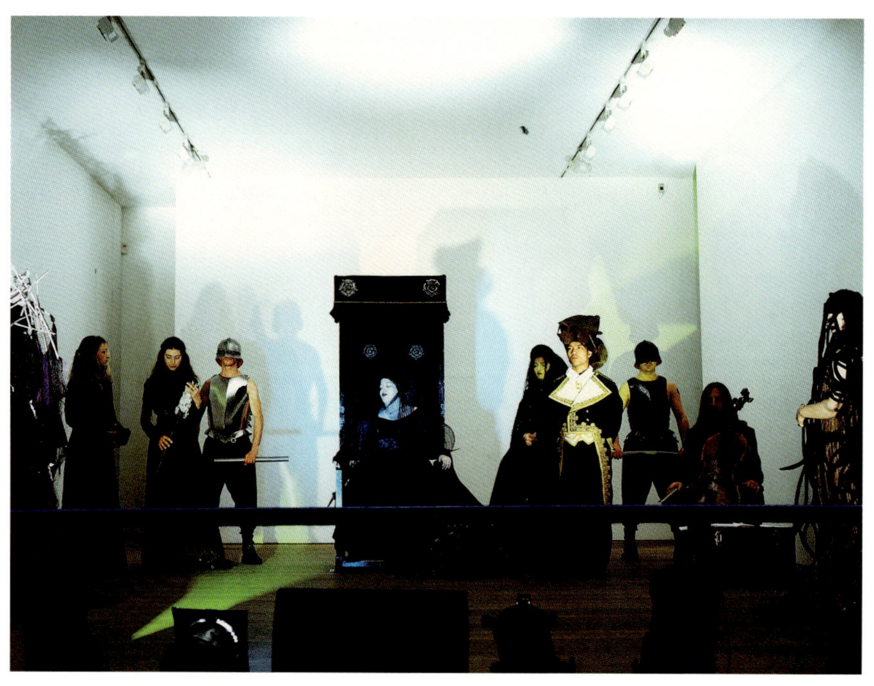

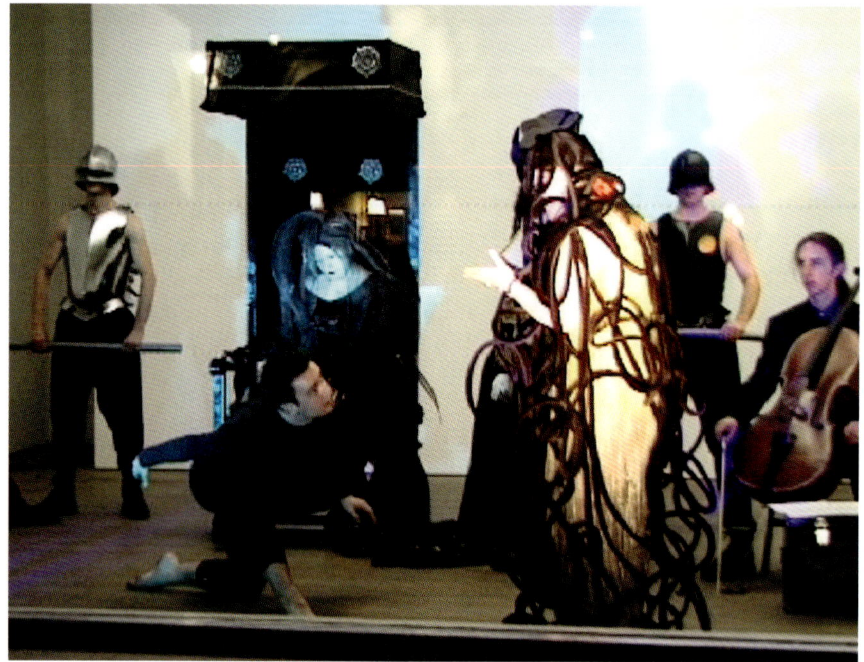

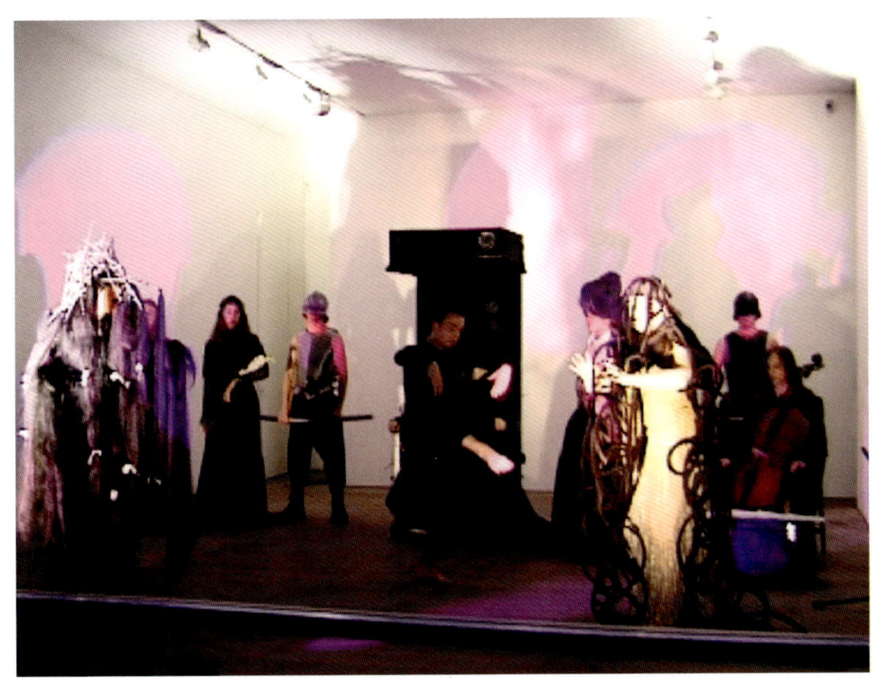

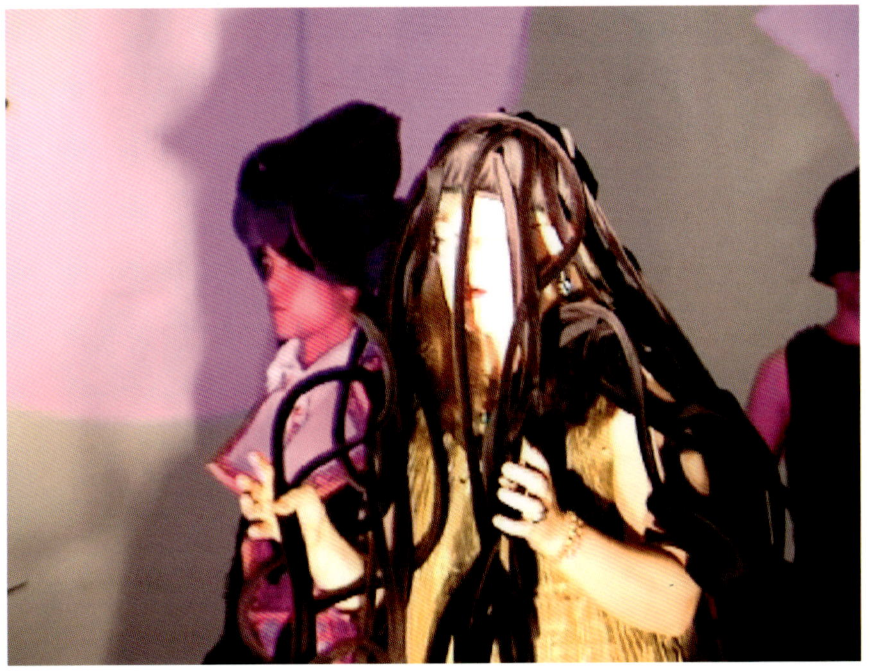

House of Injection 1997

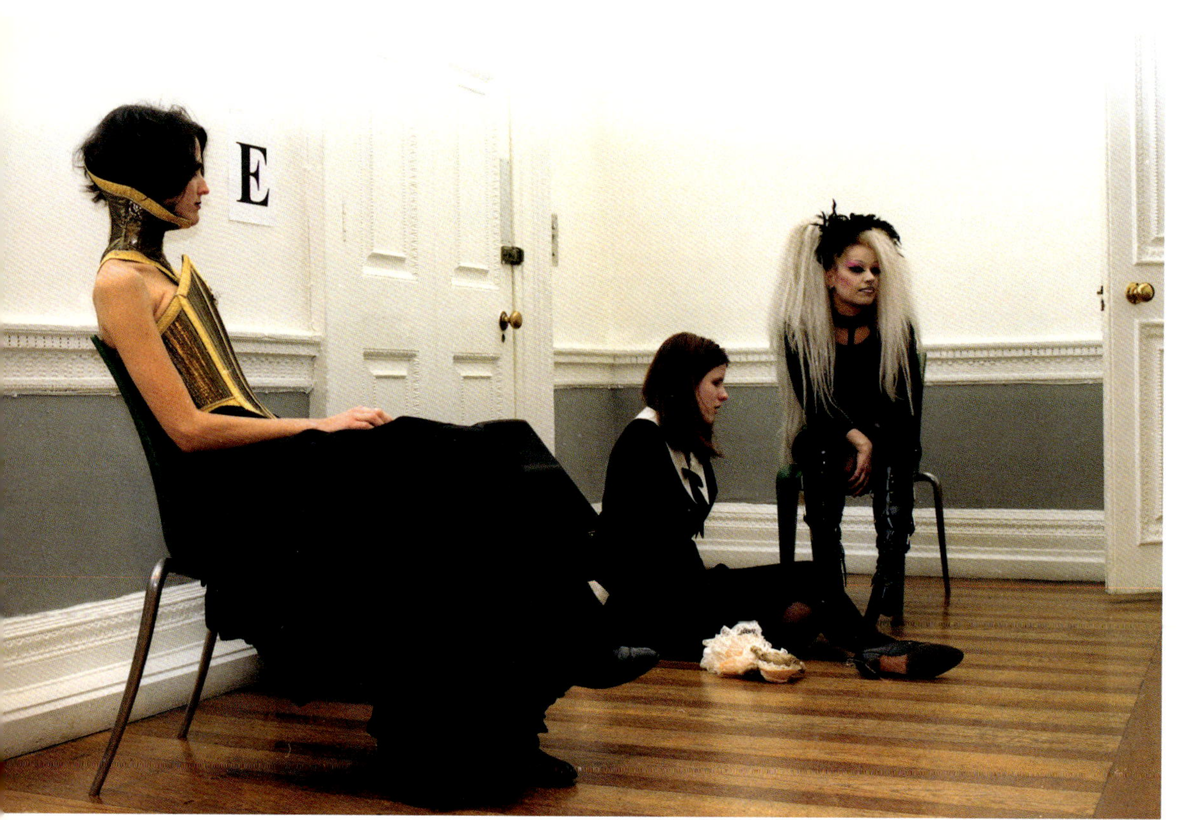

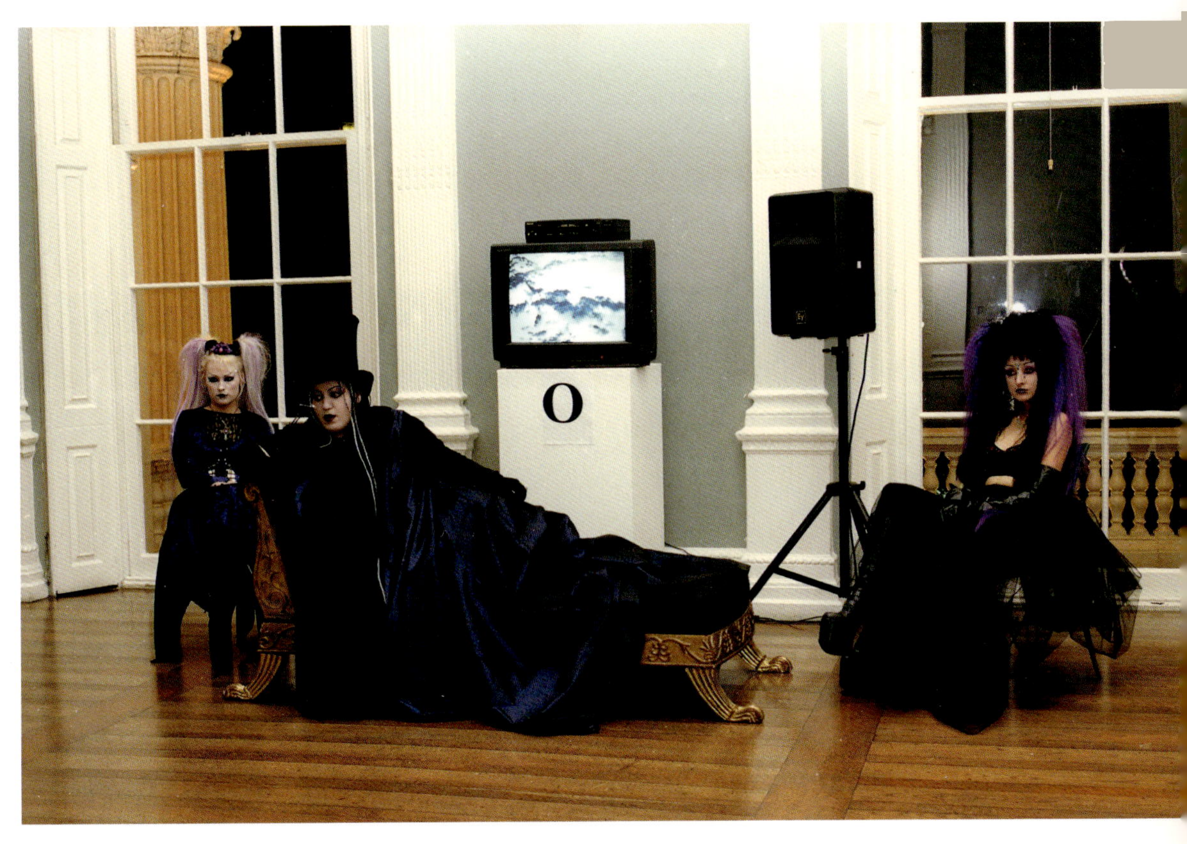

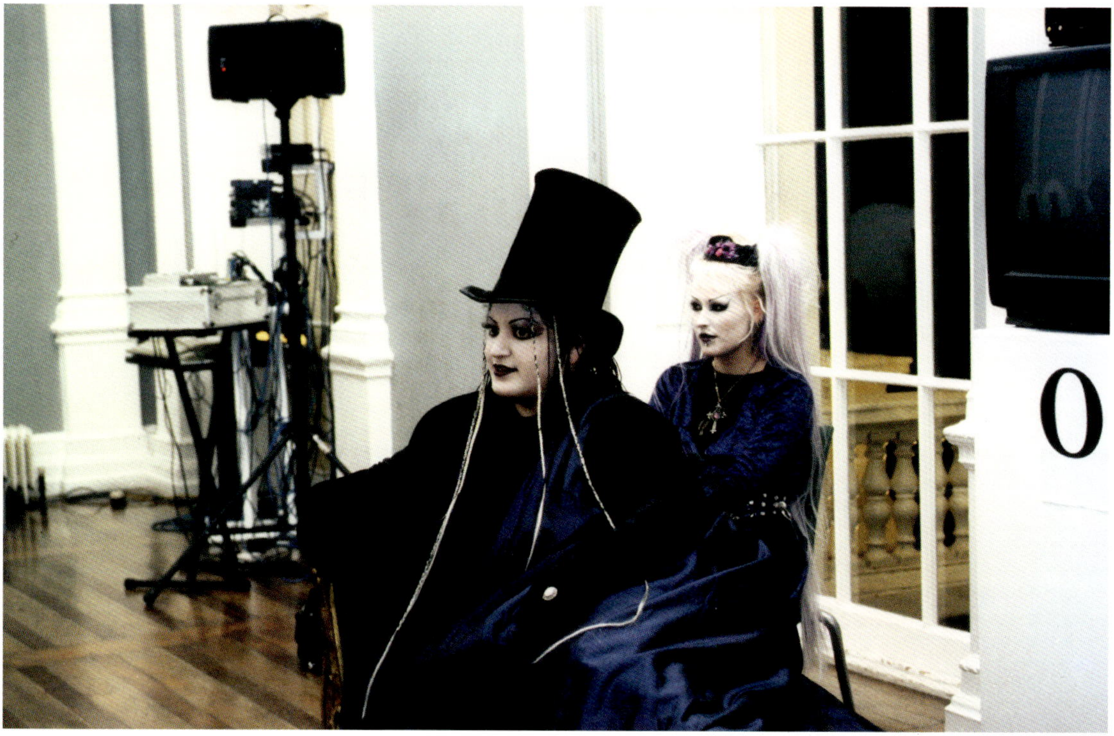

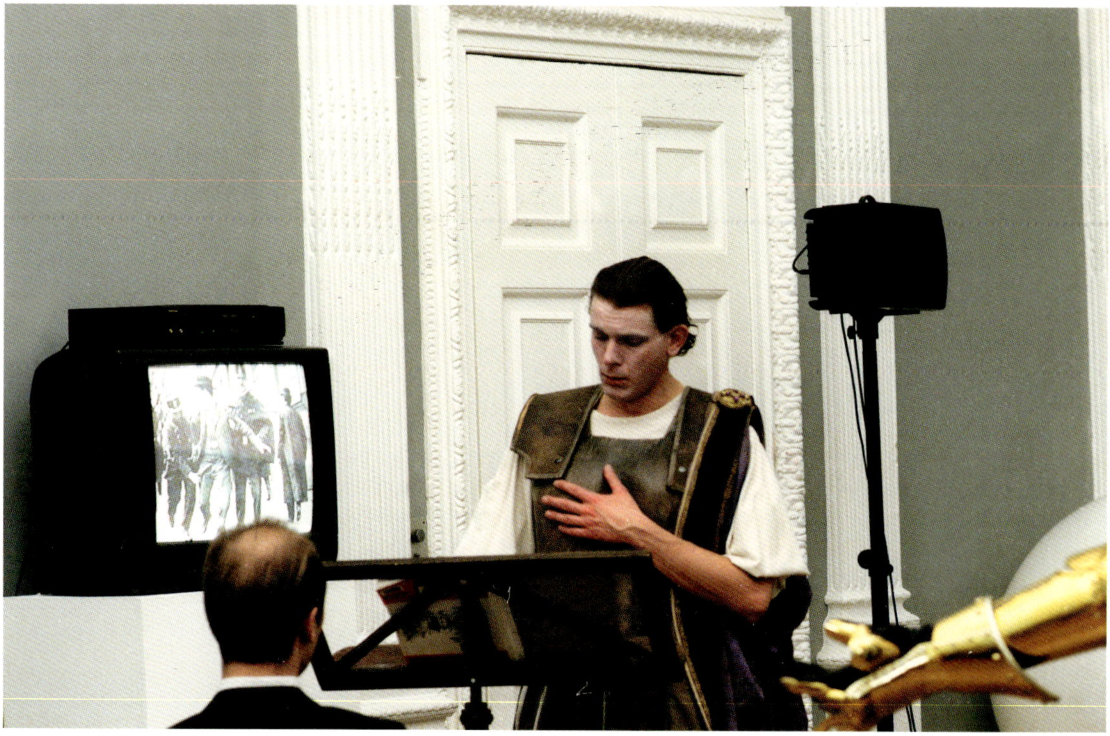

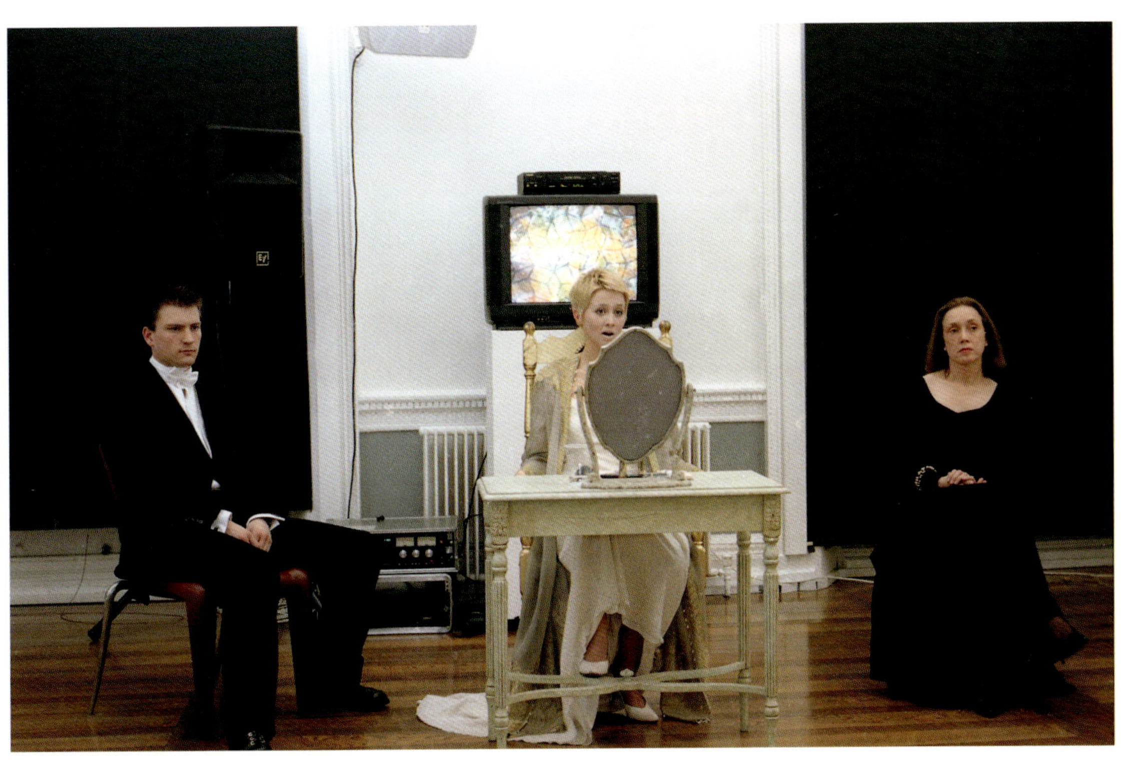

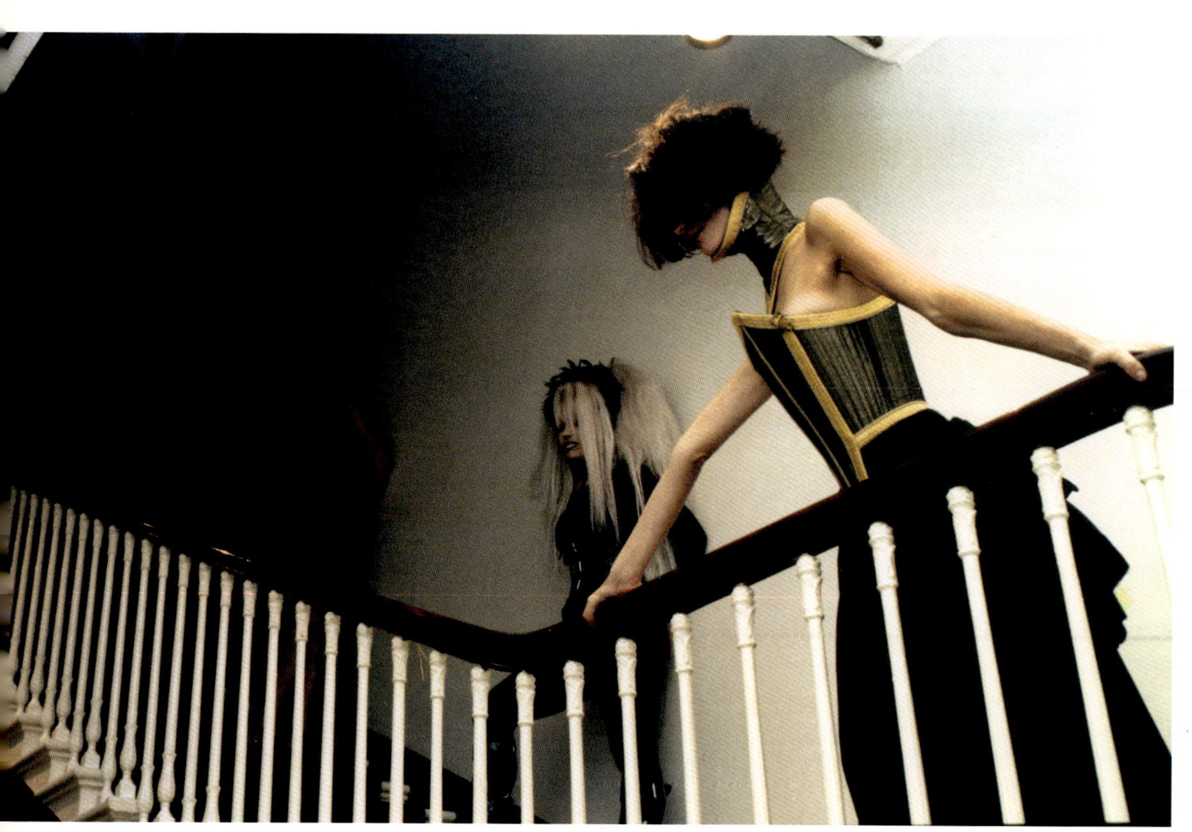

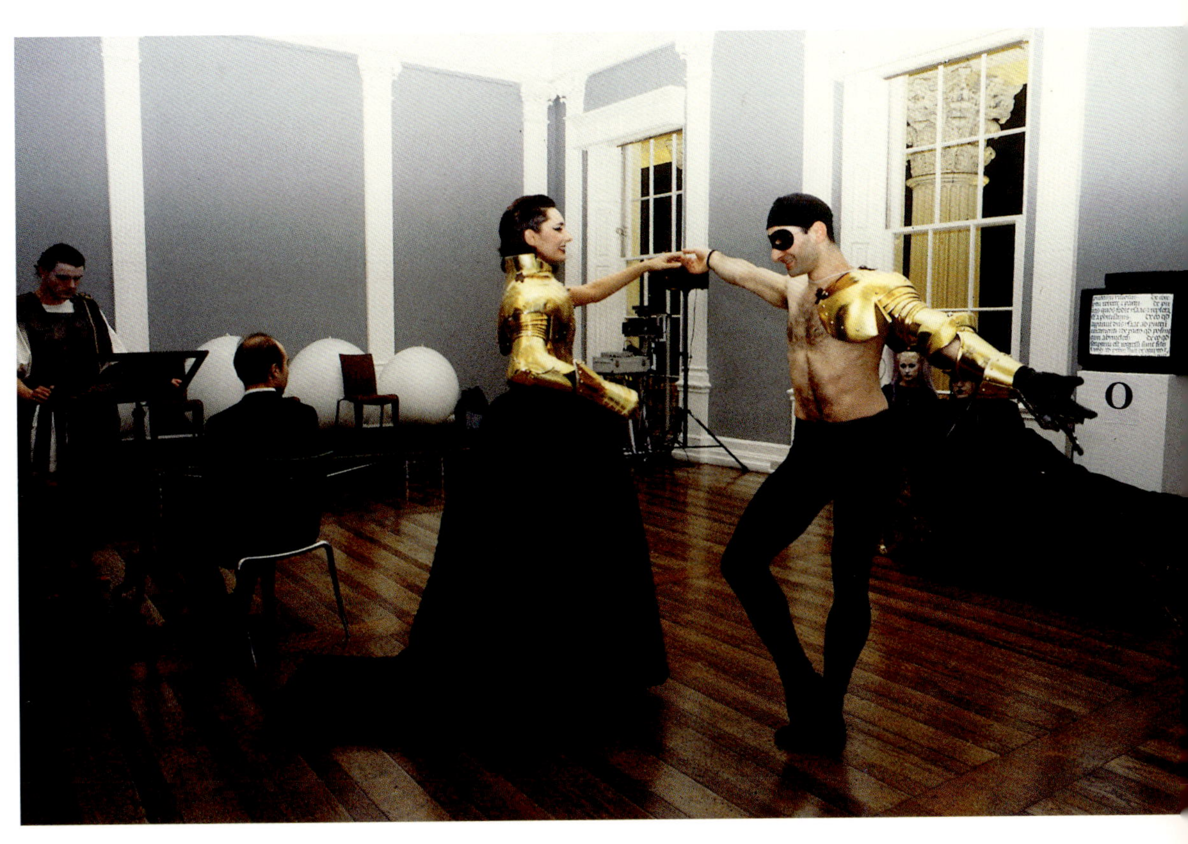

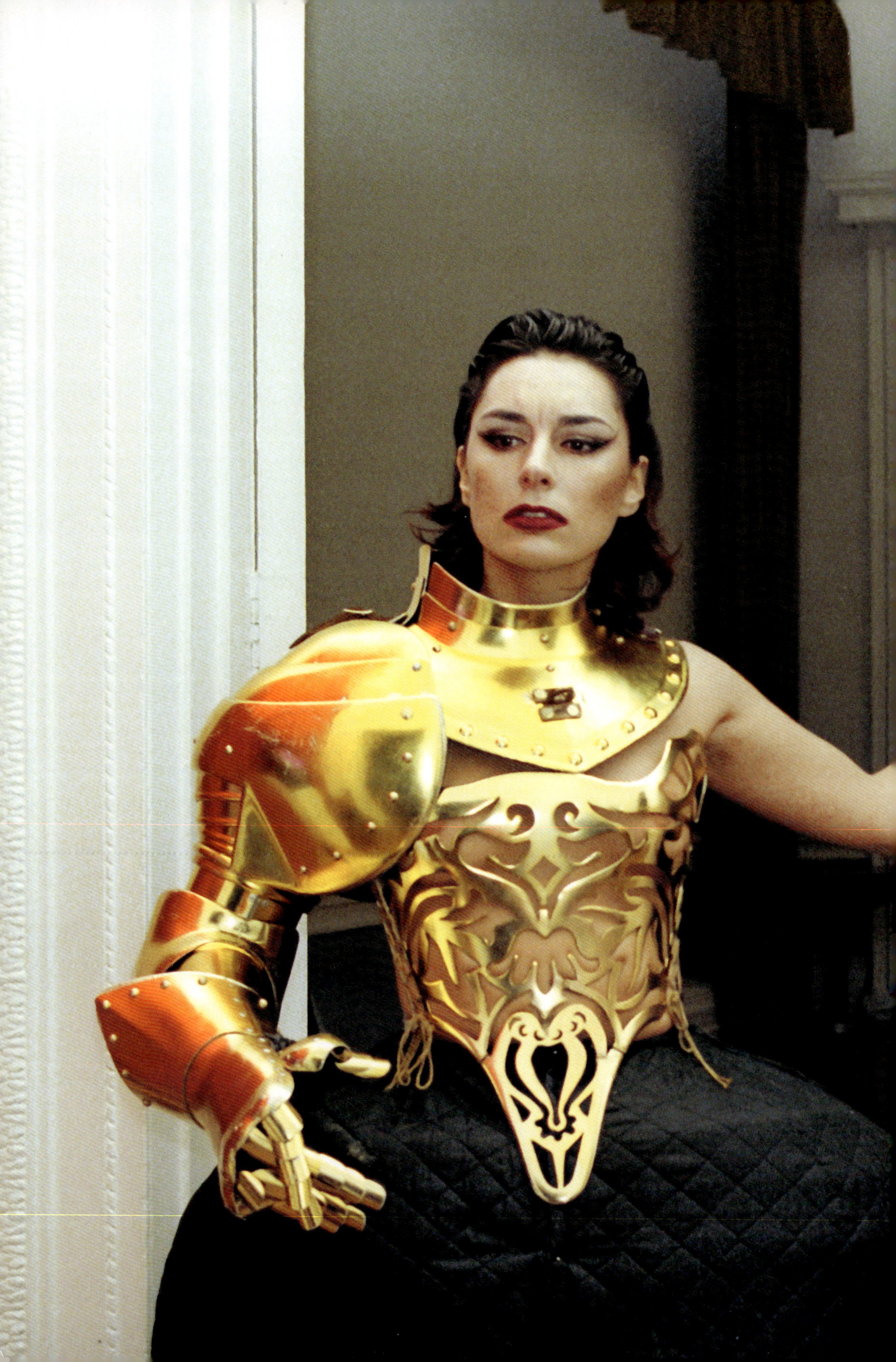

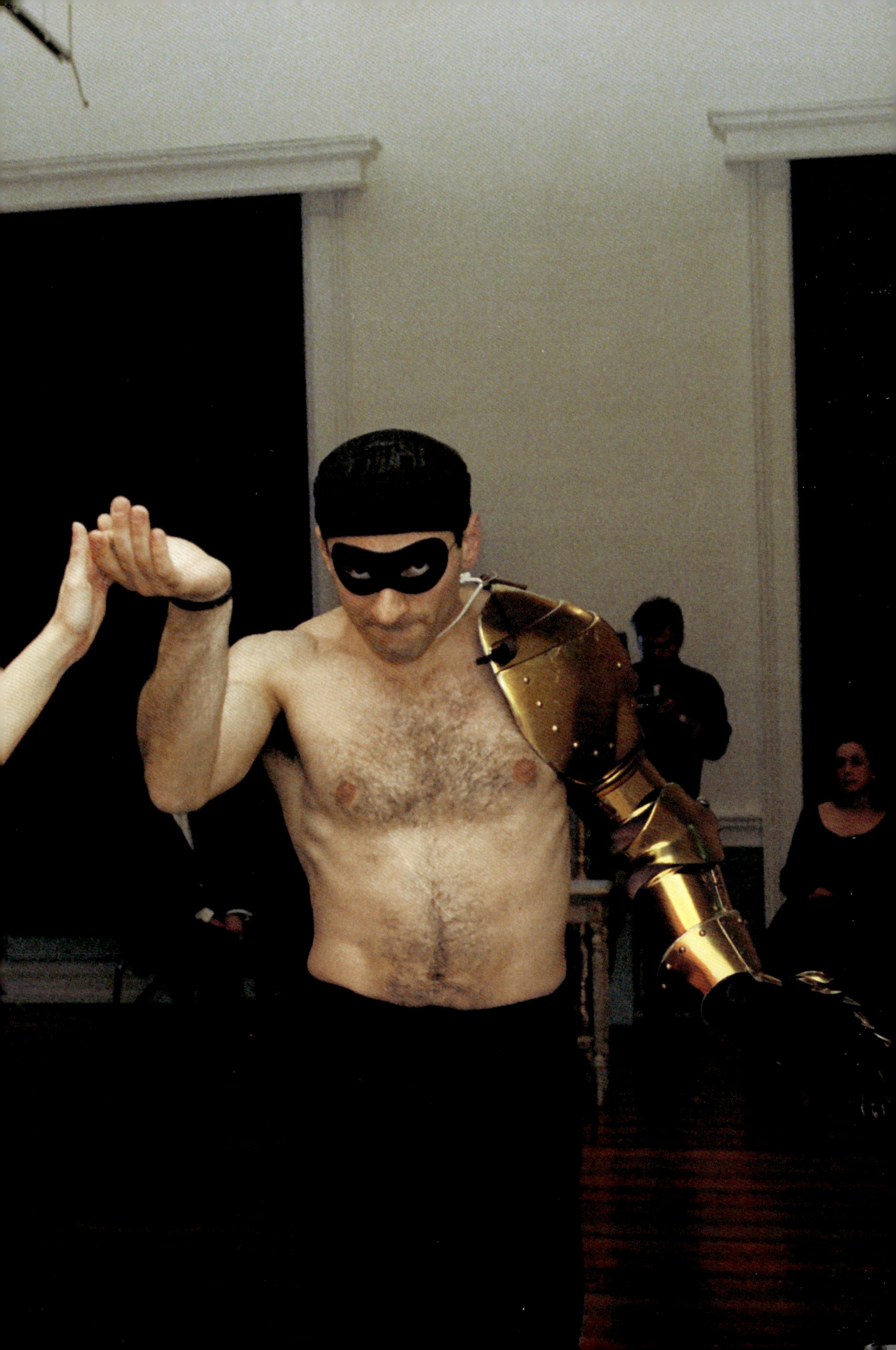

Aria 1998

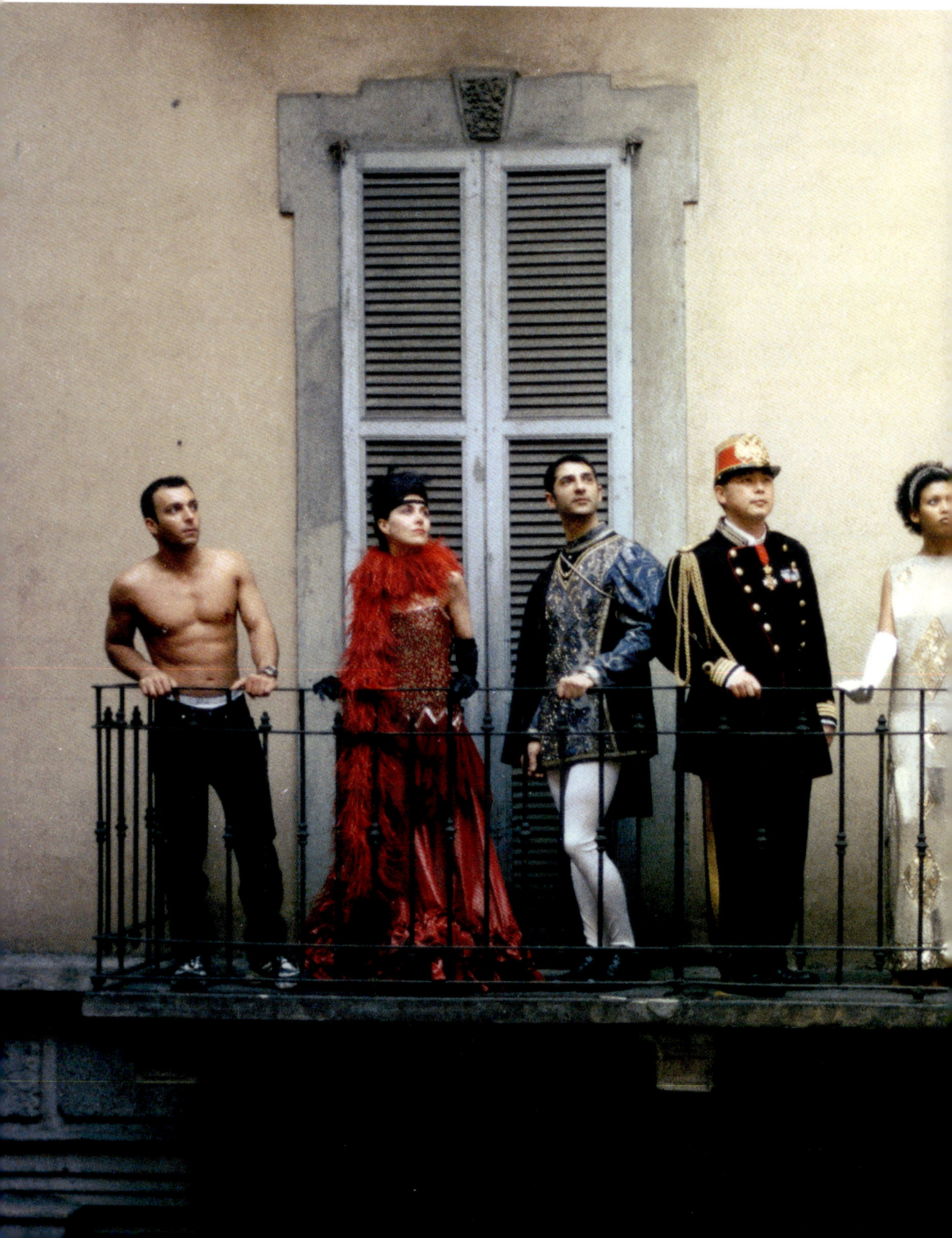

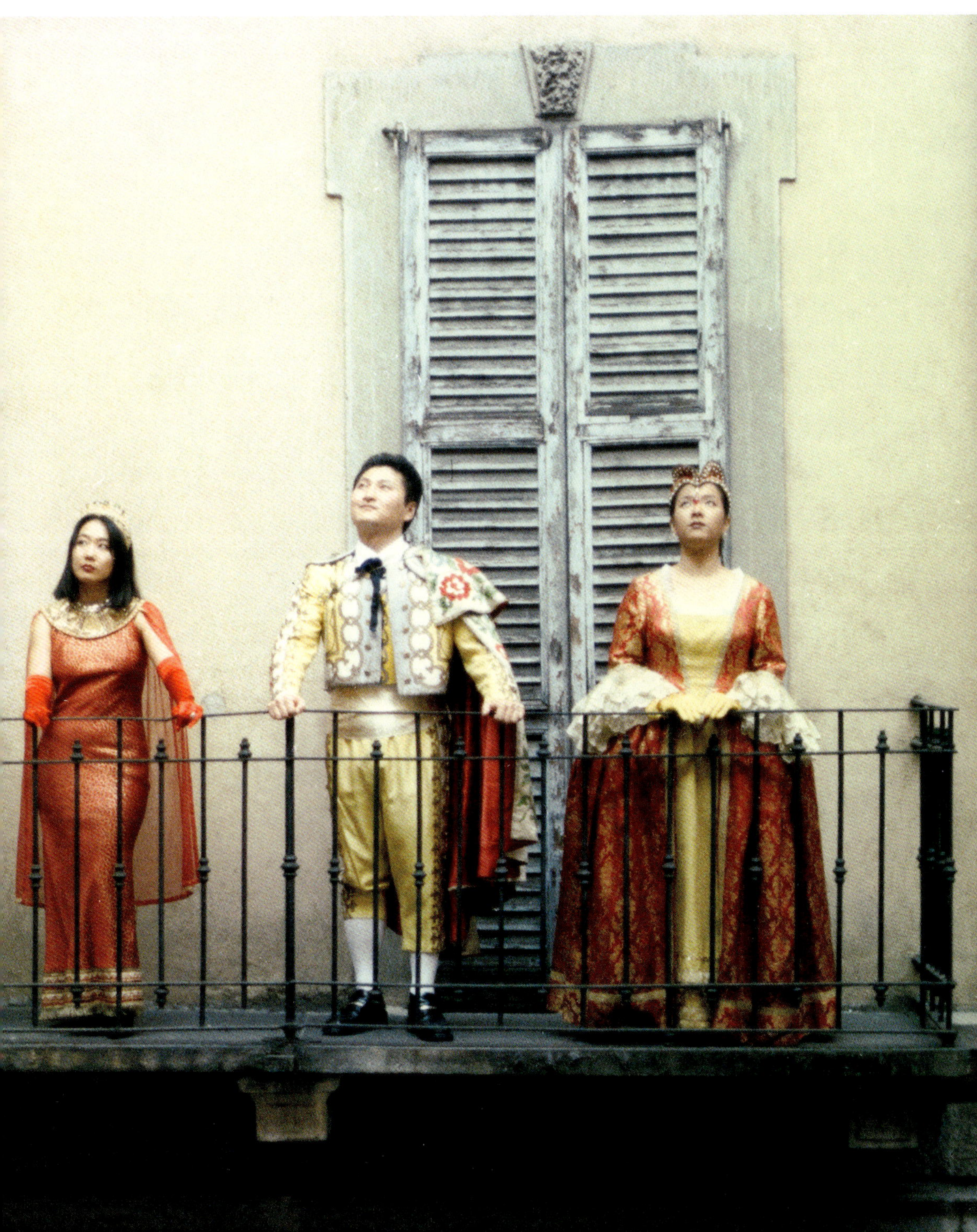

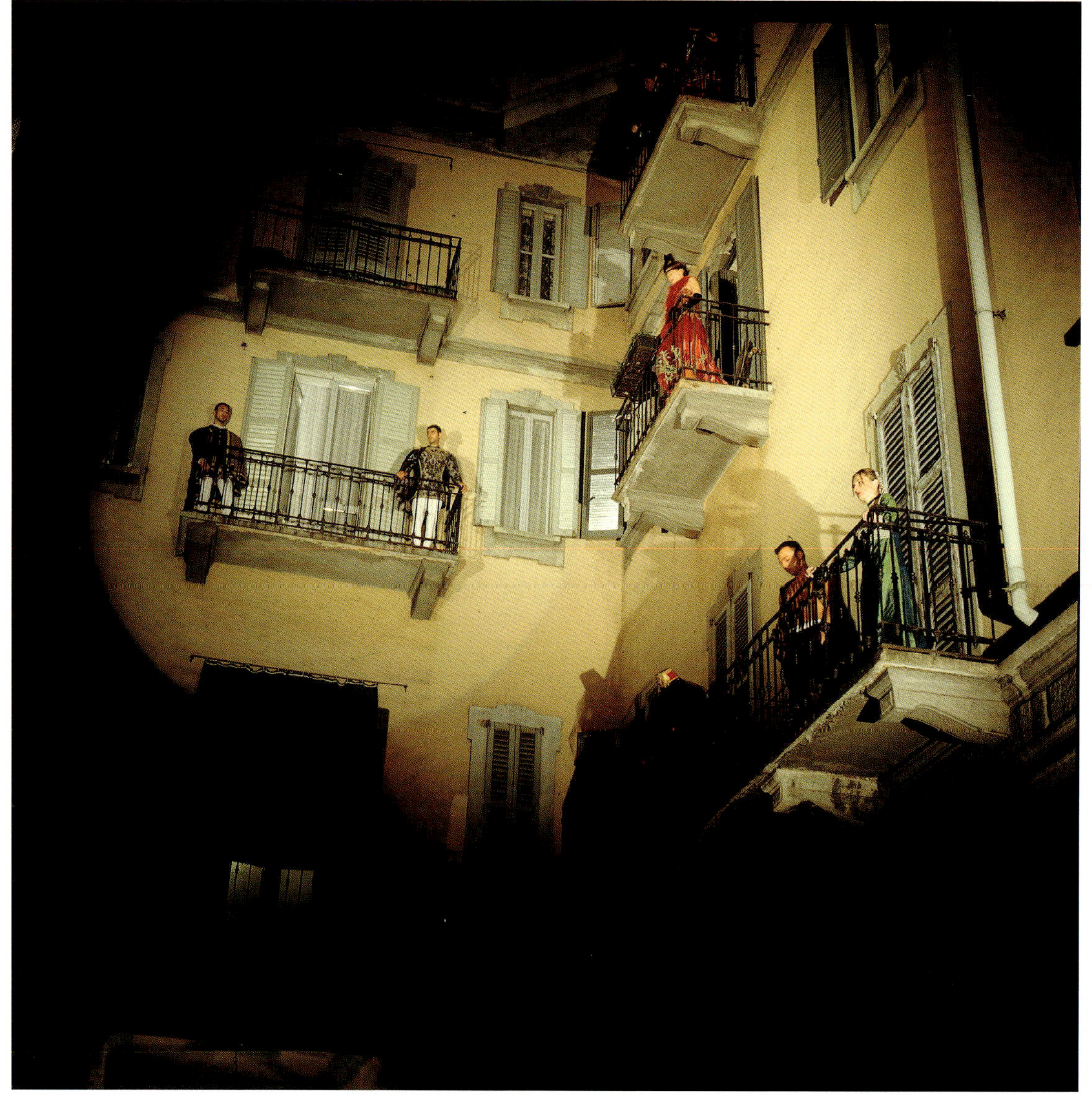

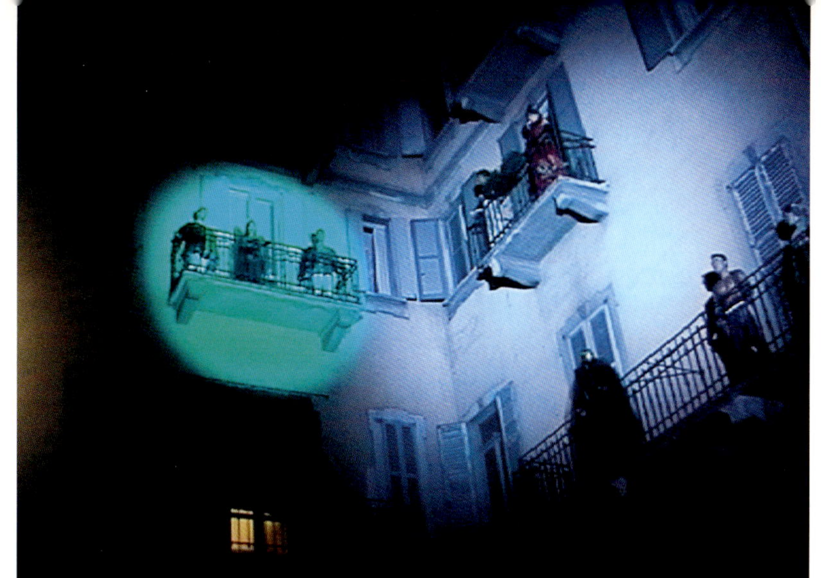
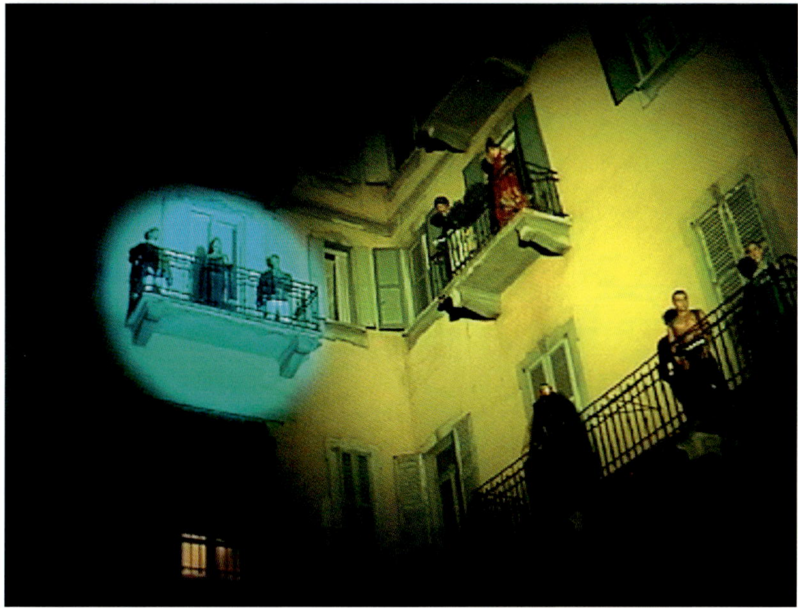
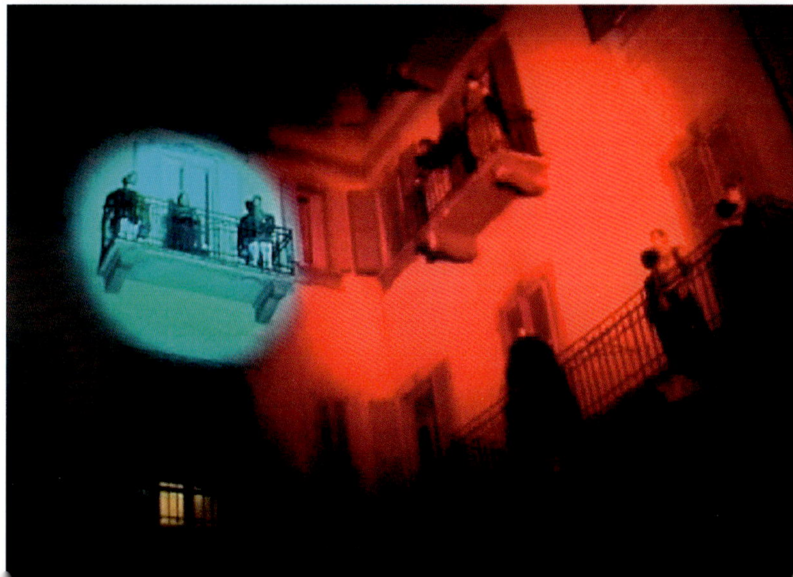

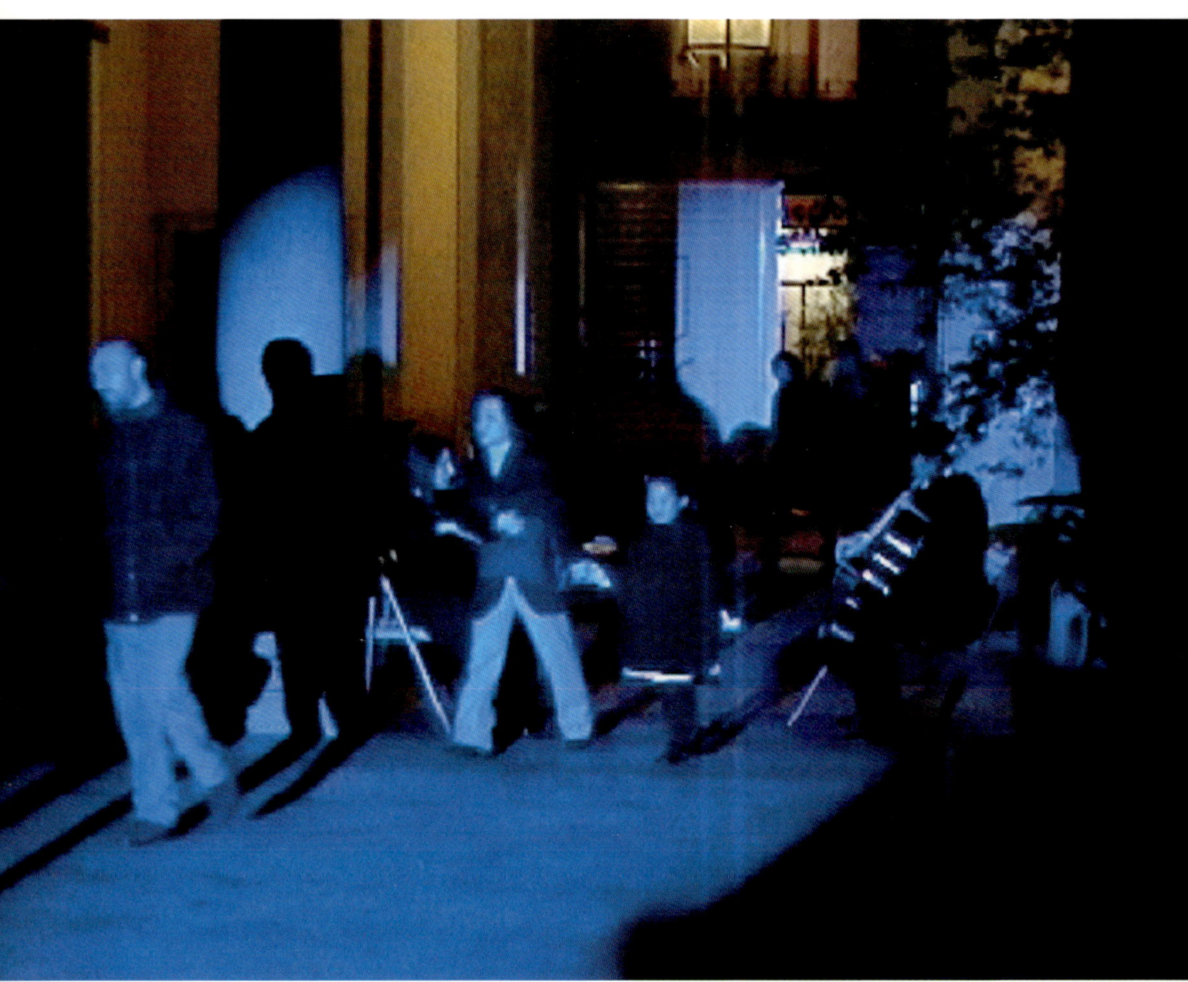

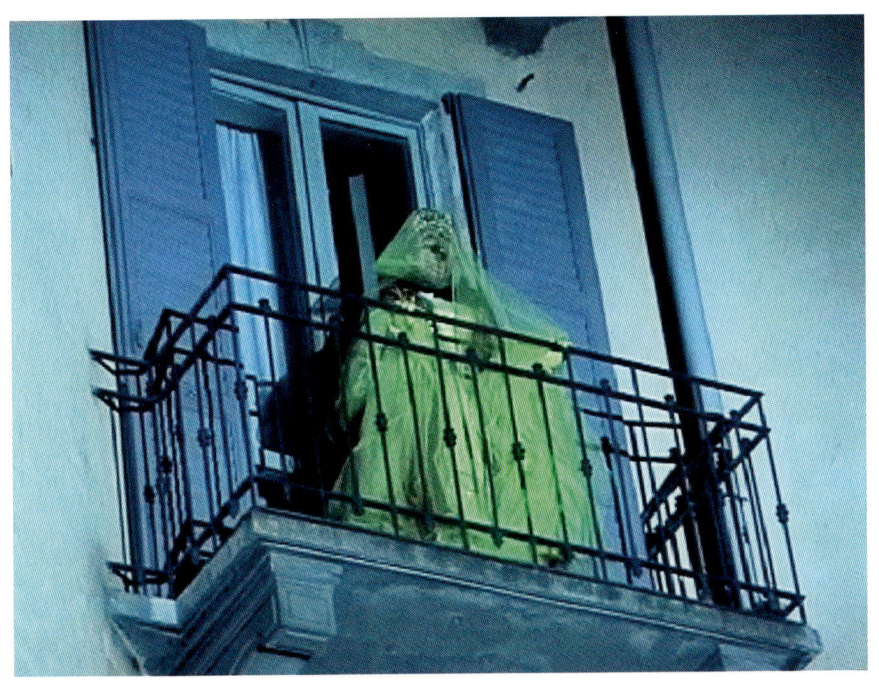

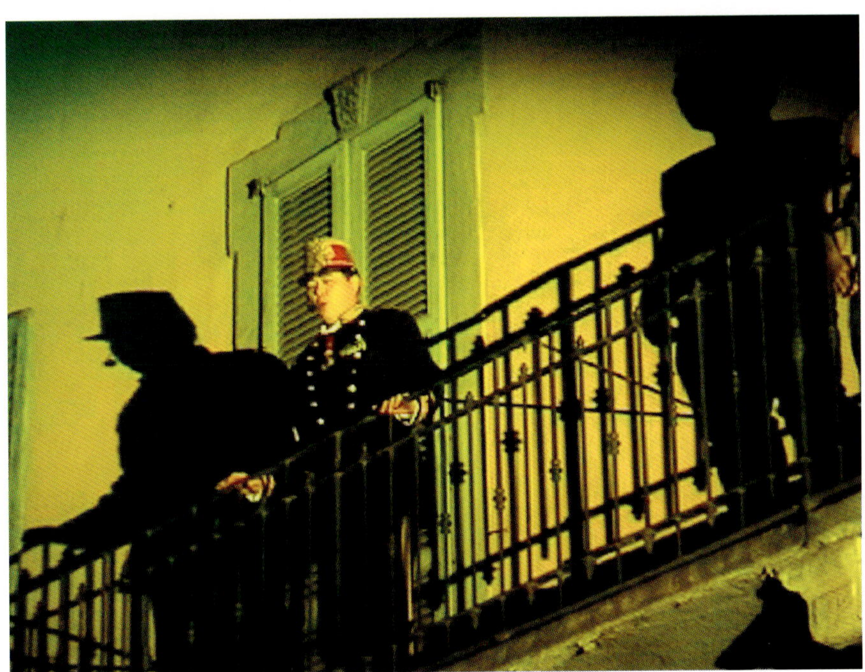

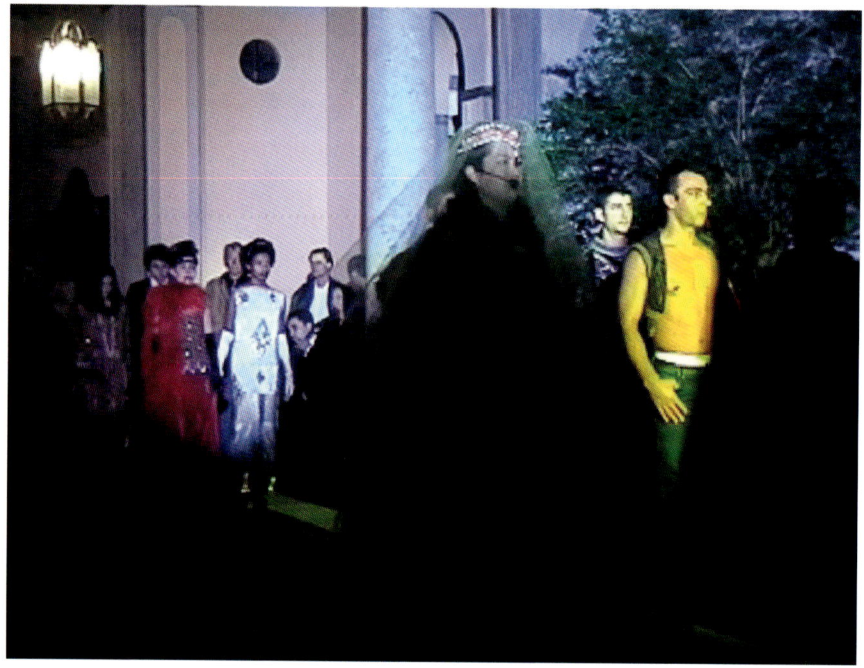

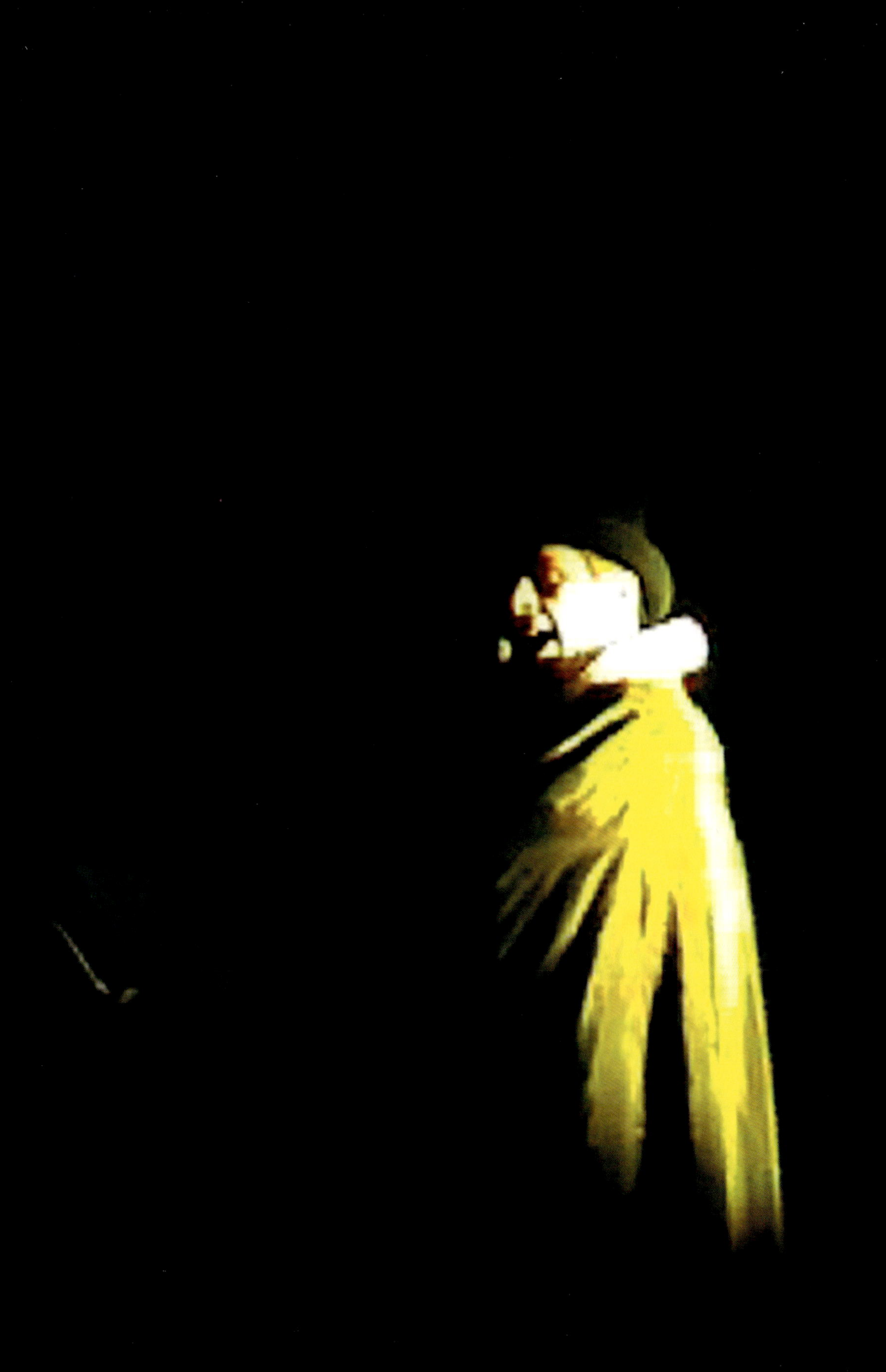

Viene, se ne va, poi torna.
Credi di tenerlo, ti evita.
Vuoi evitarlo, ti prende! 1998

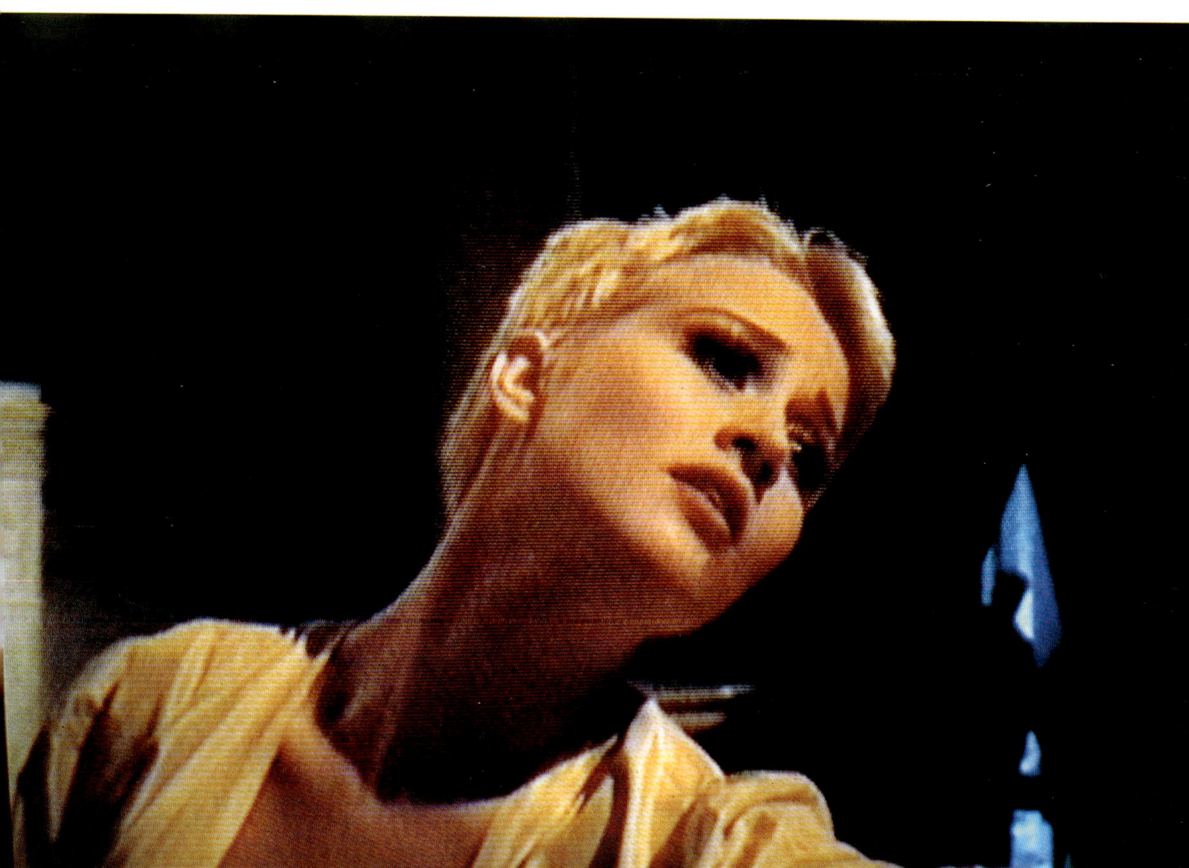

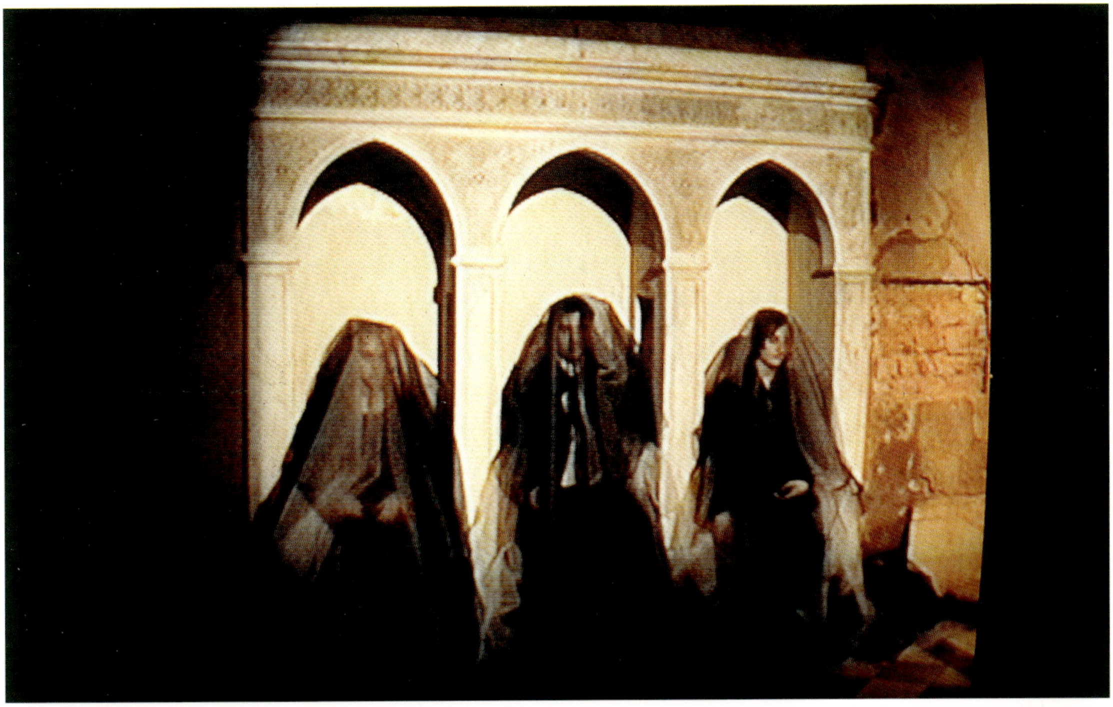

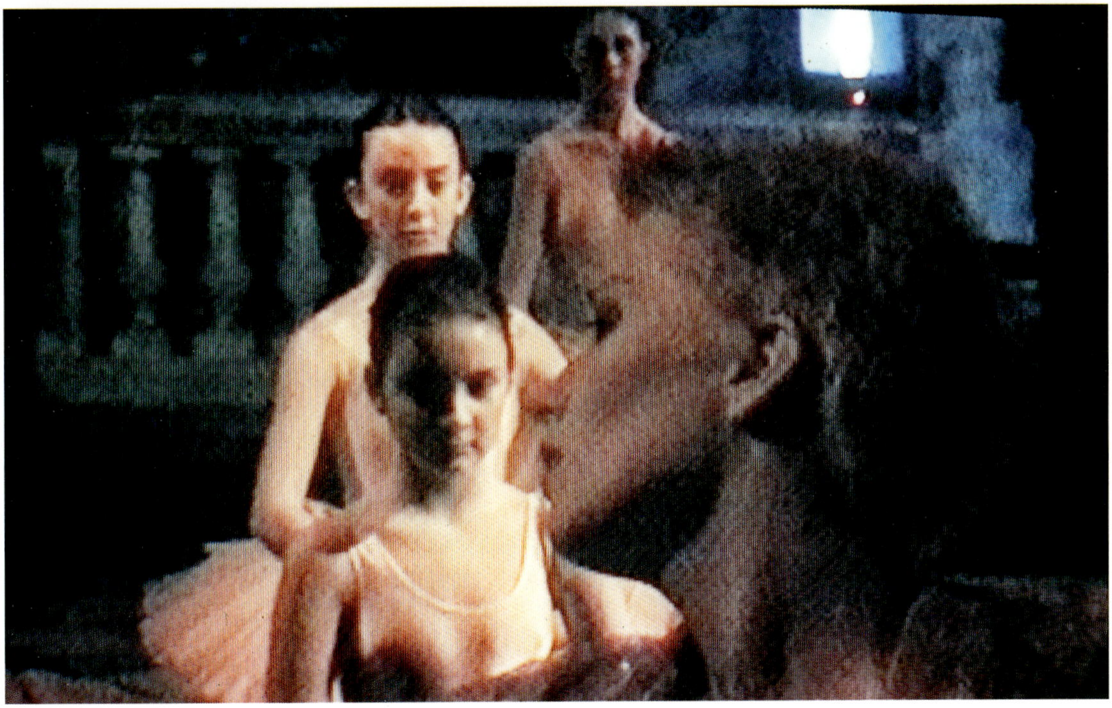

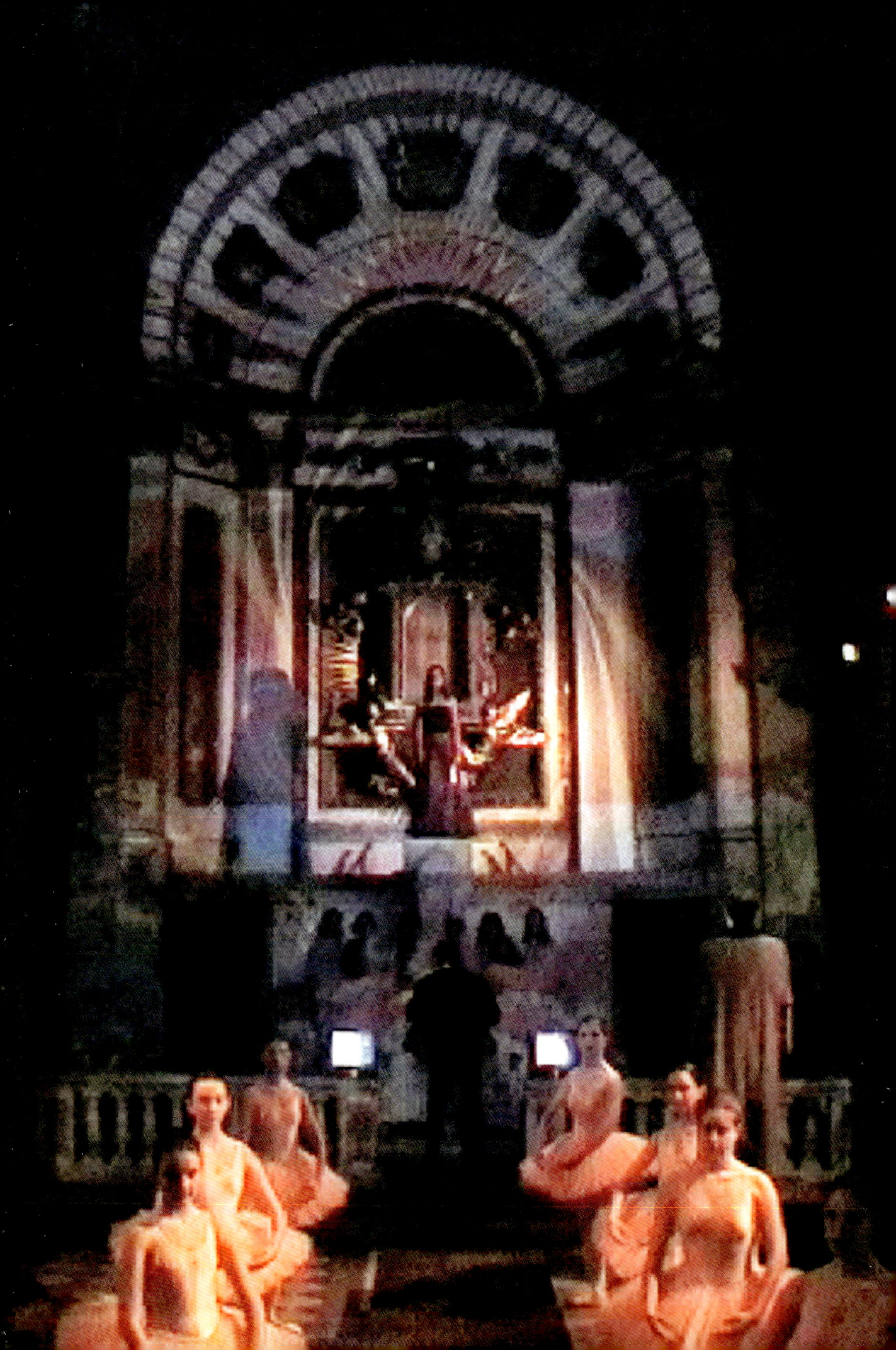

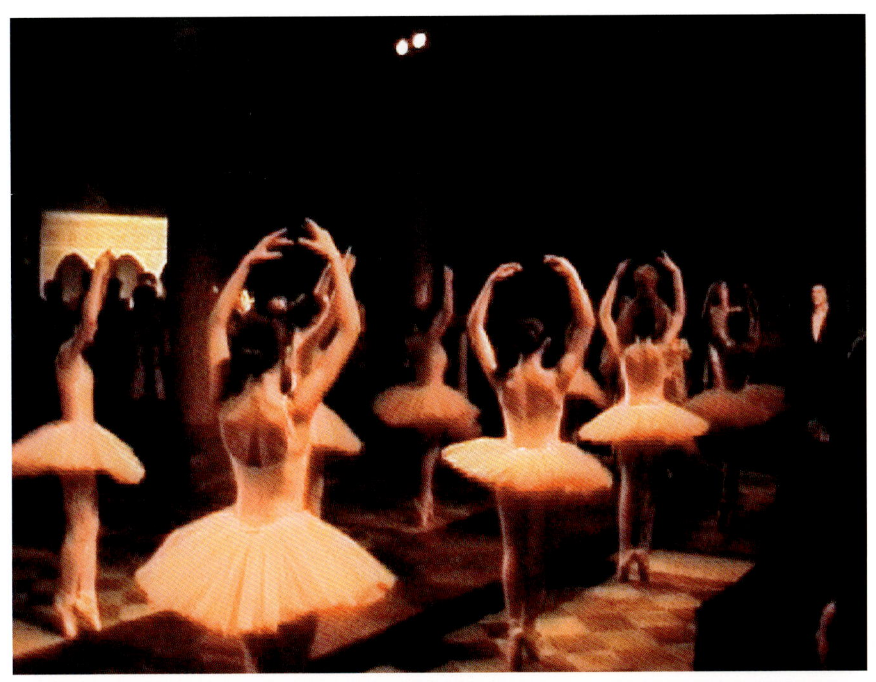

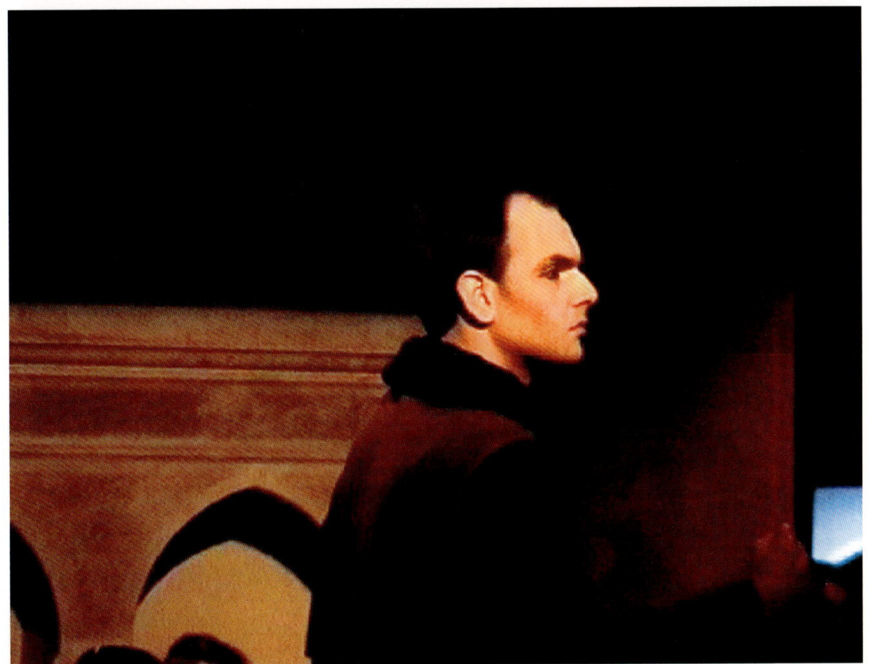

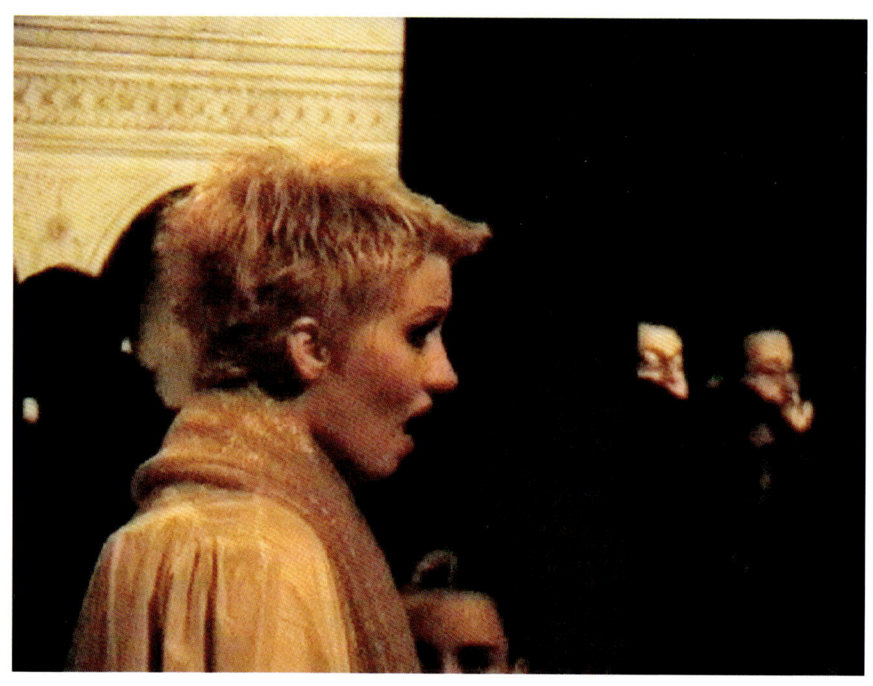

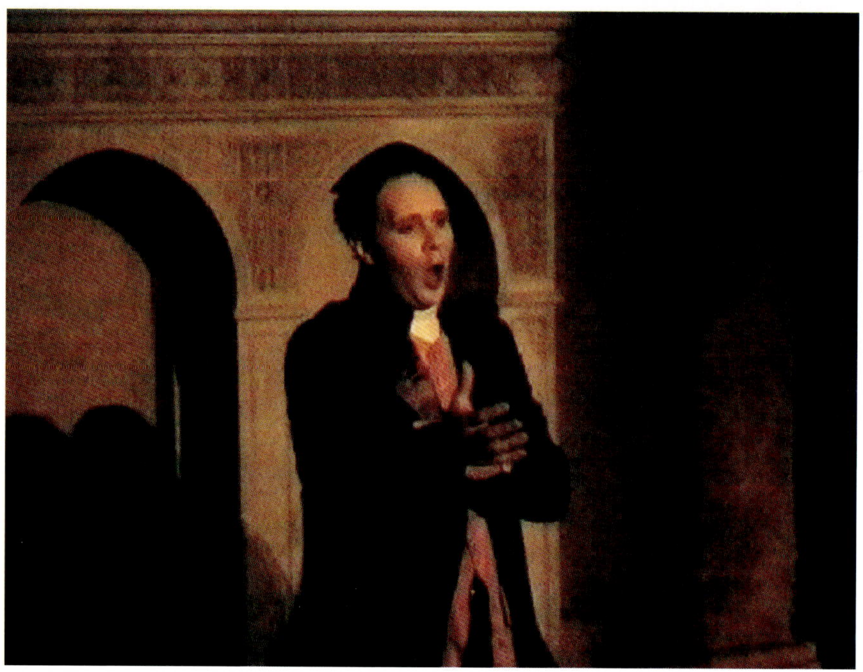

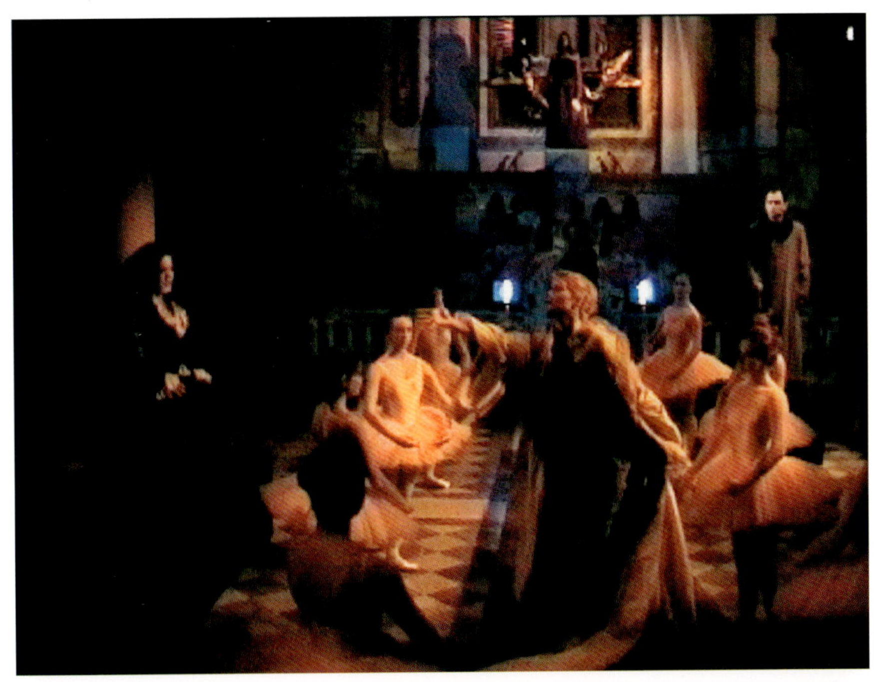

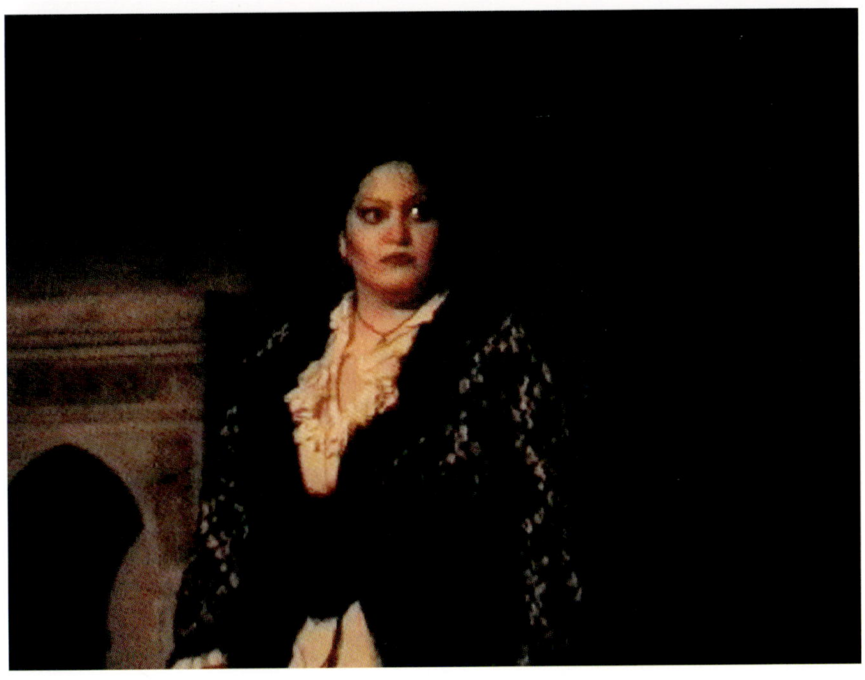

Spasmodico 1998

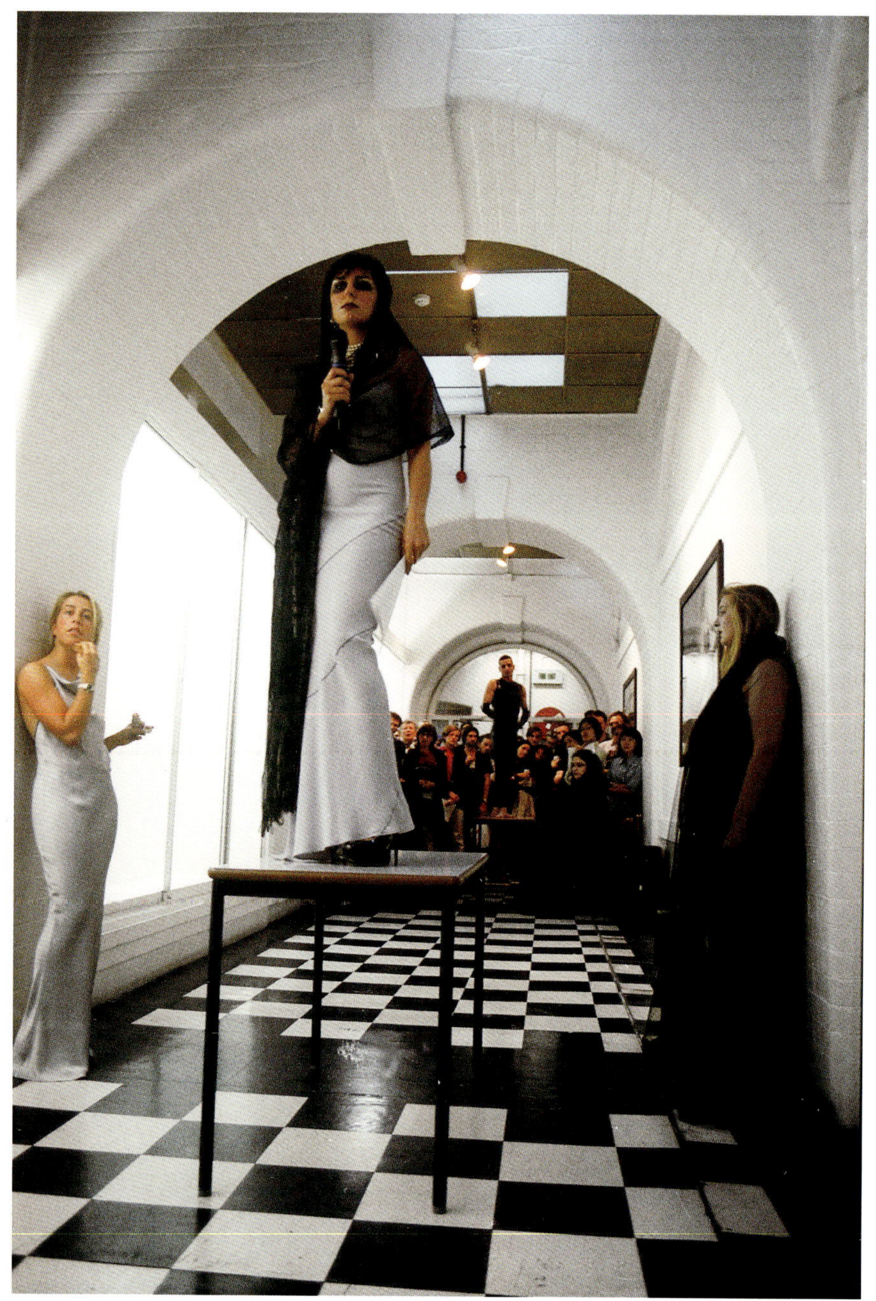

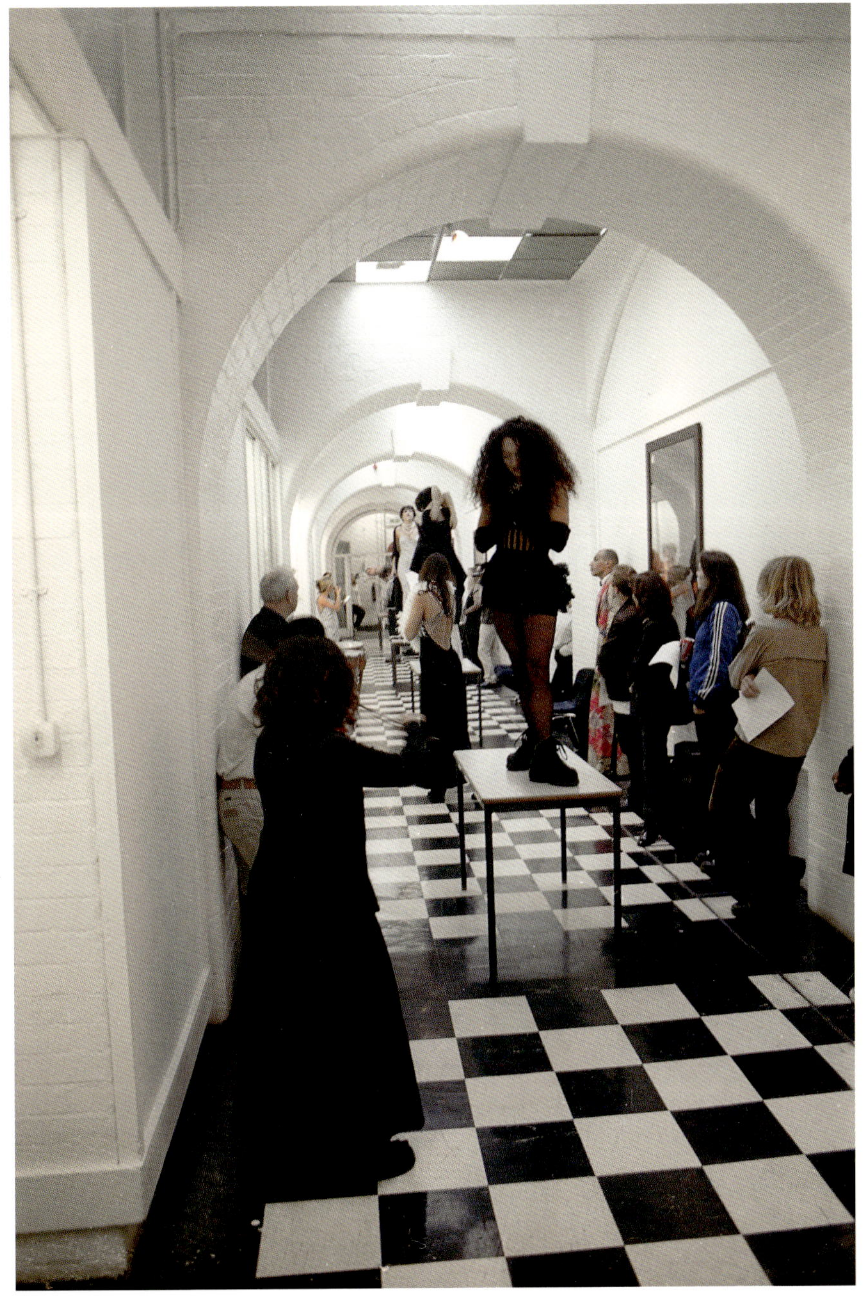

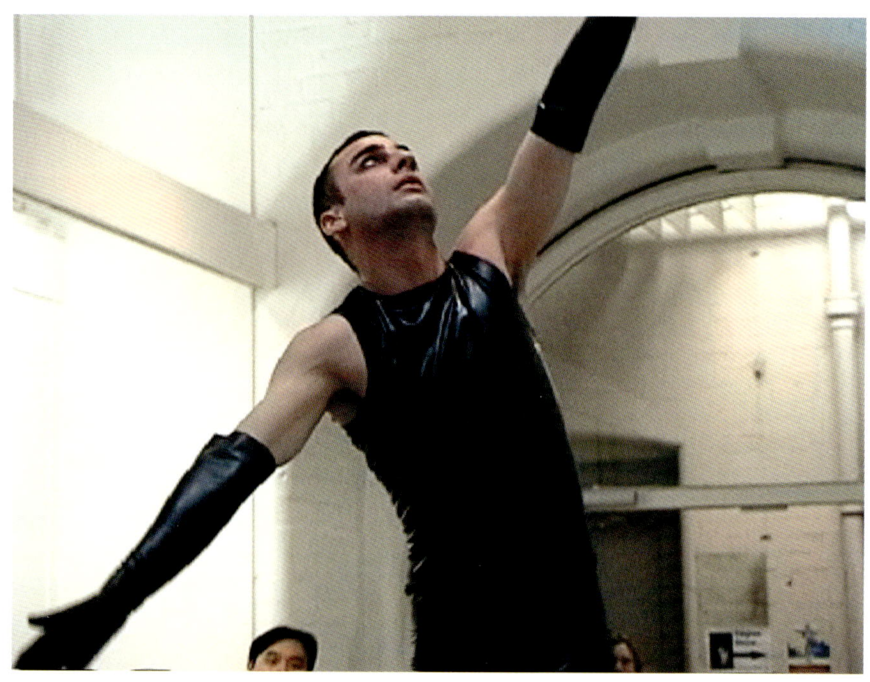

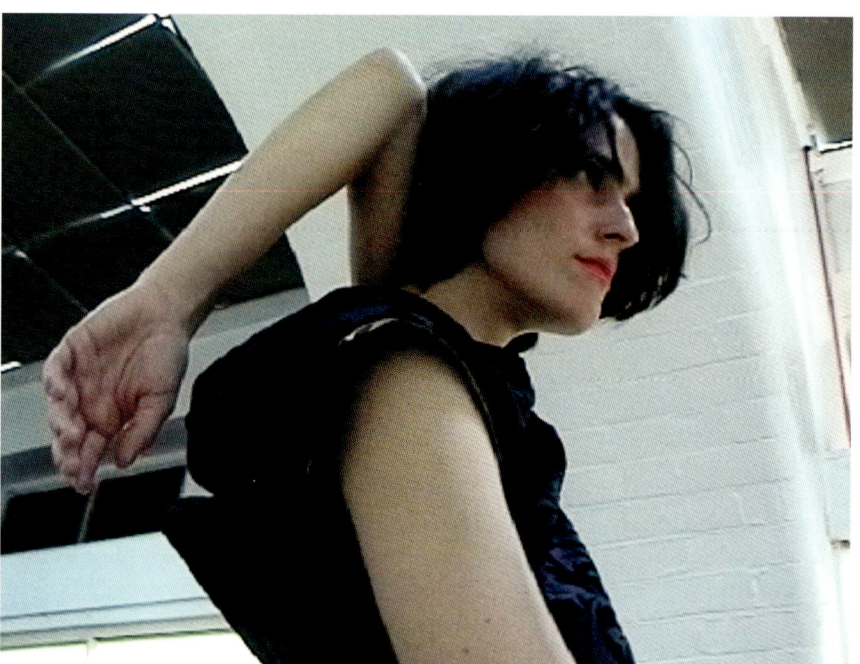

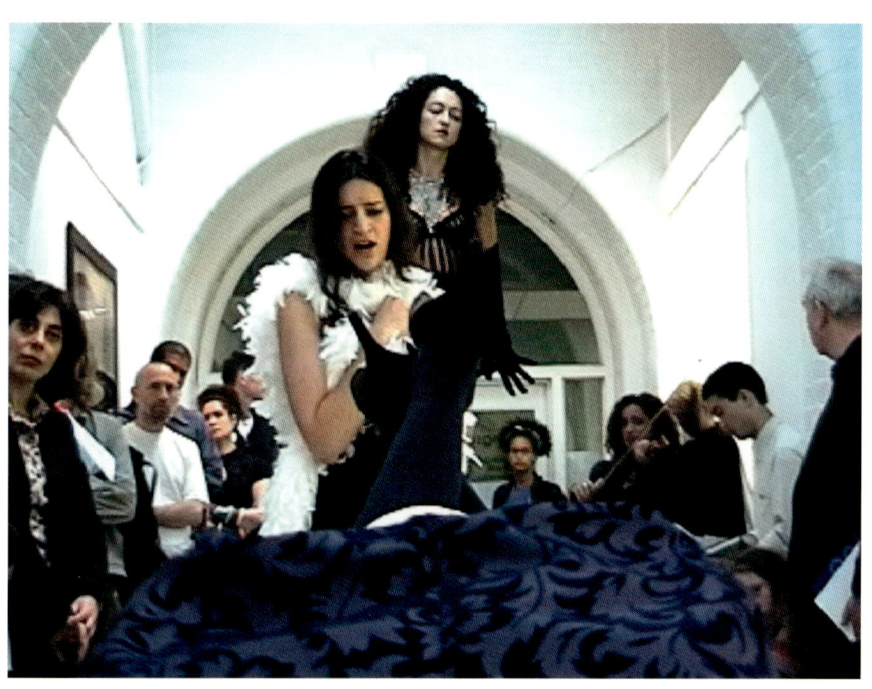

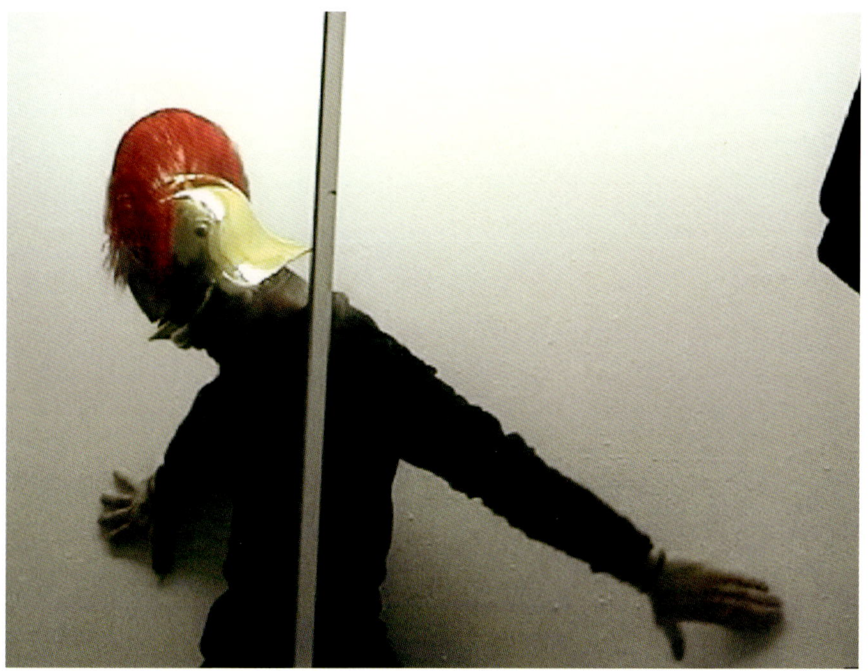

Mimicry 1998

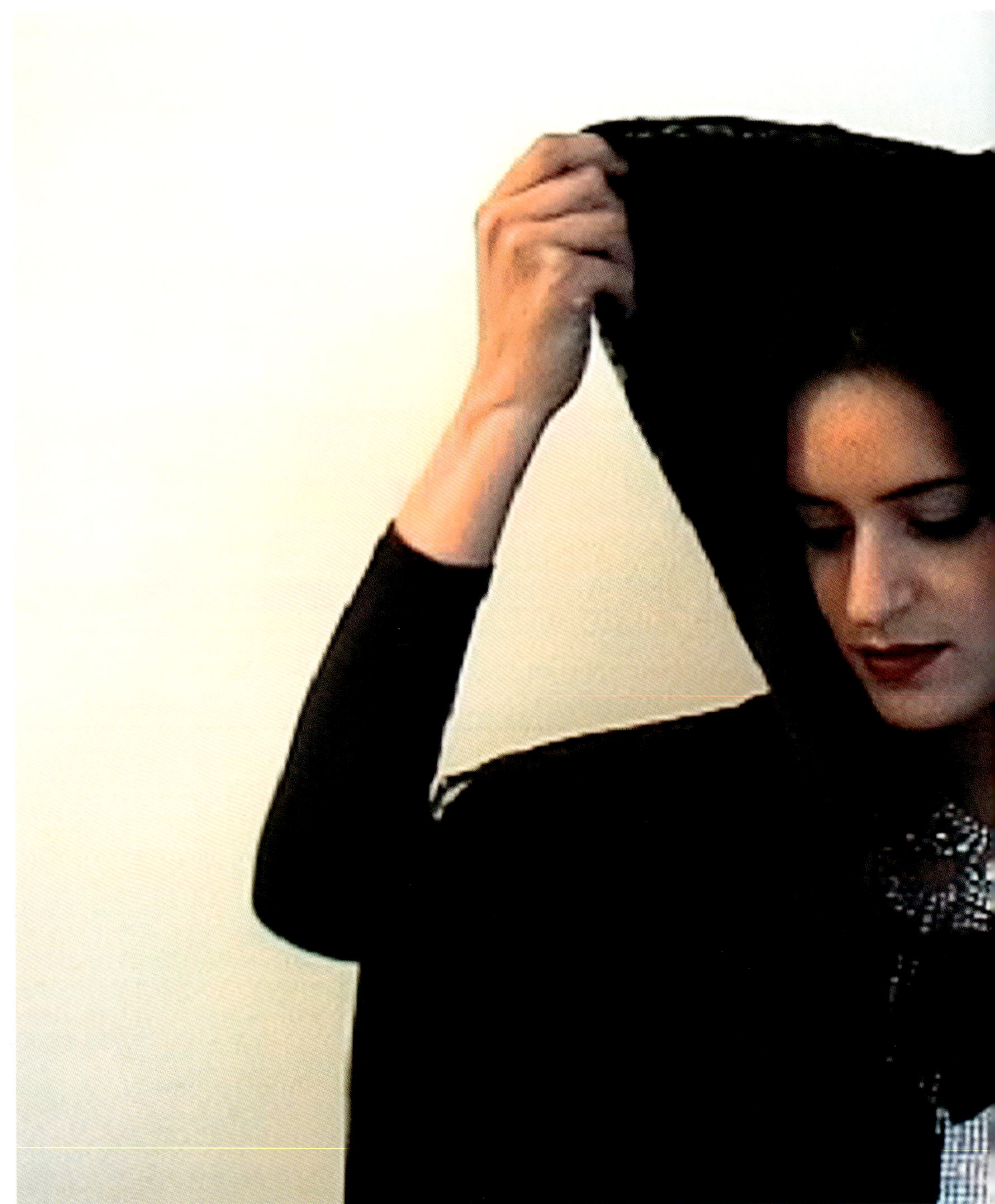

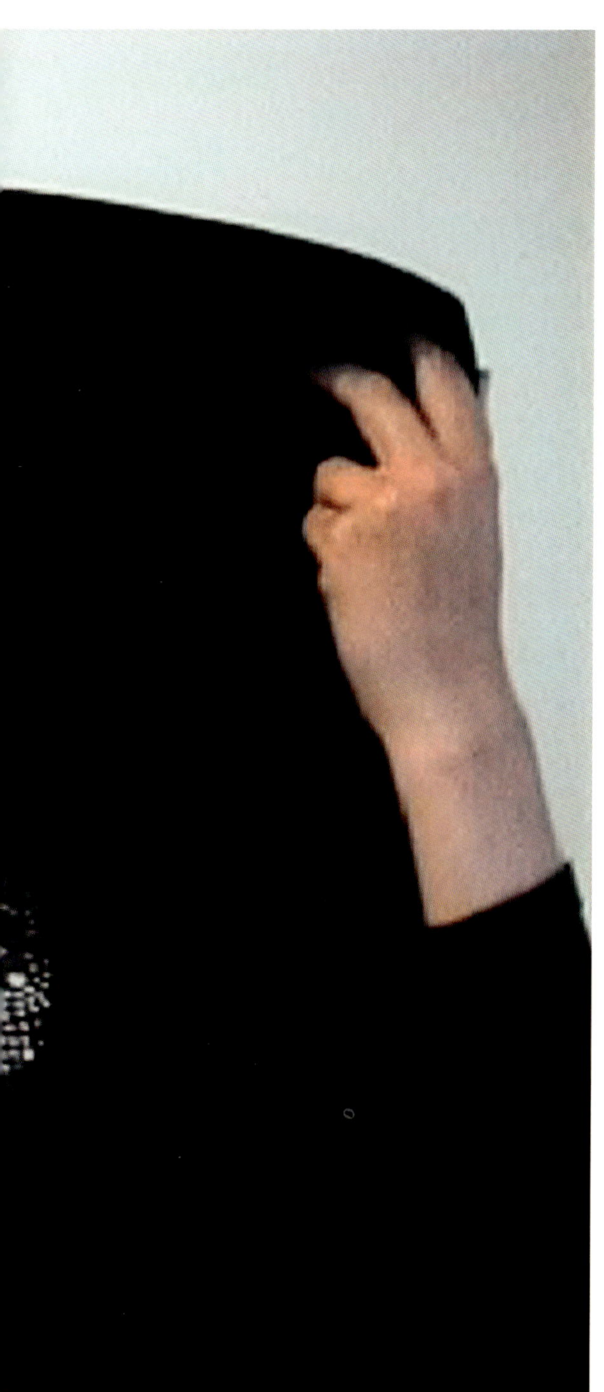

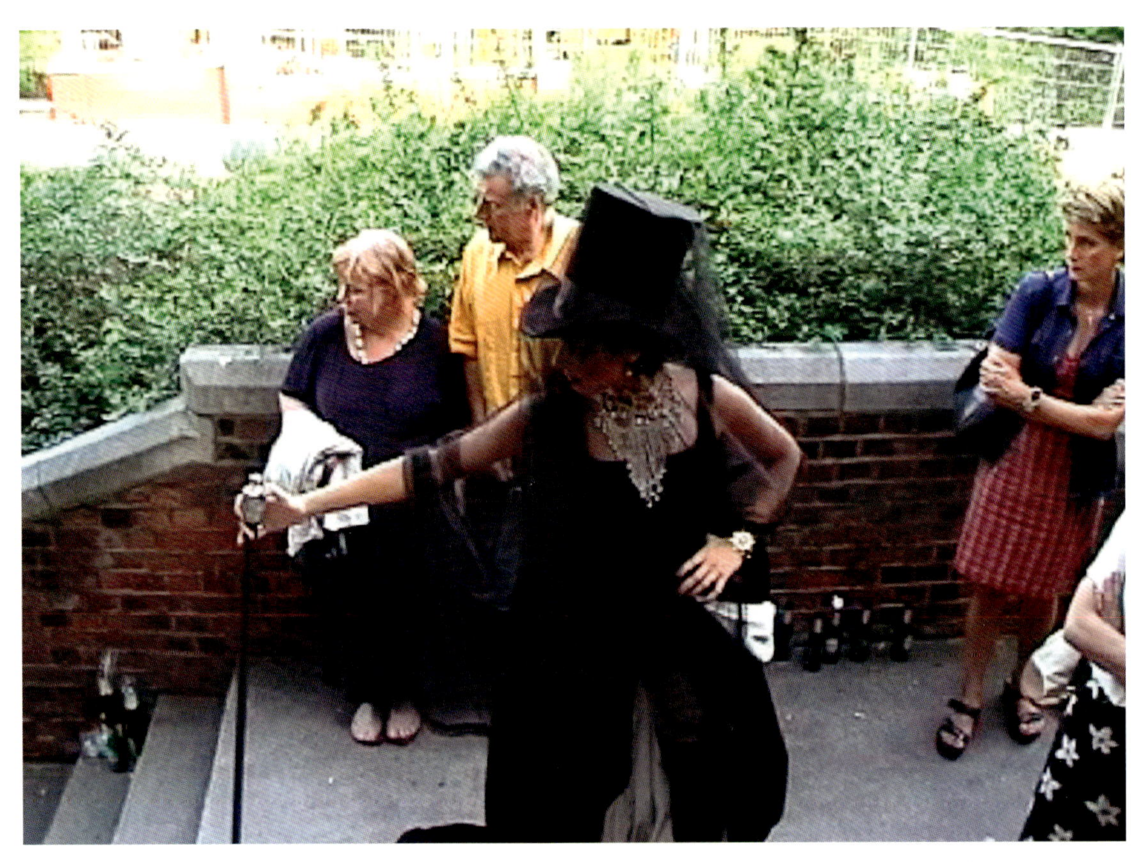

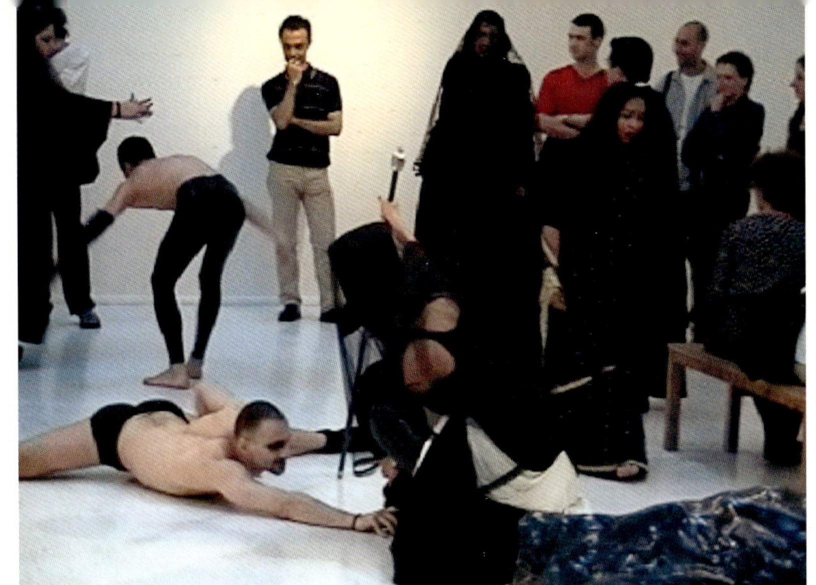

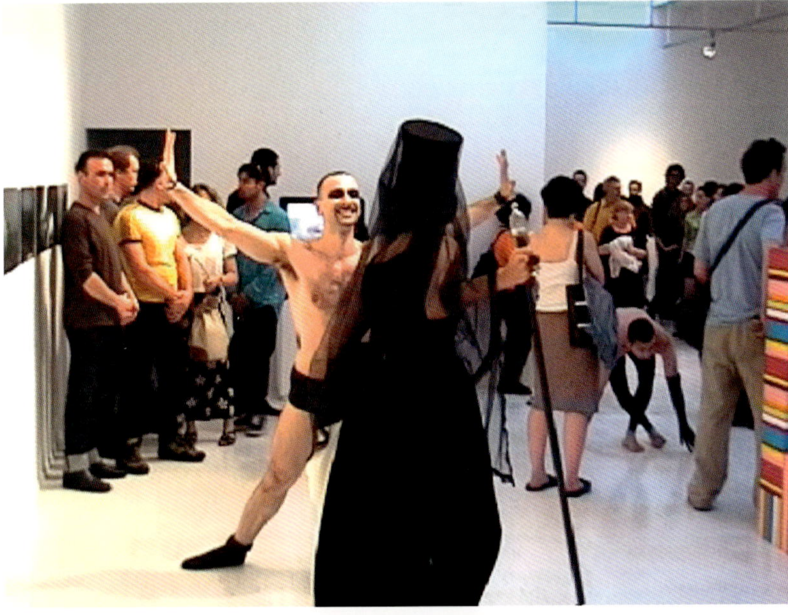

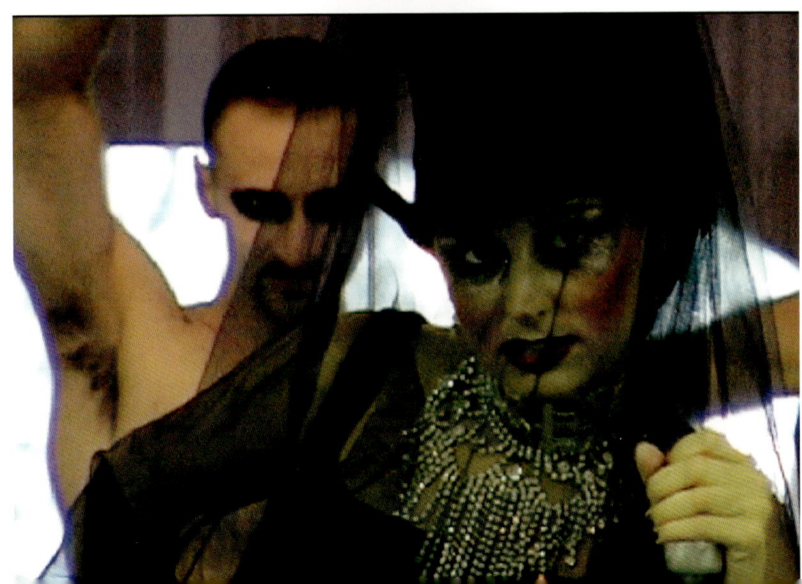

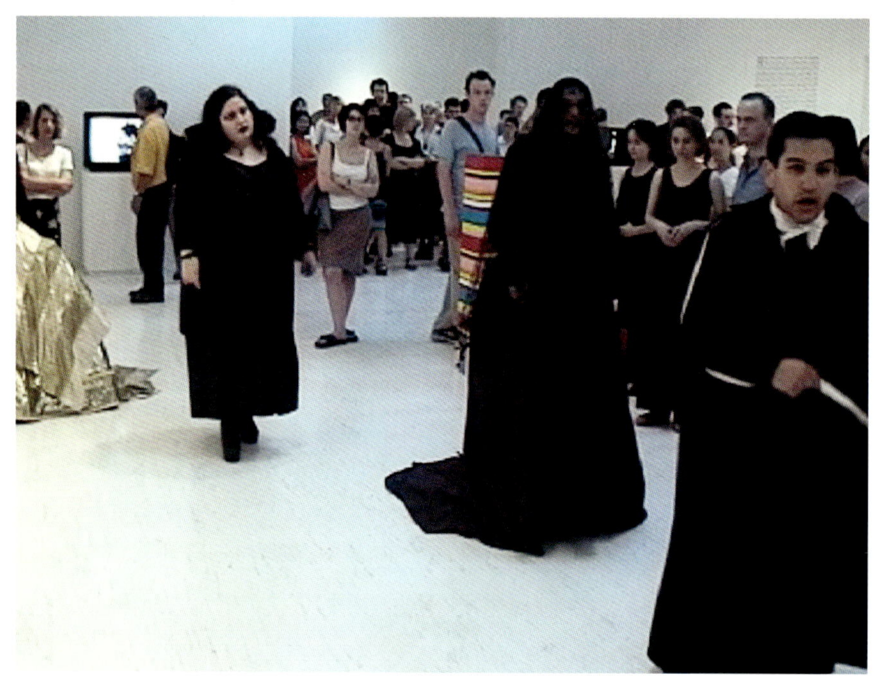

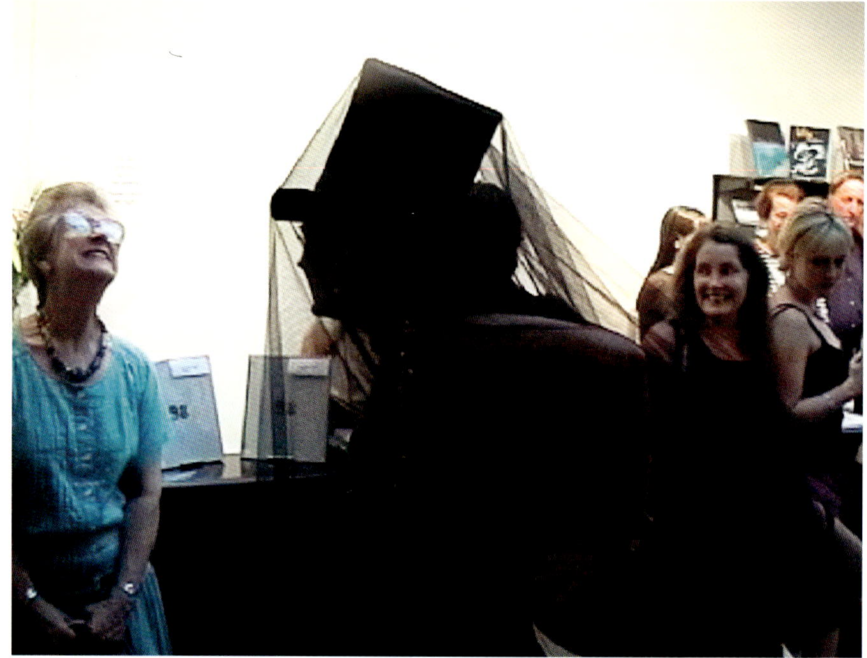

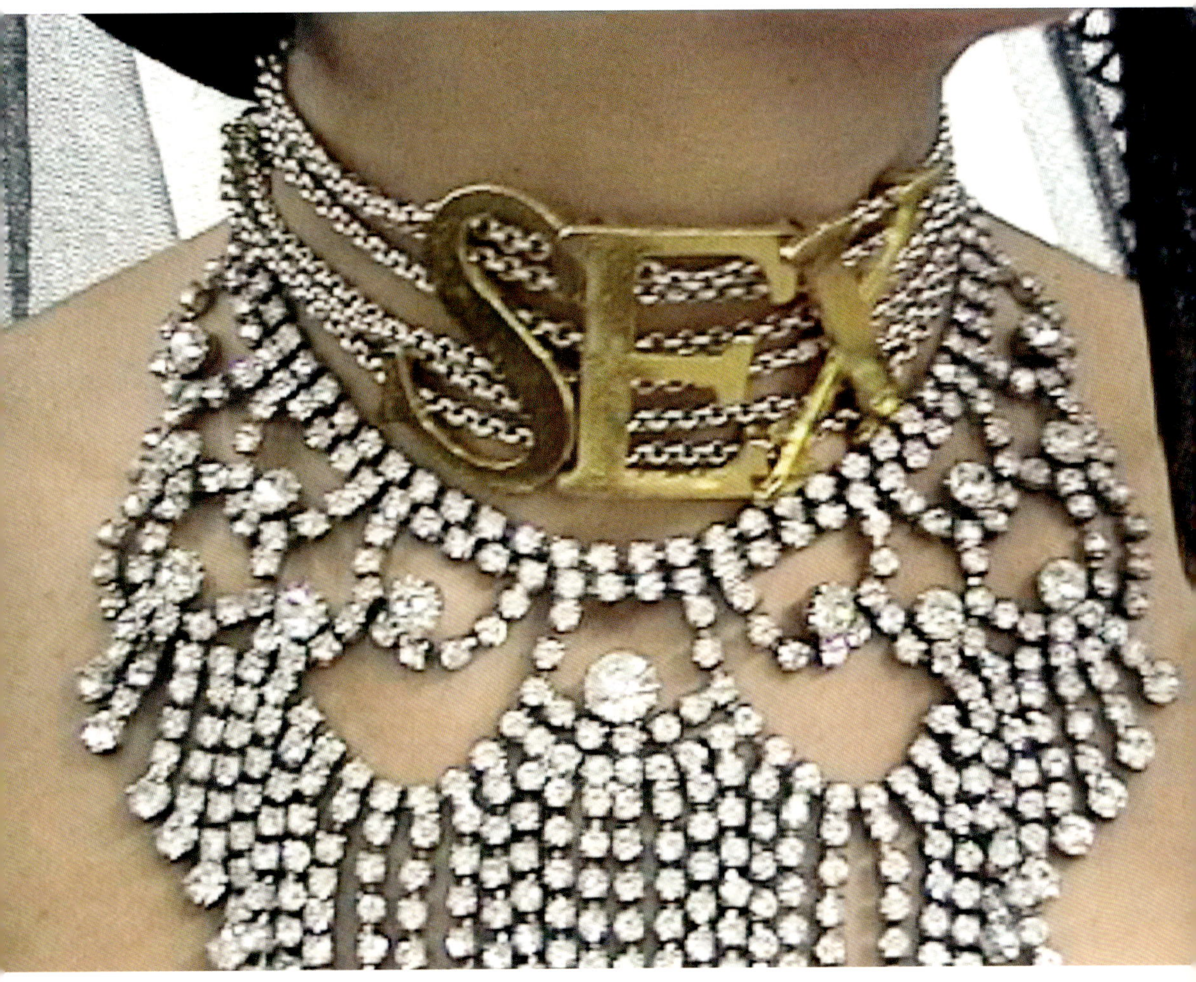

SEX

Aria 1998

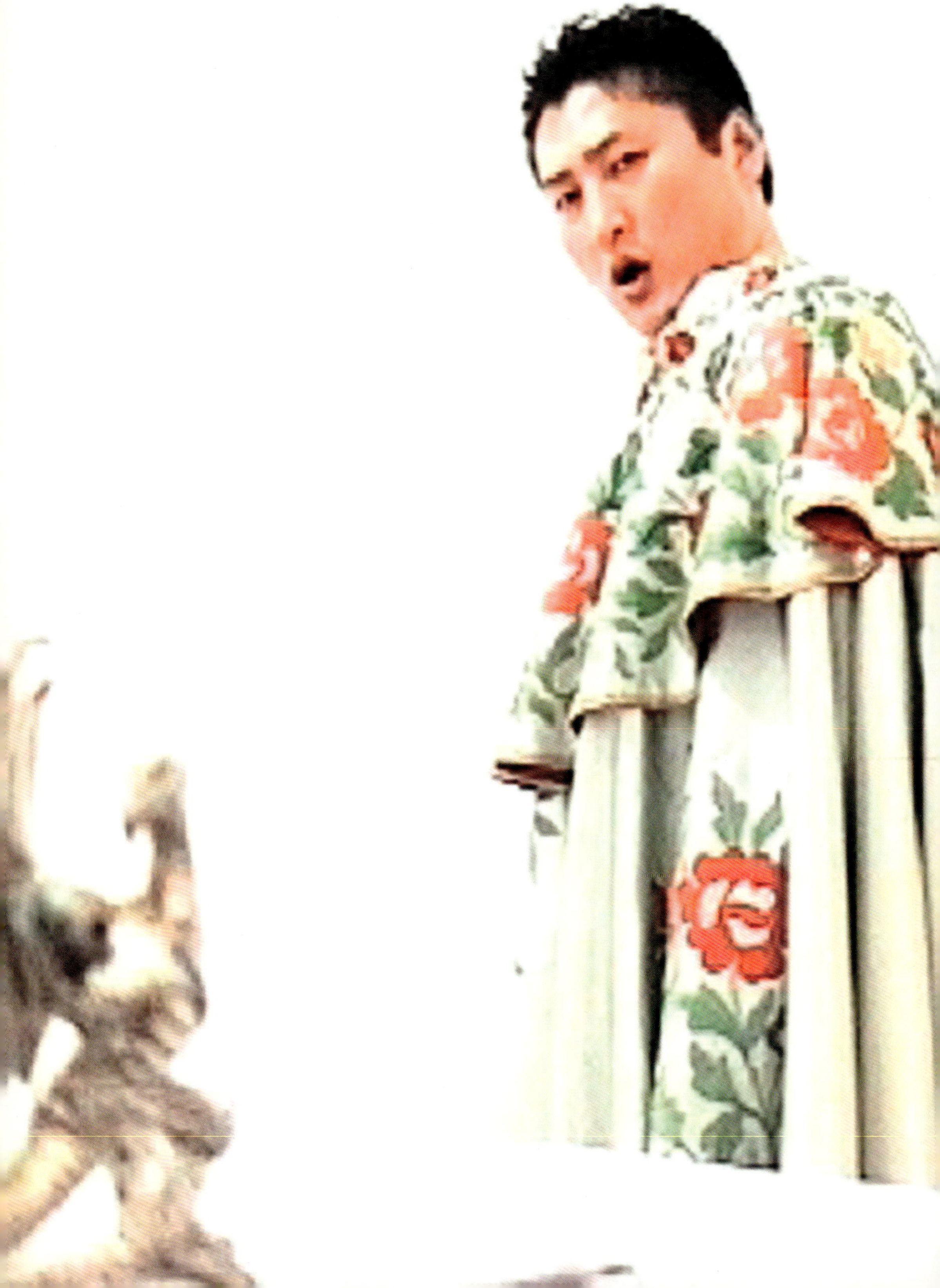

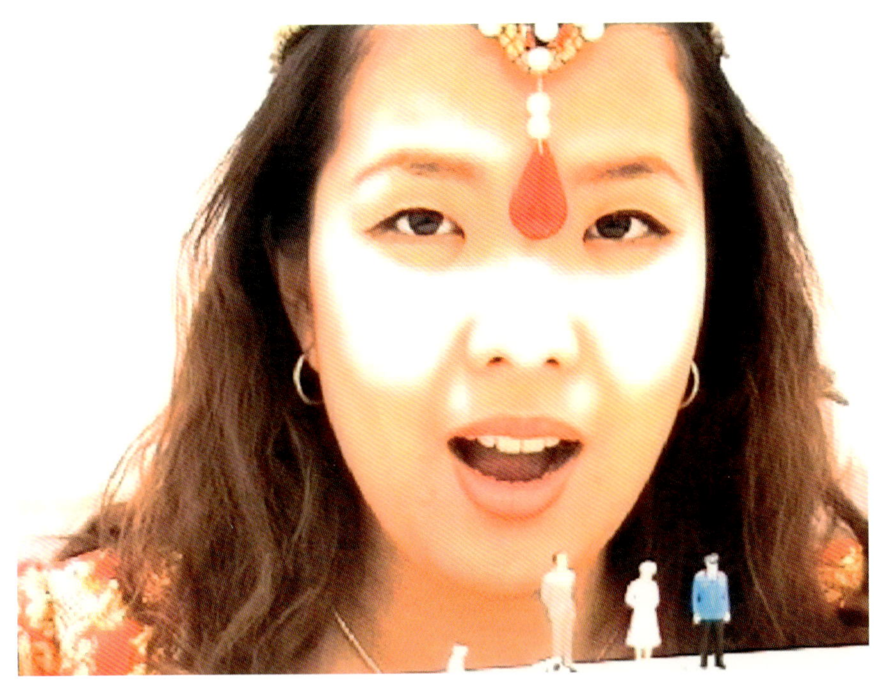

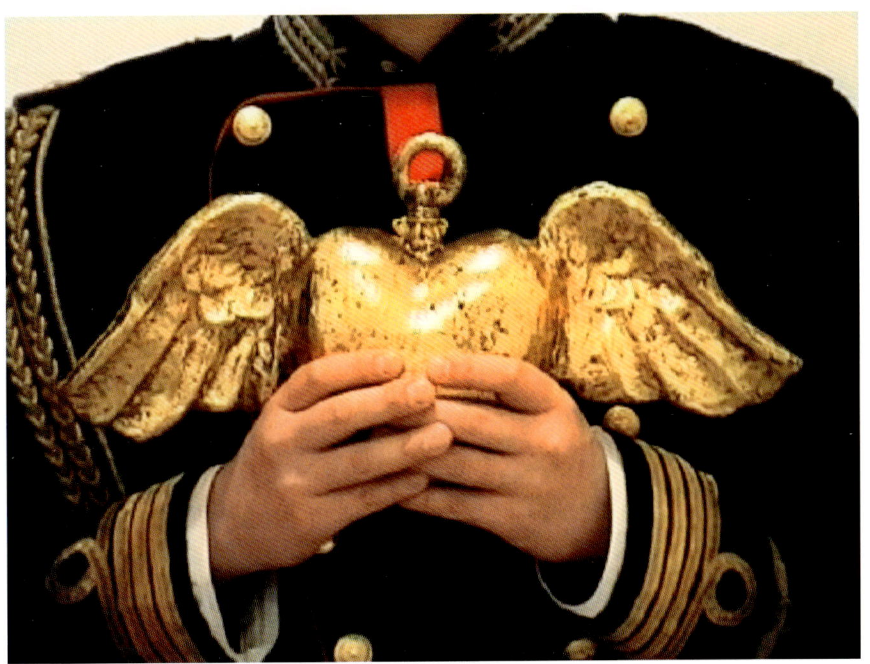

Duet Song 1999

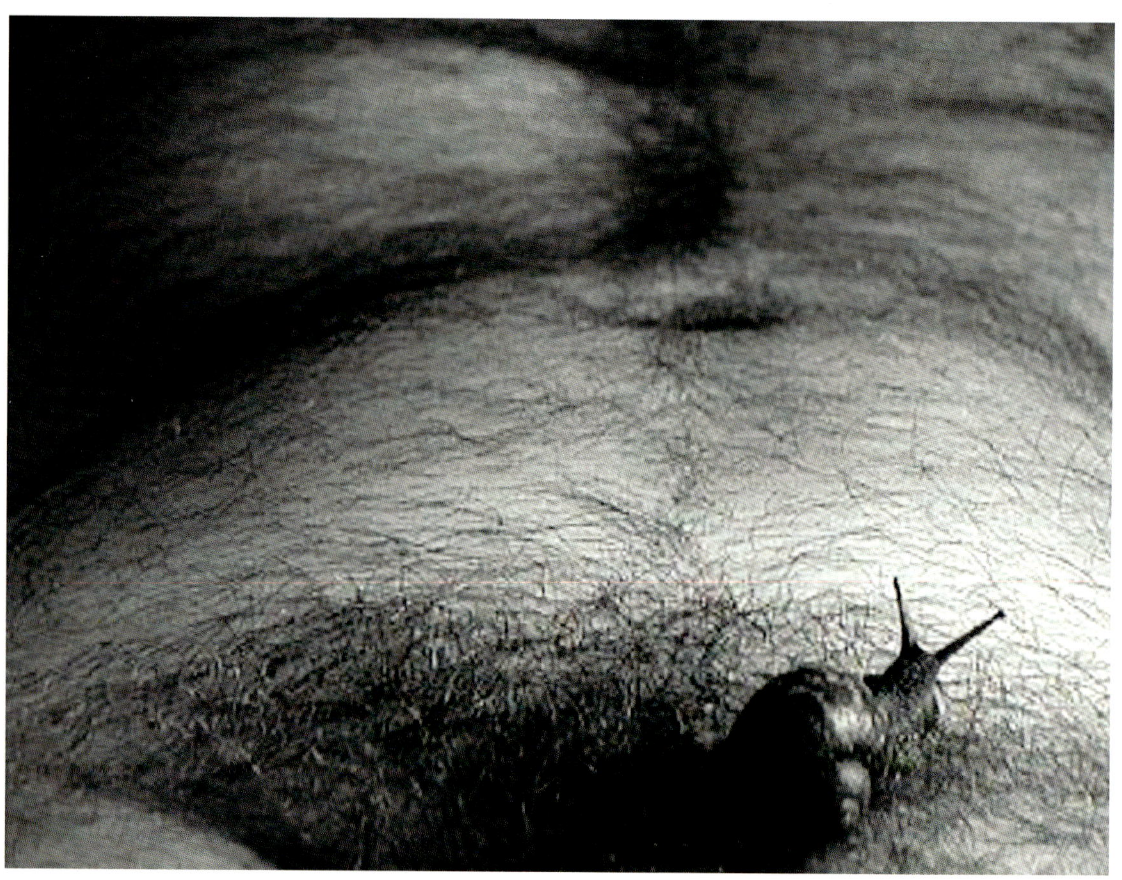

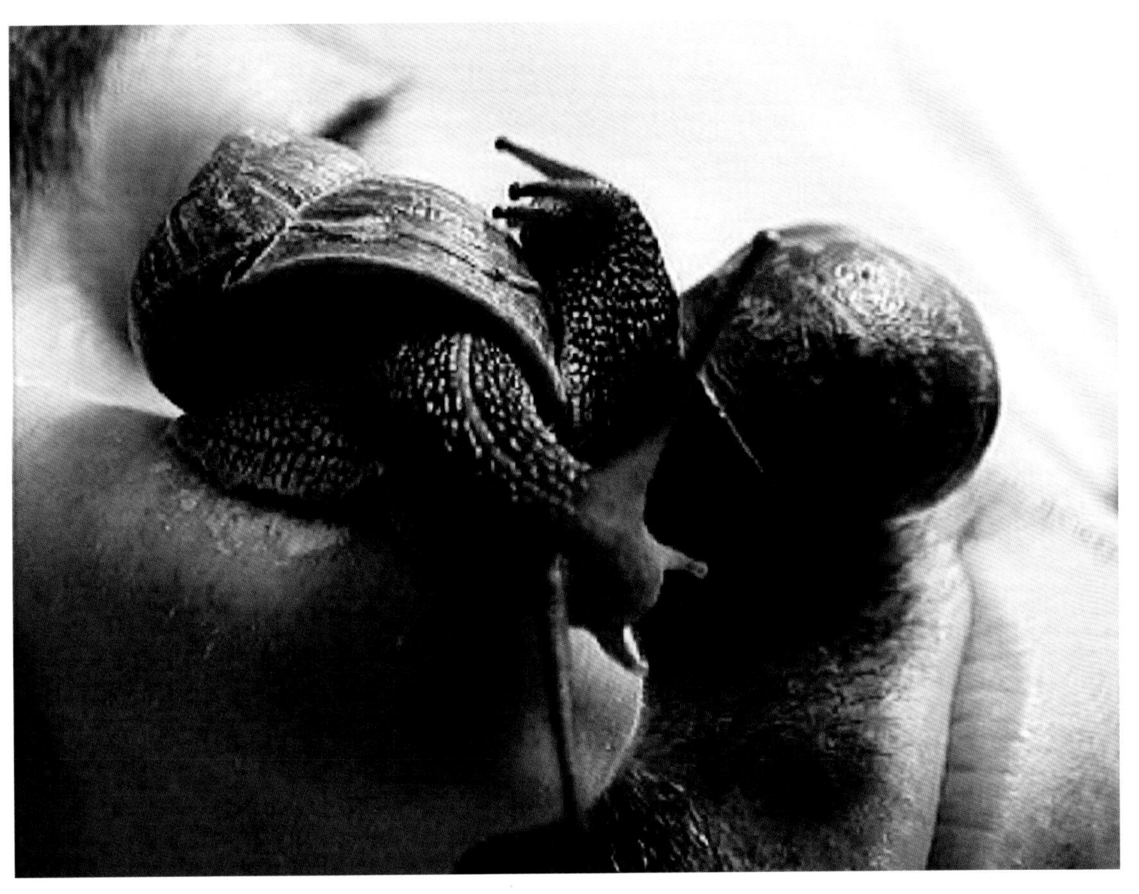

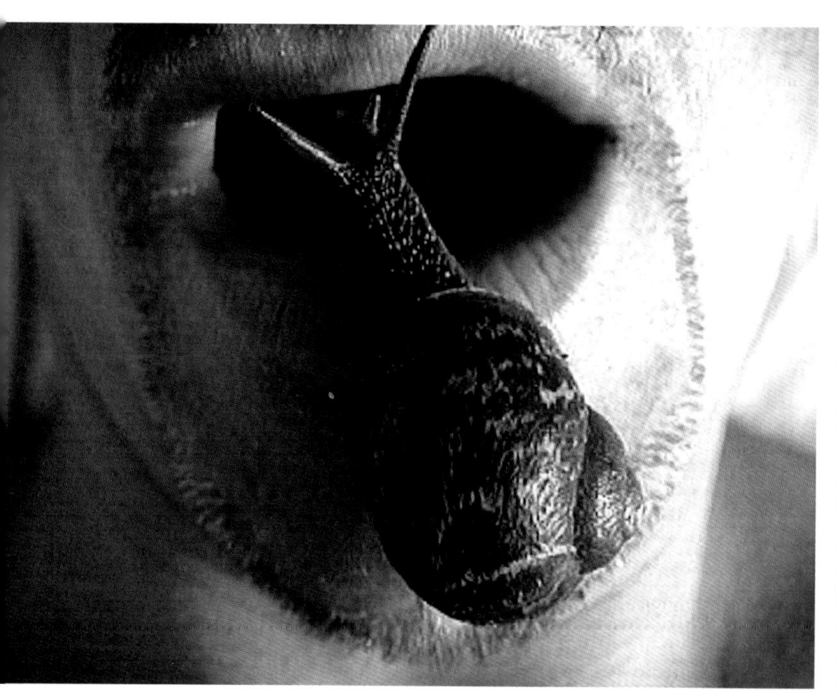 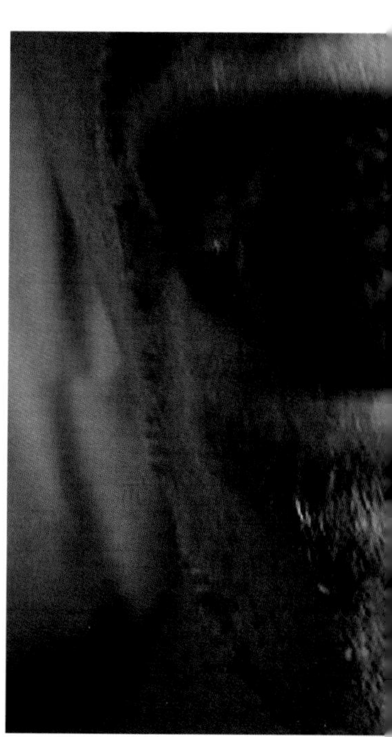

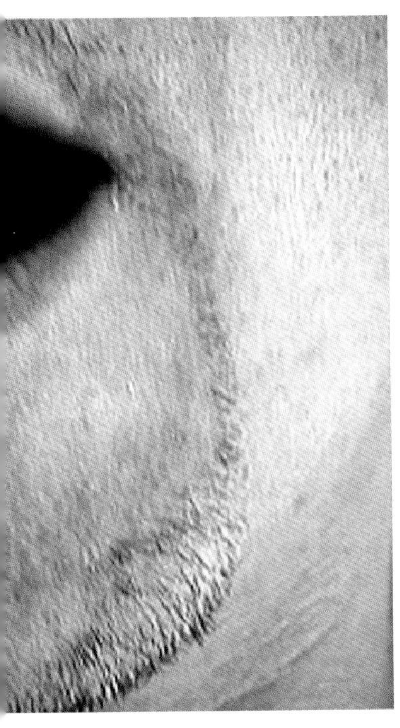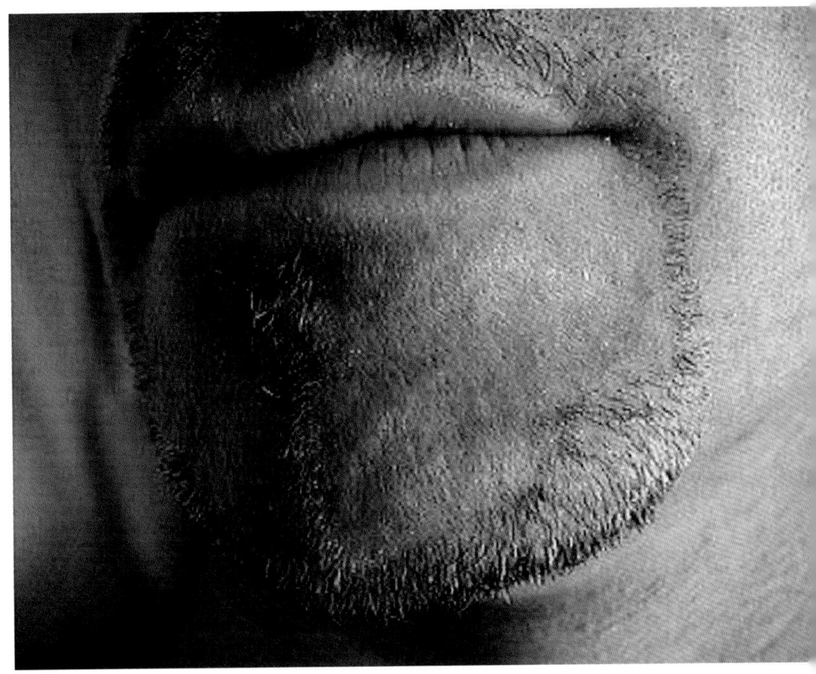

Ragù 1999

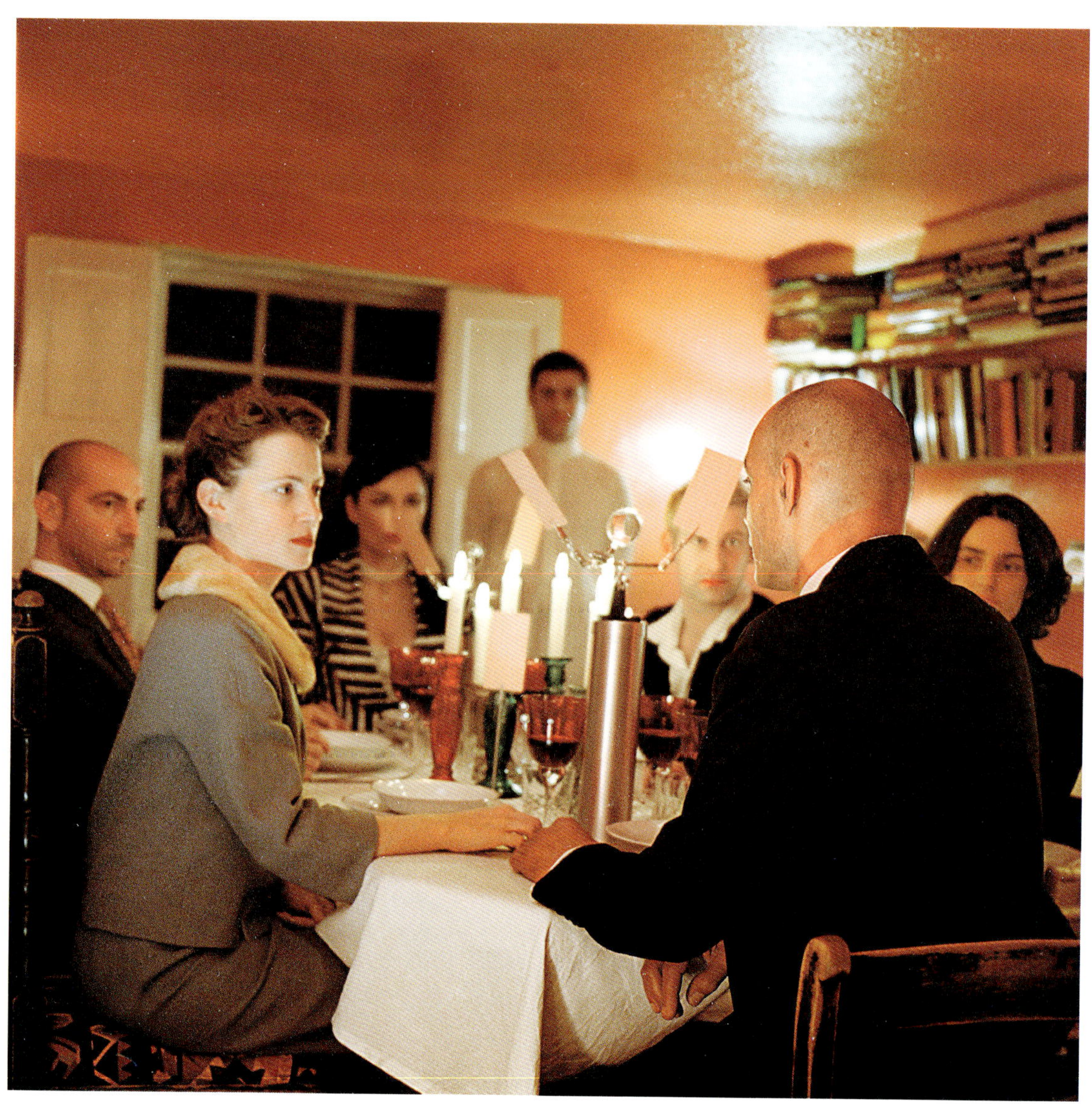

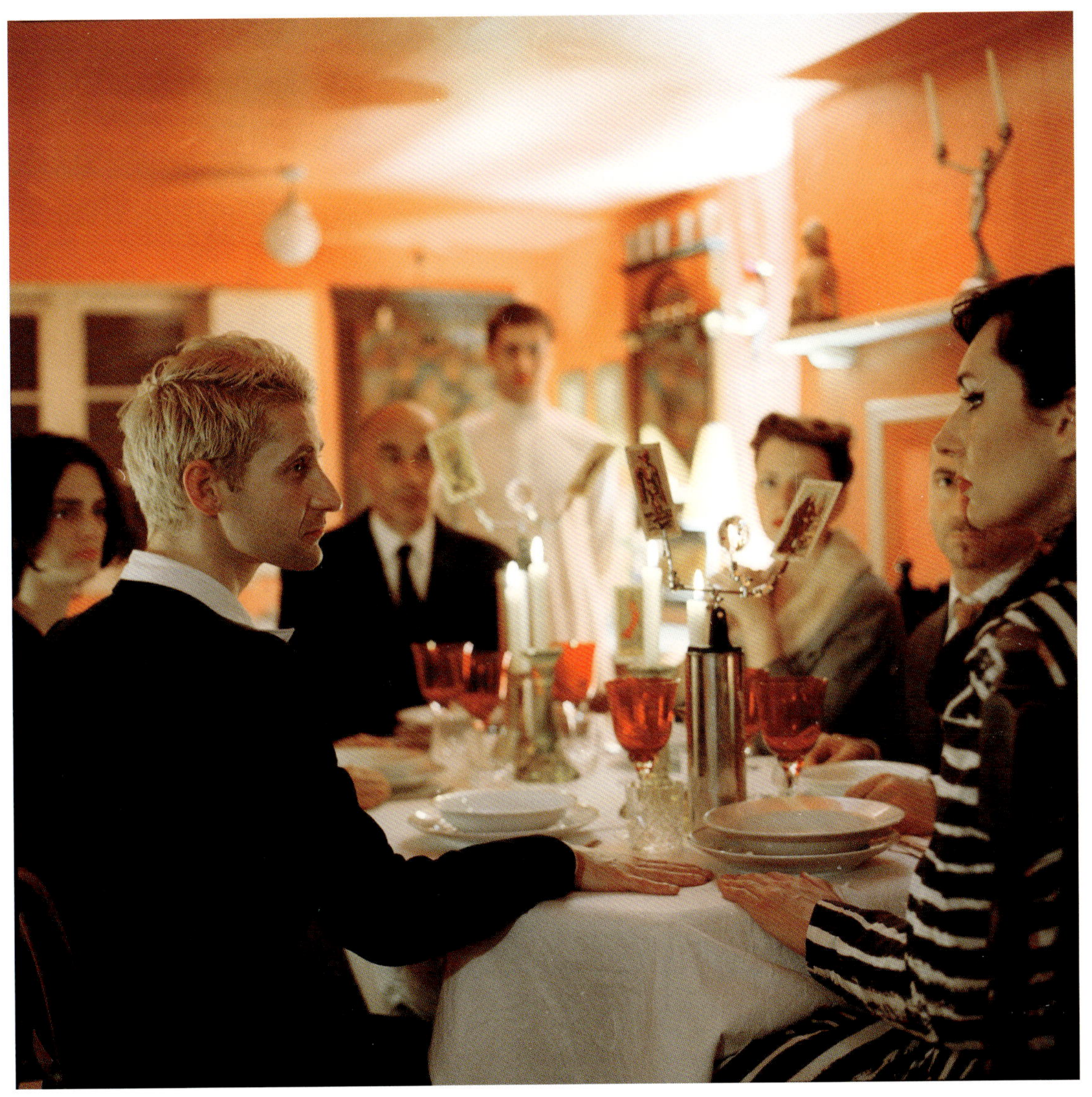

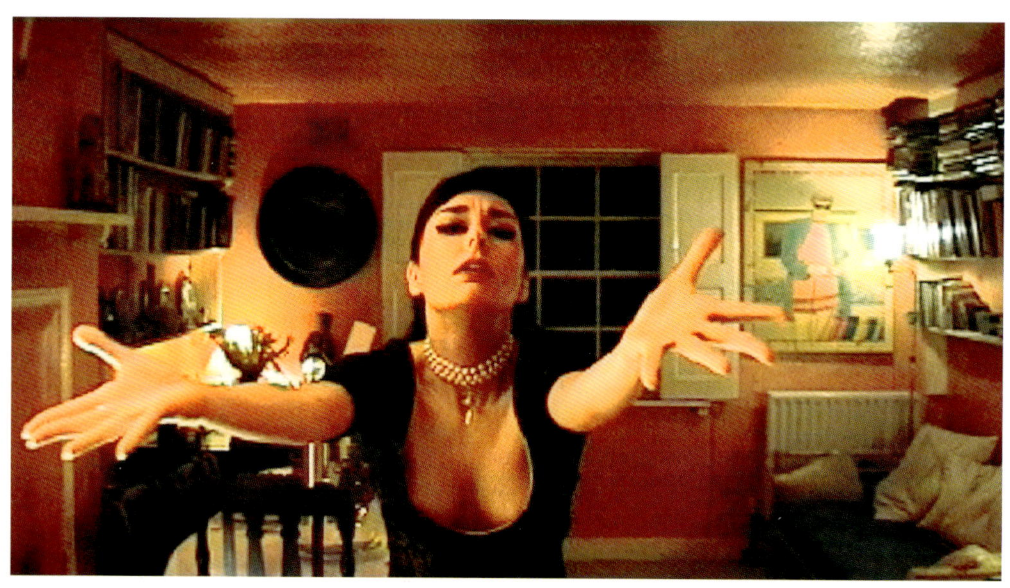

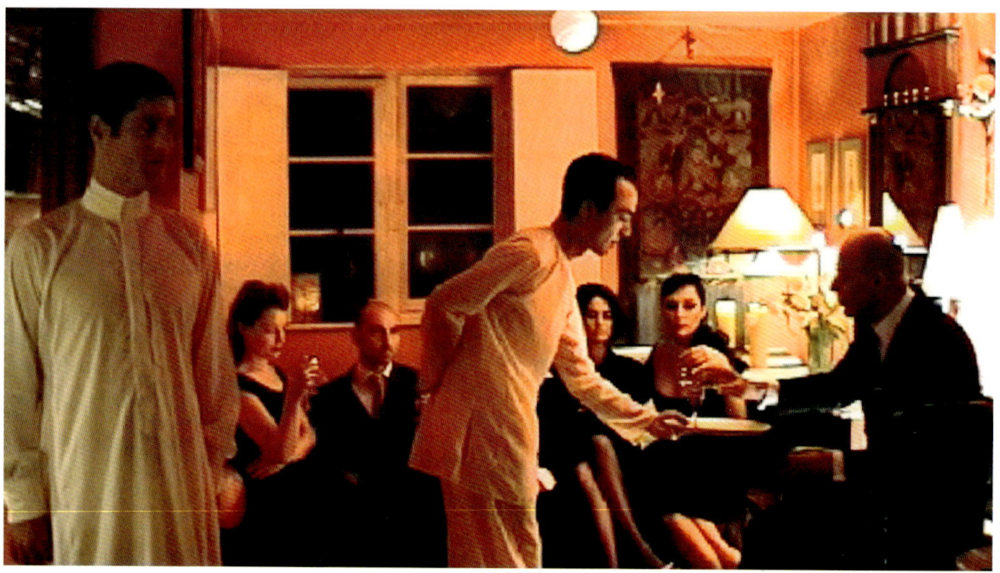

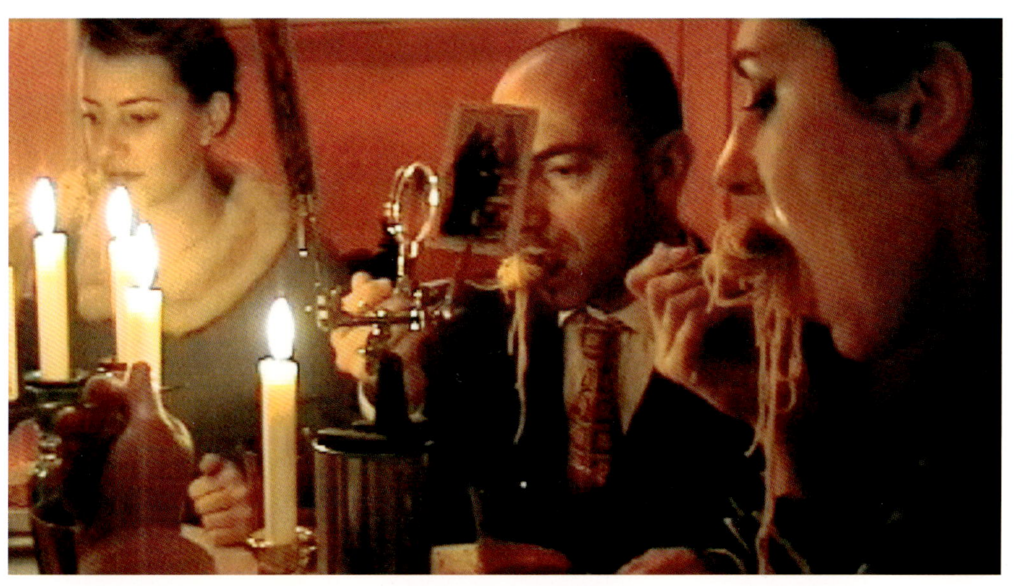

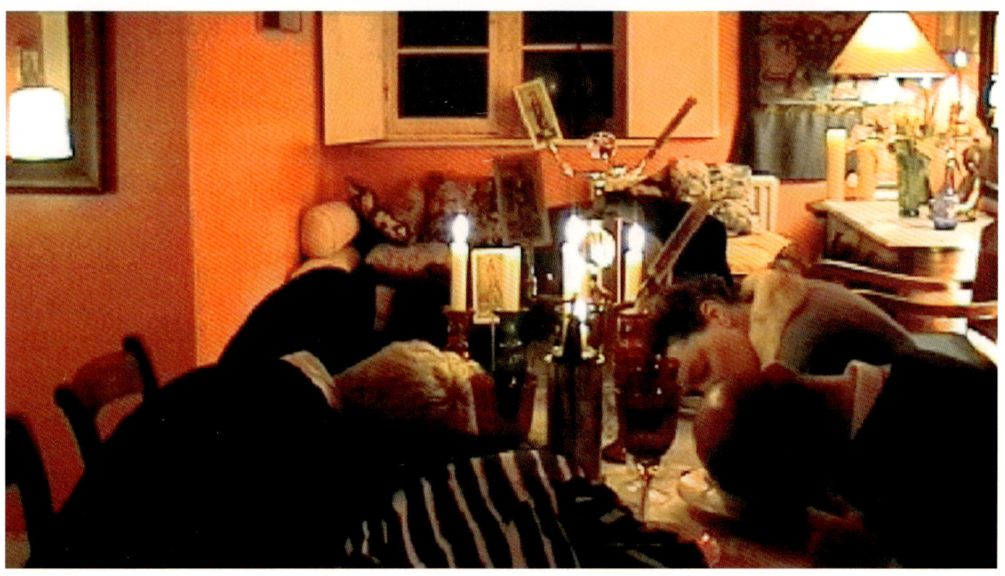

Kiss of Tosca 2000

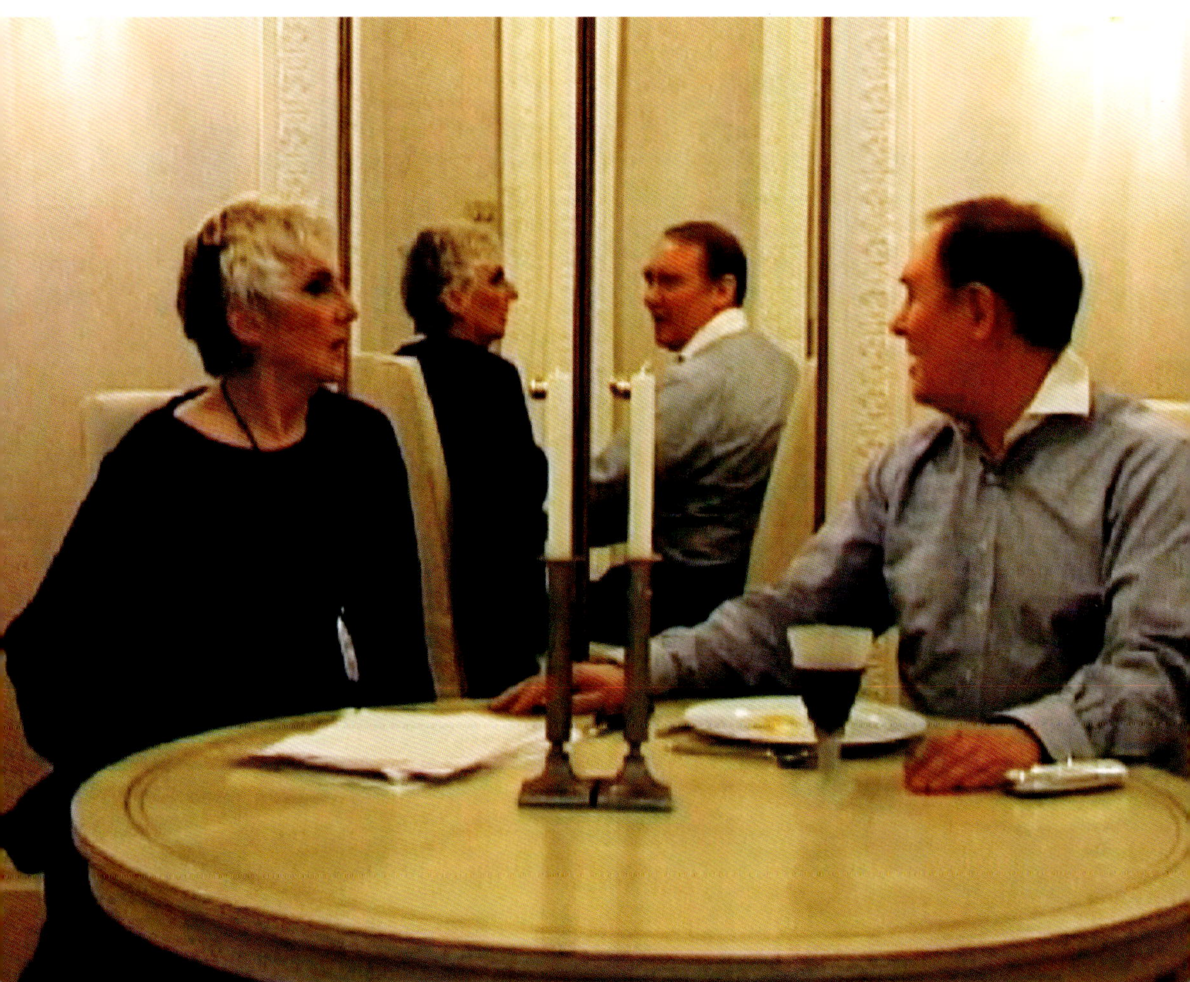

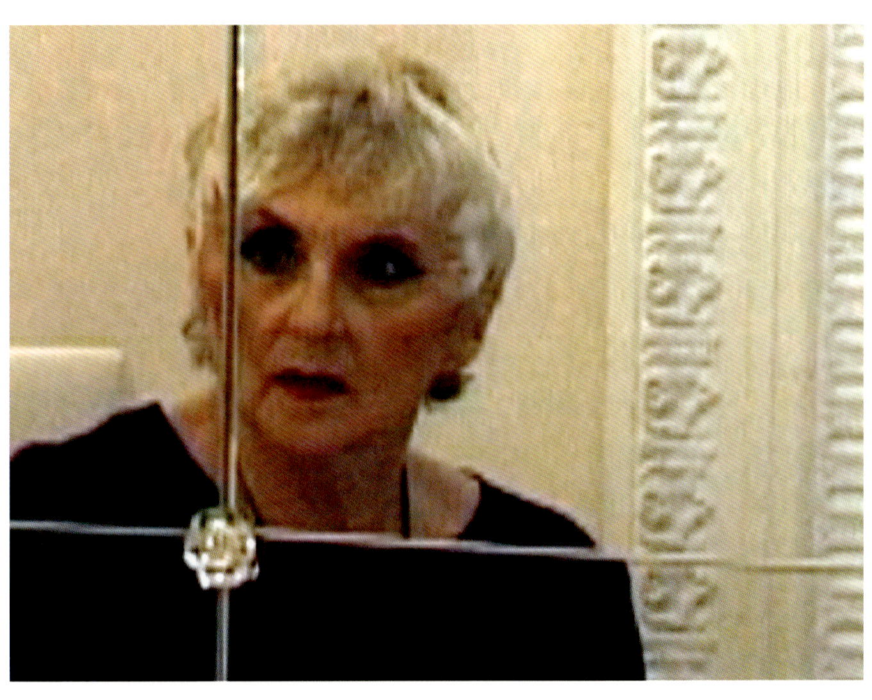

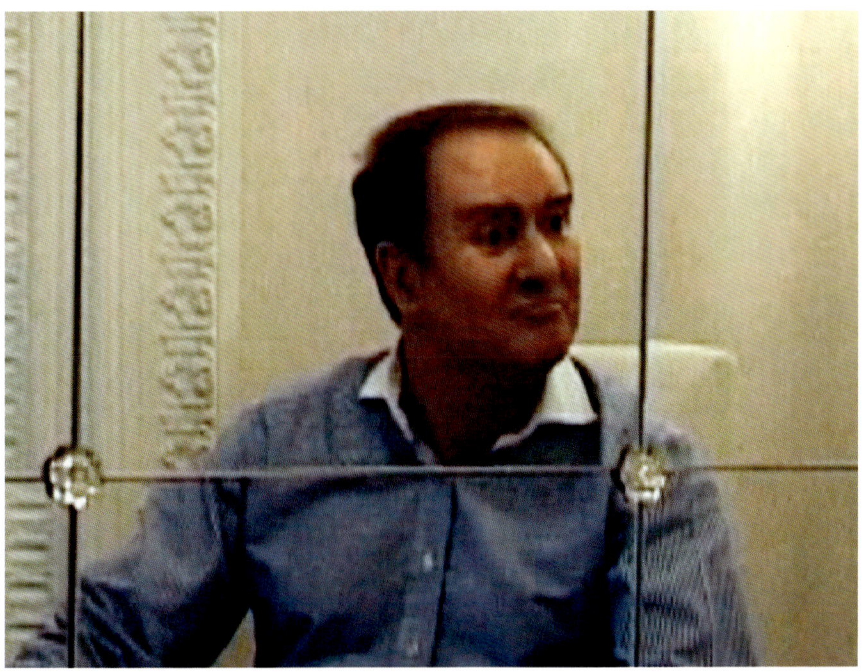

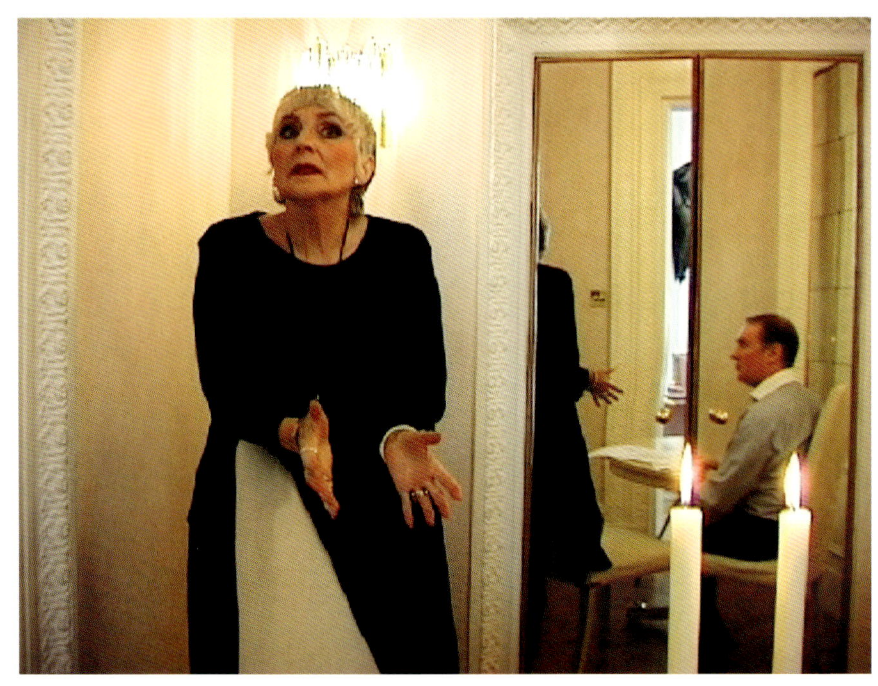

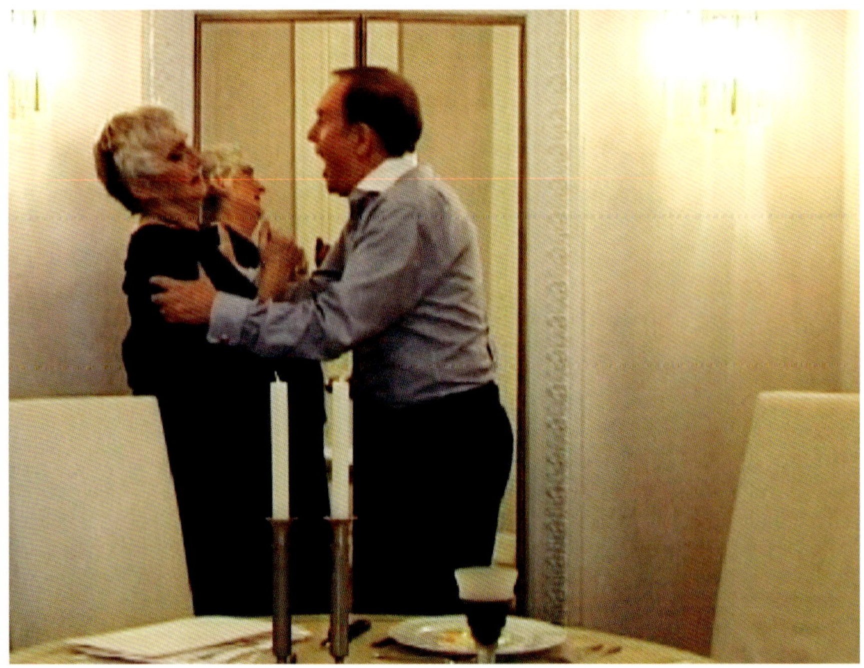

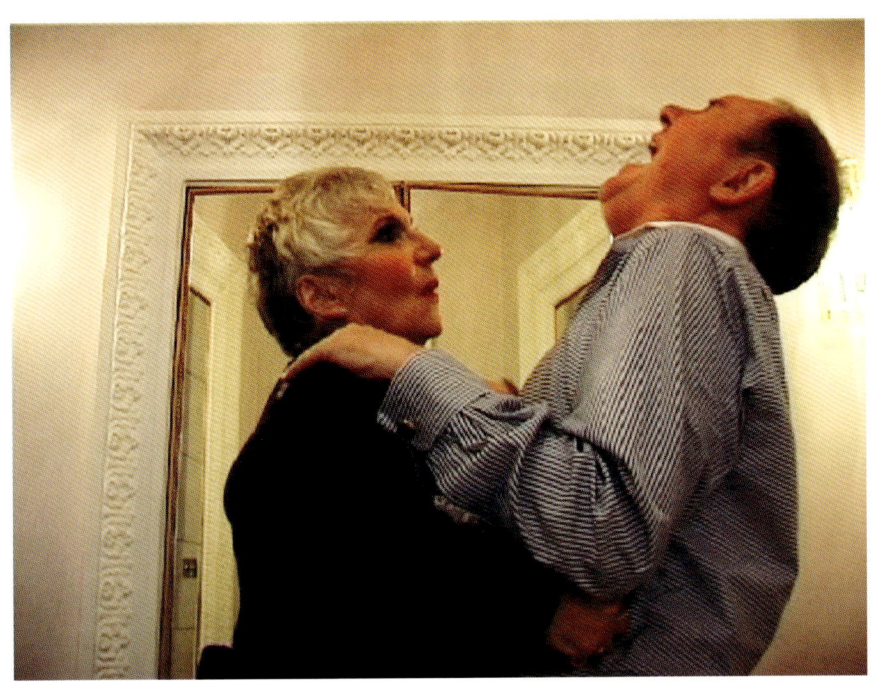

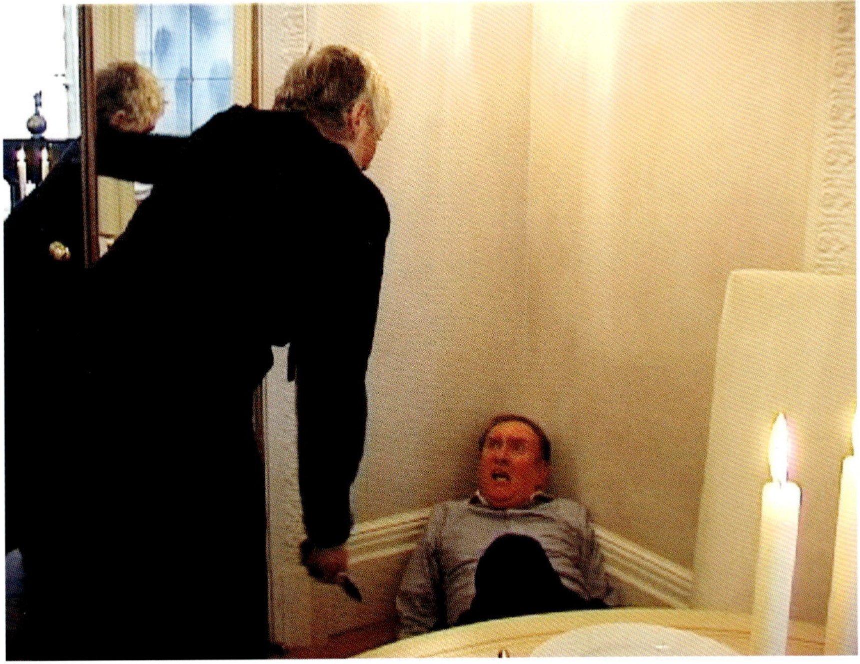

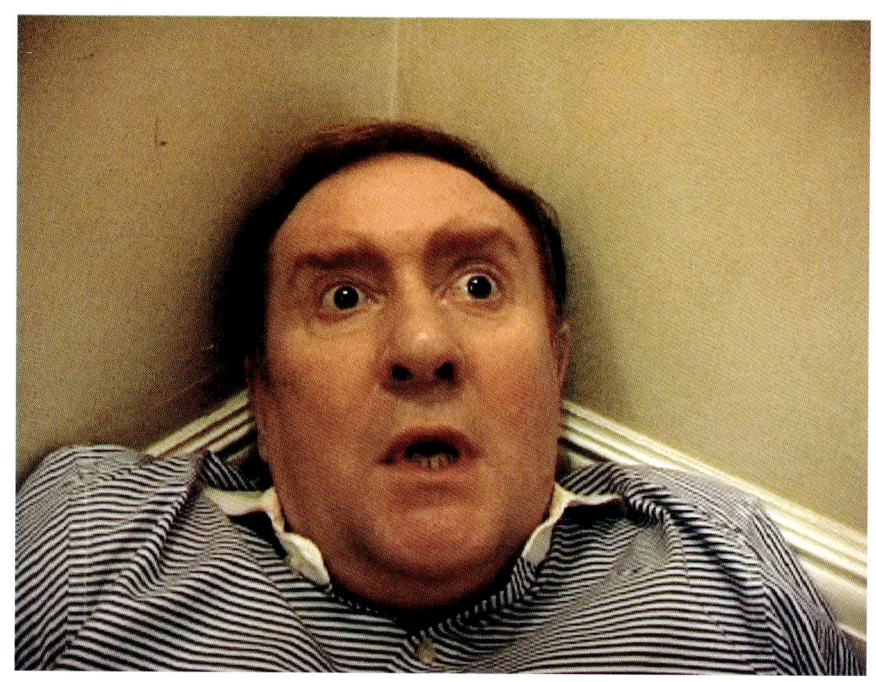

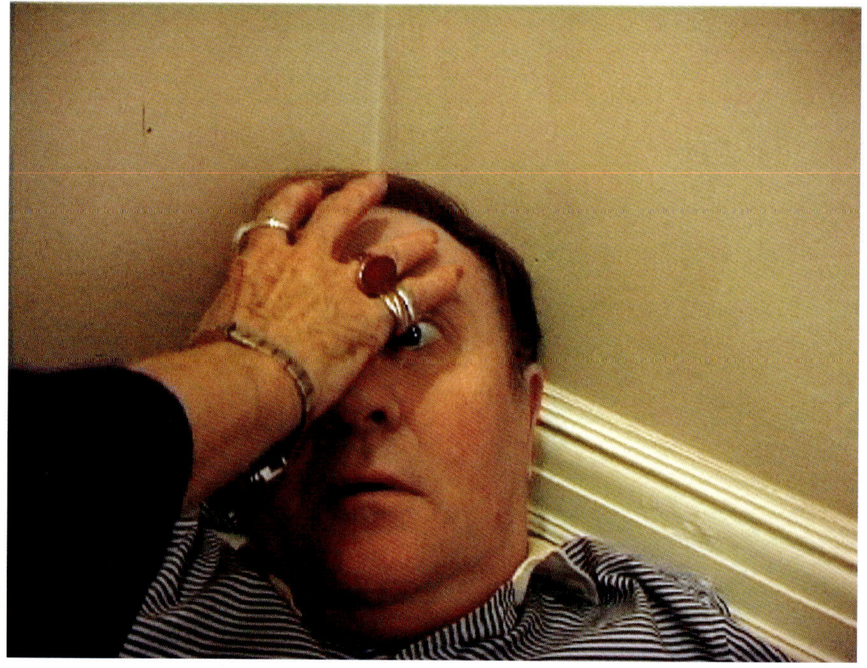

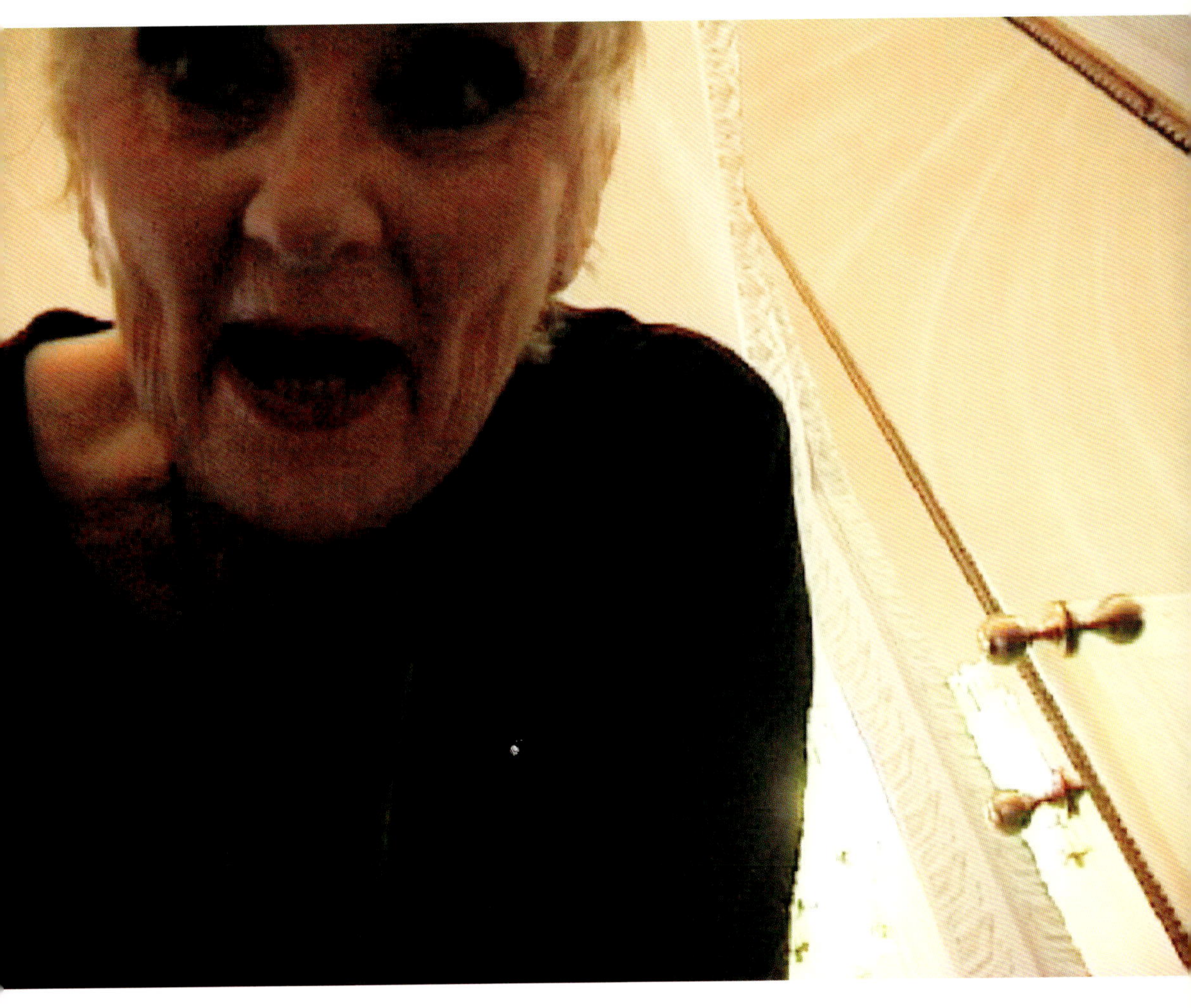

Distance 2001

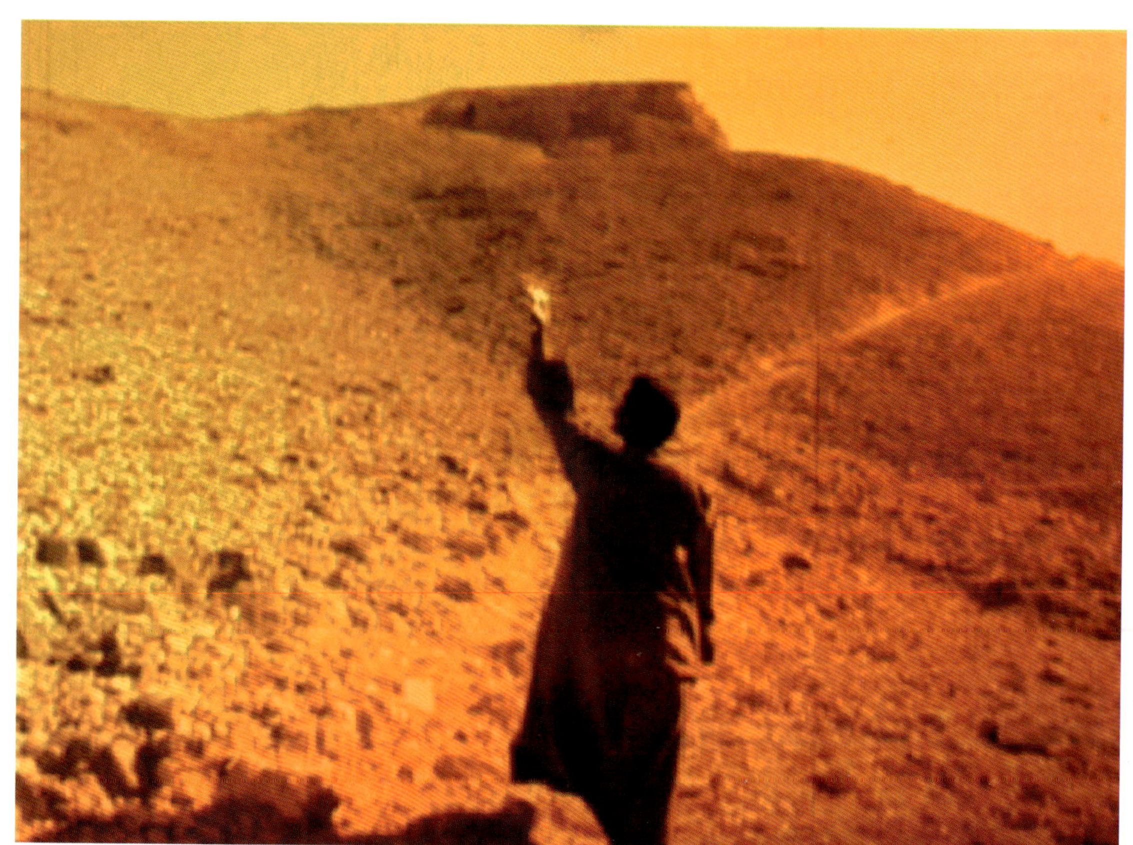

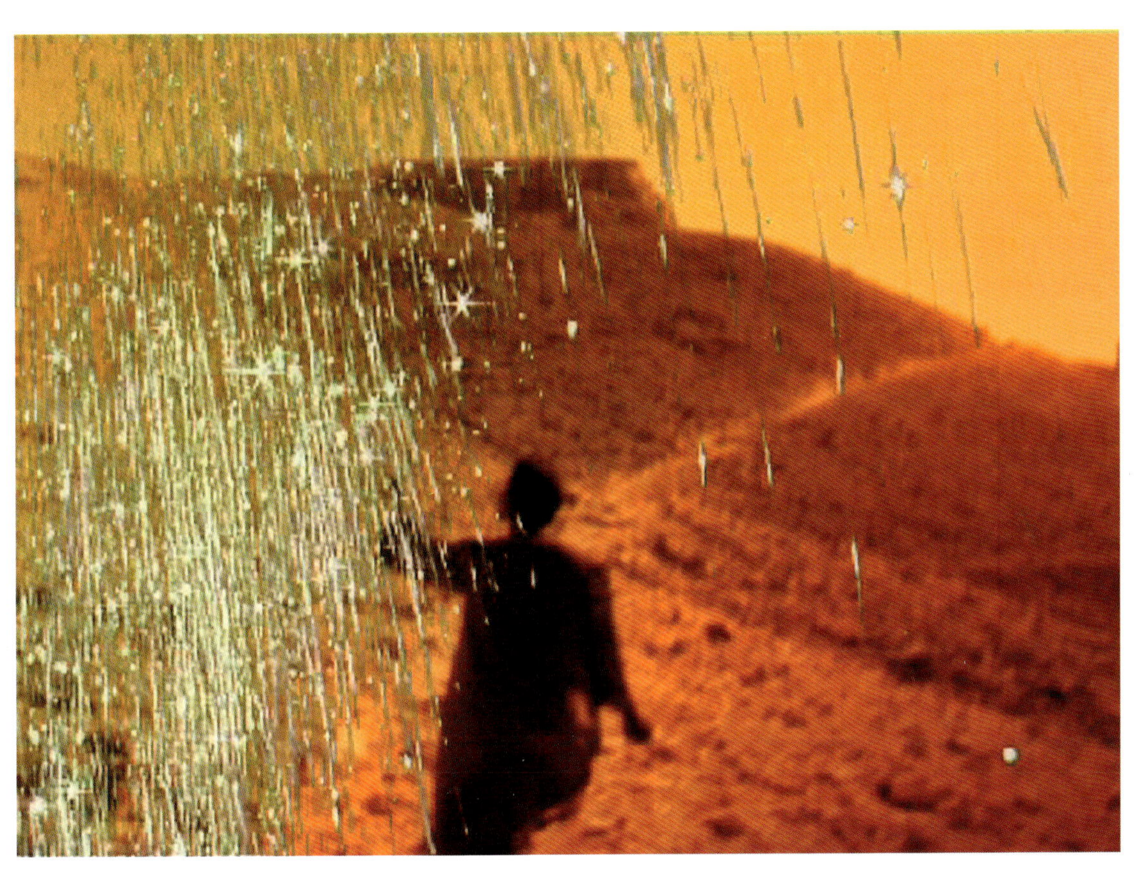

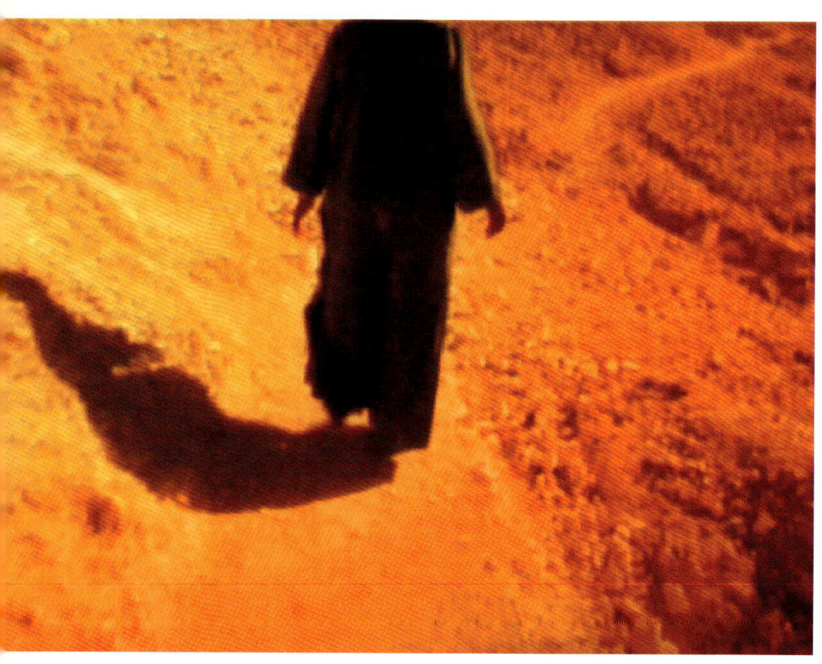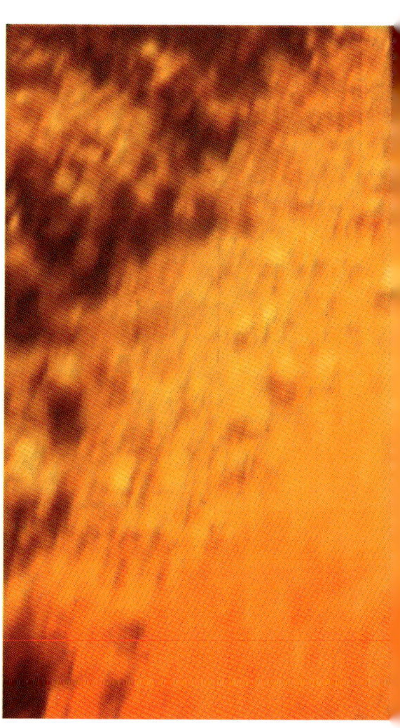

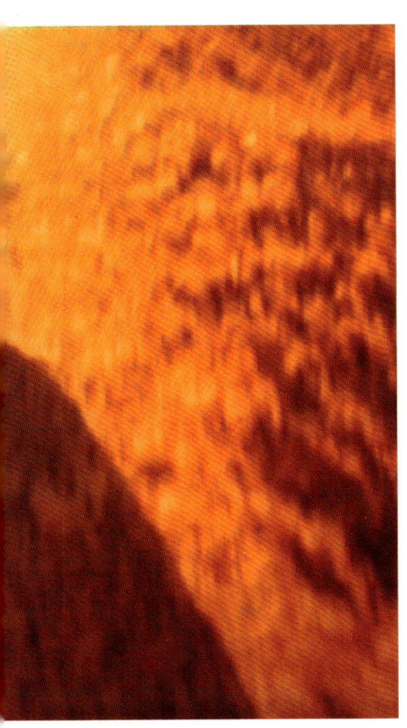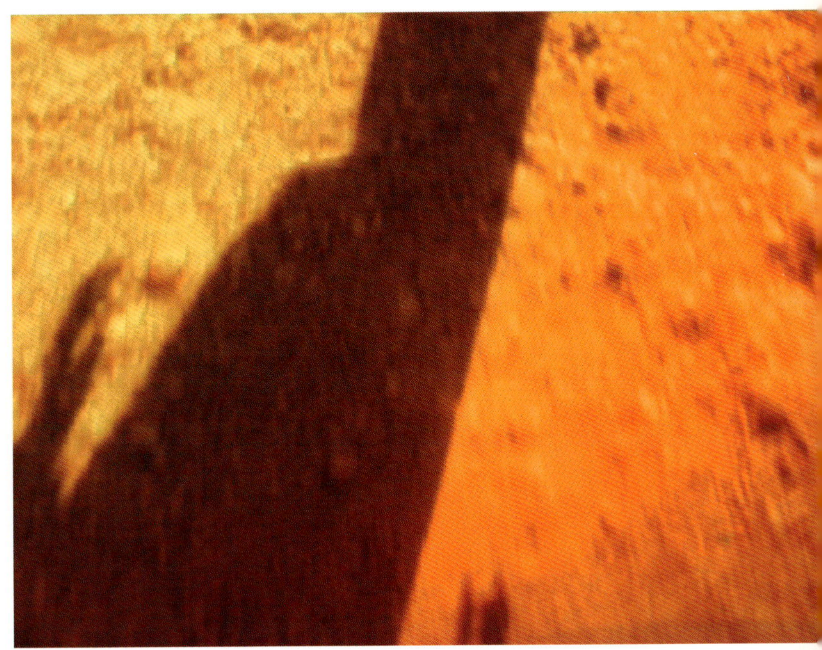

Scherzo 2001

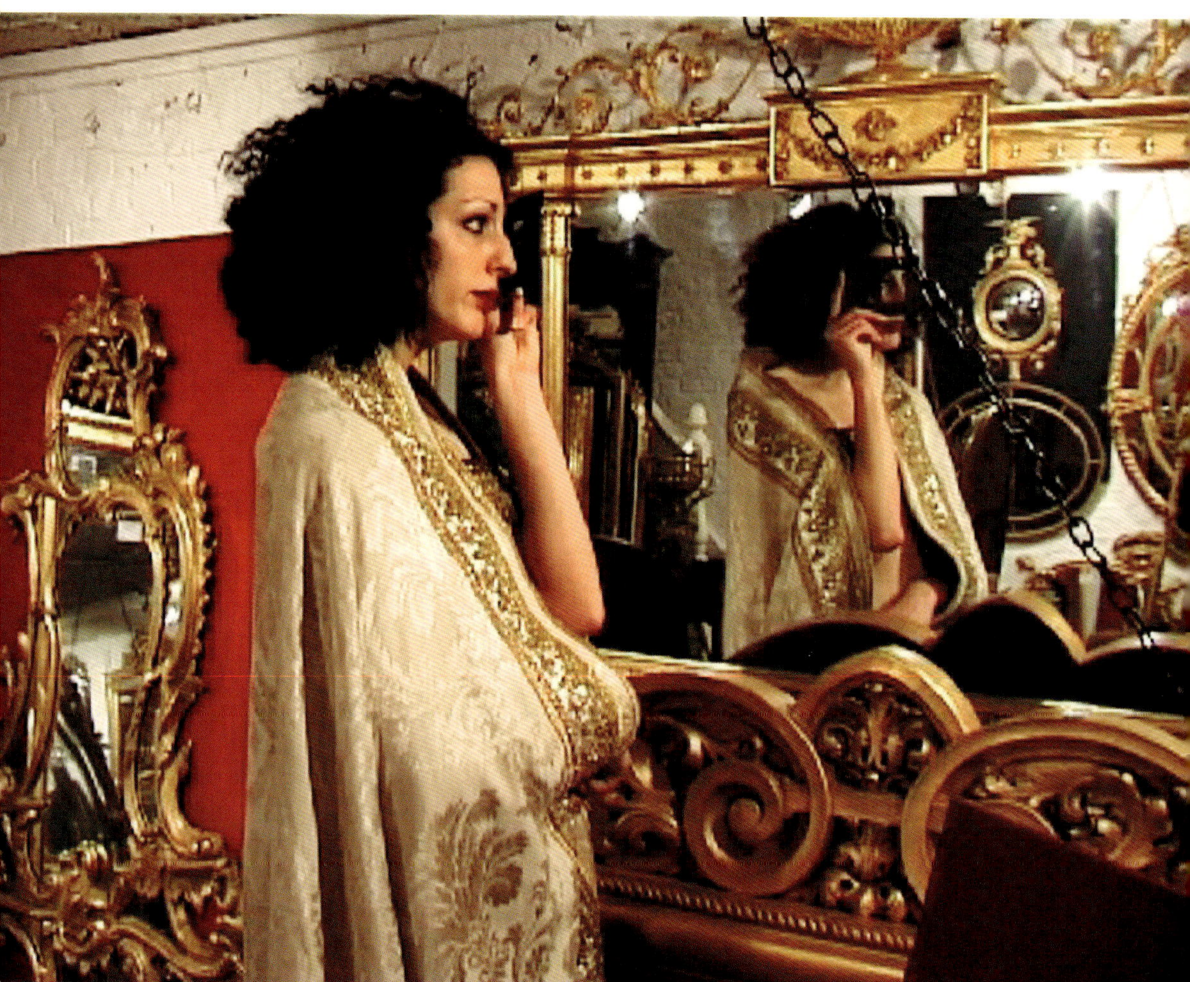

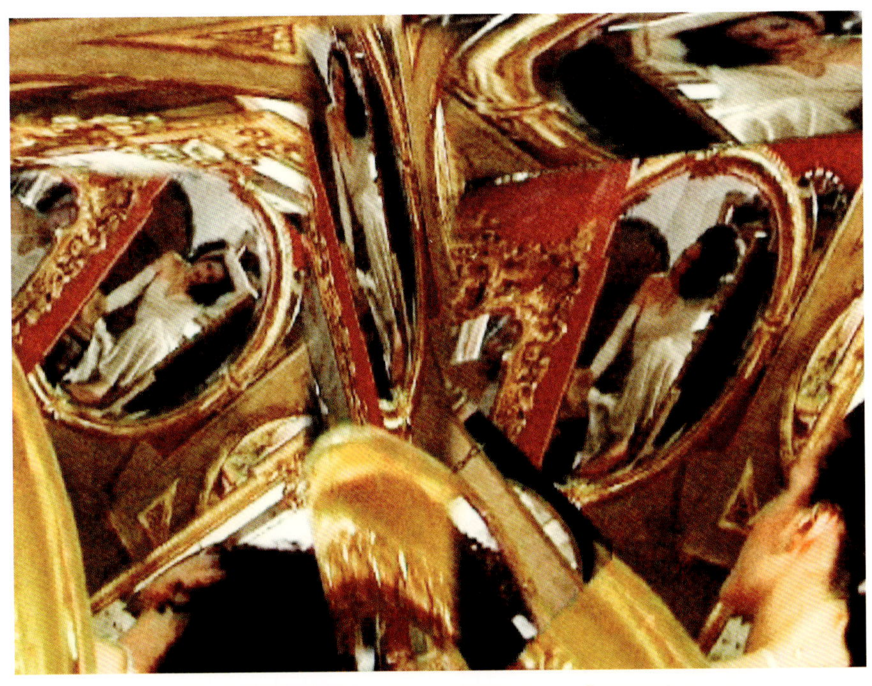

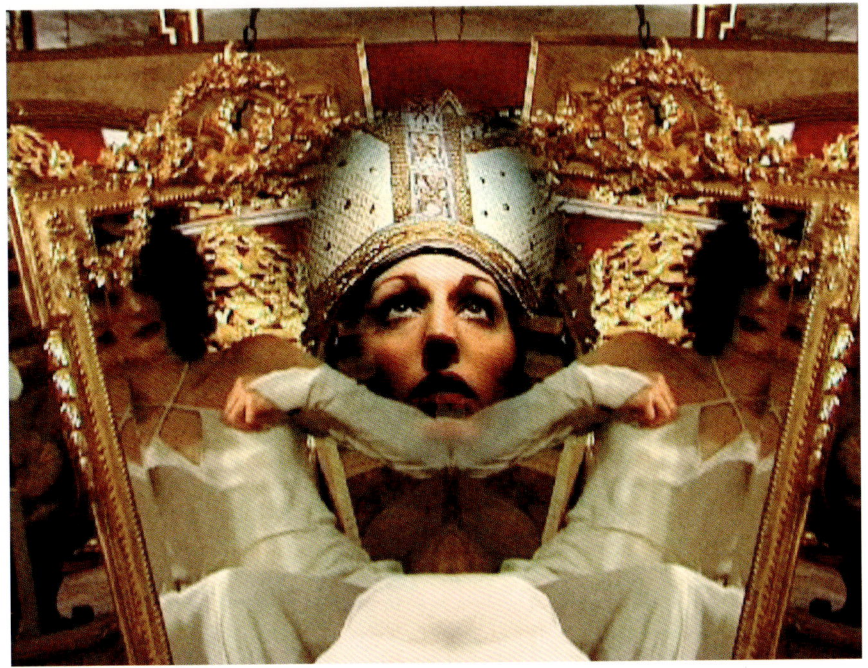

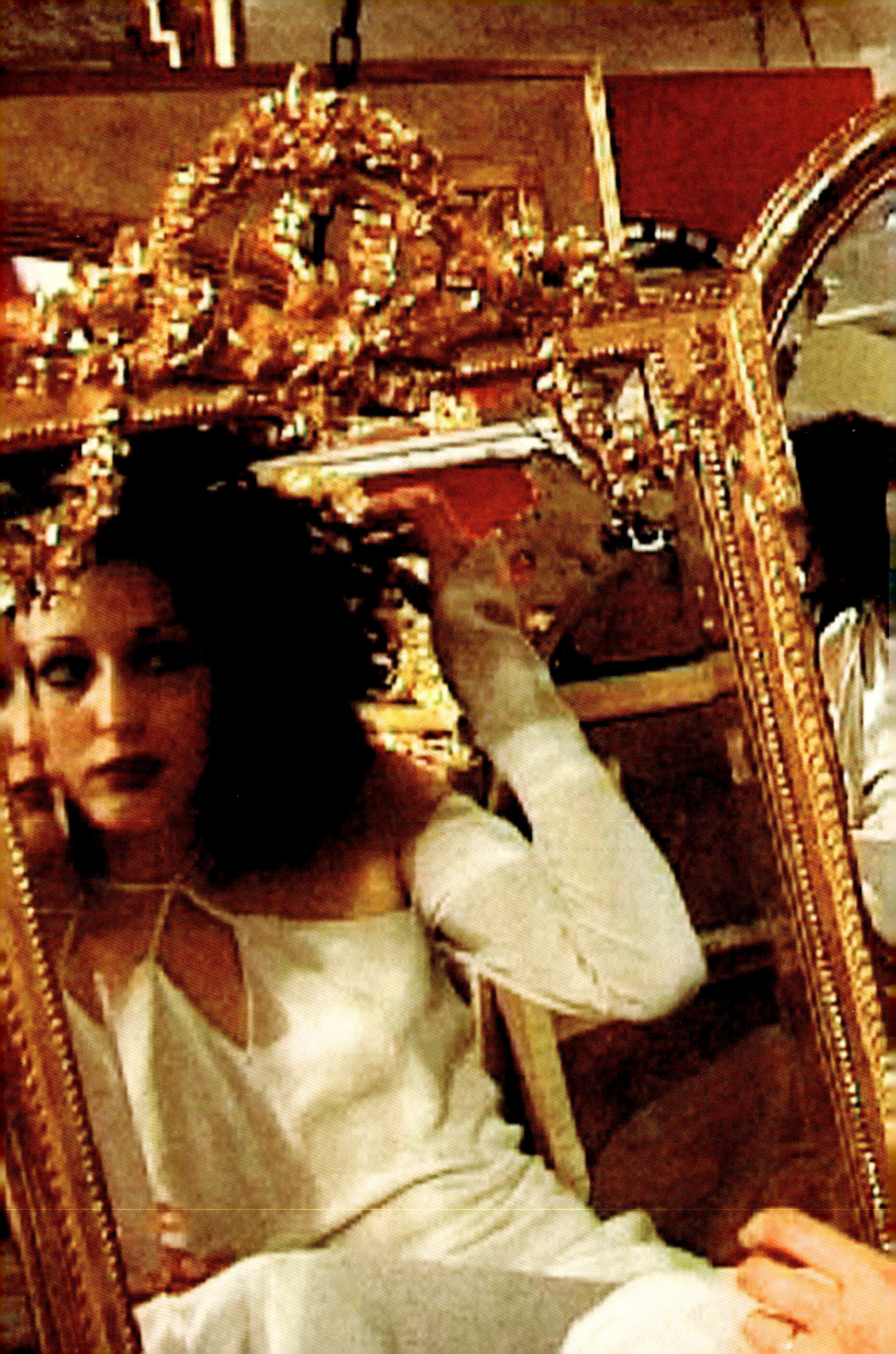

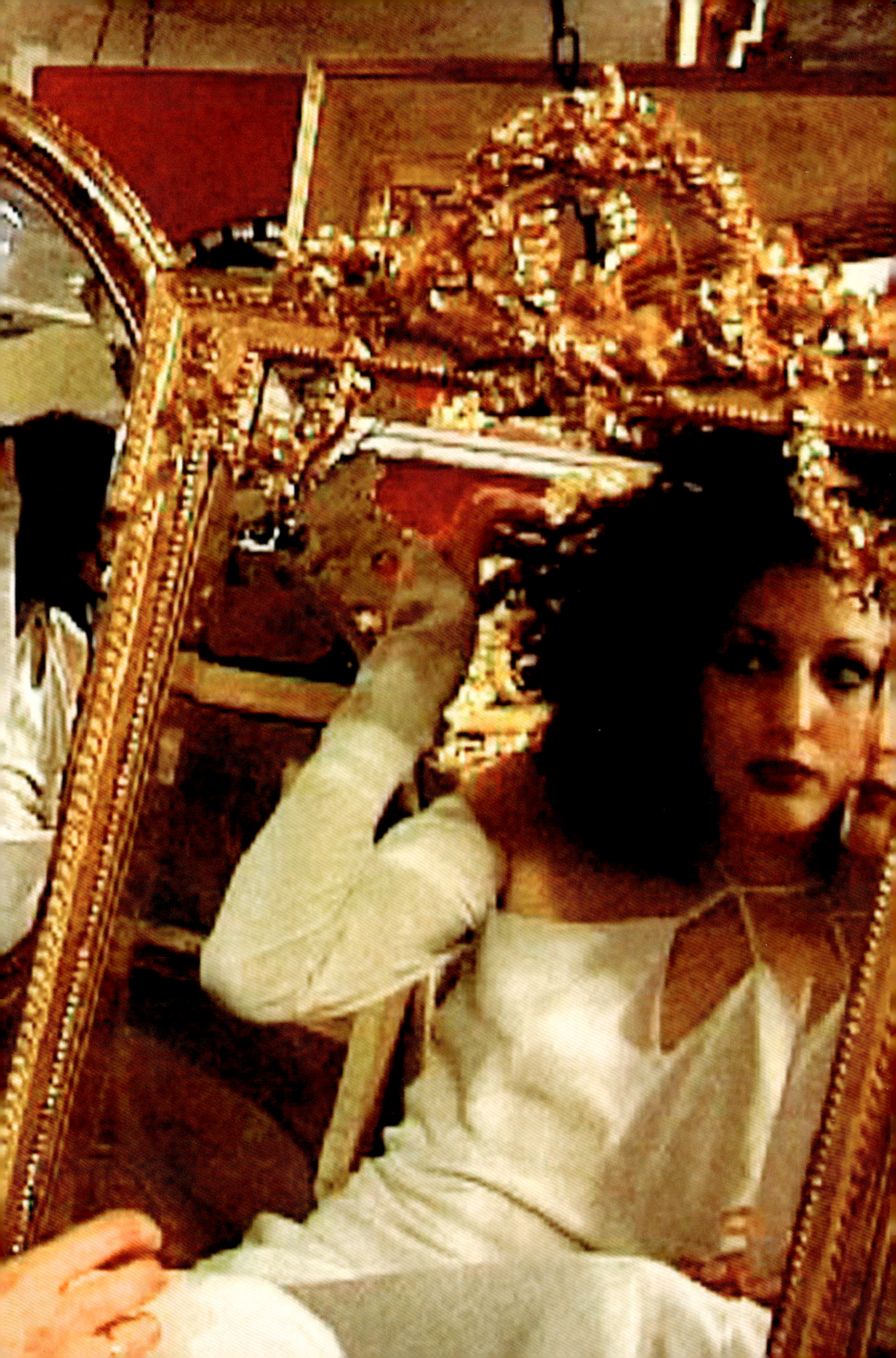

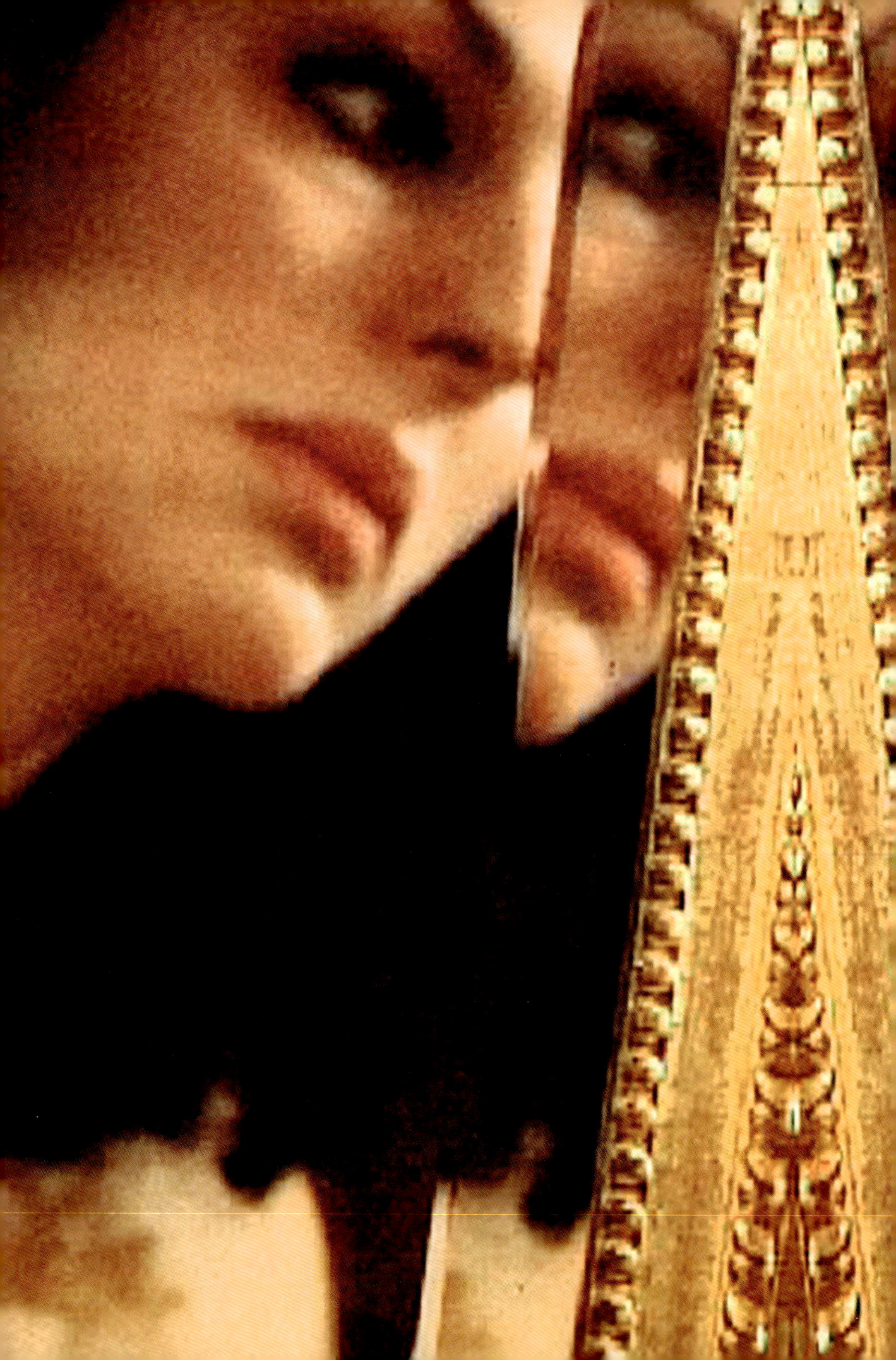

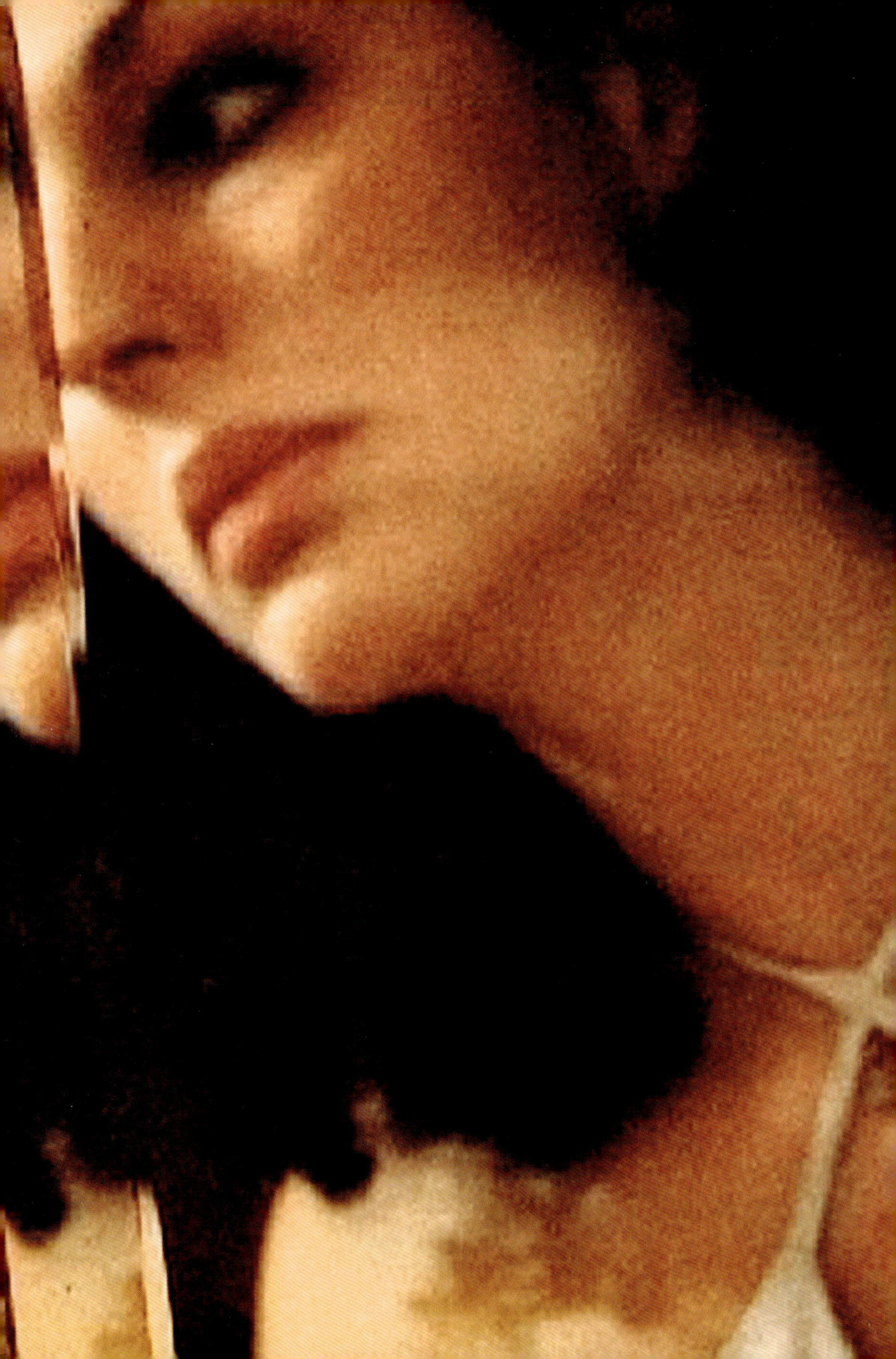

La ninnia 2002

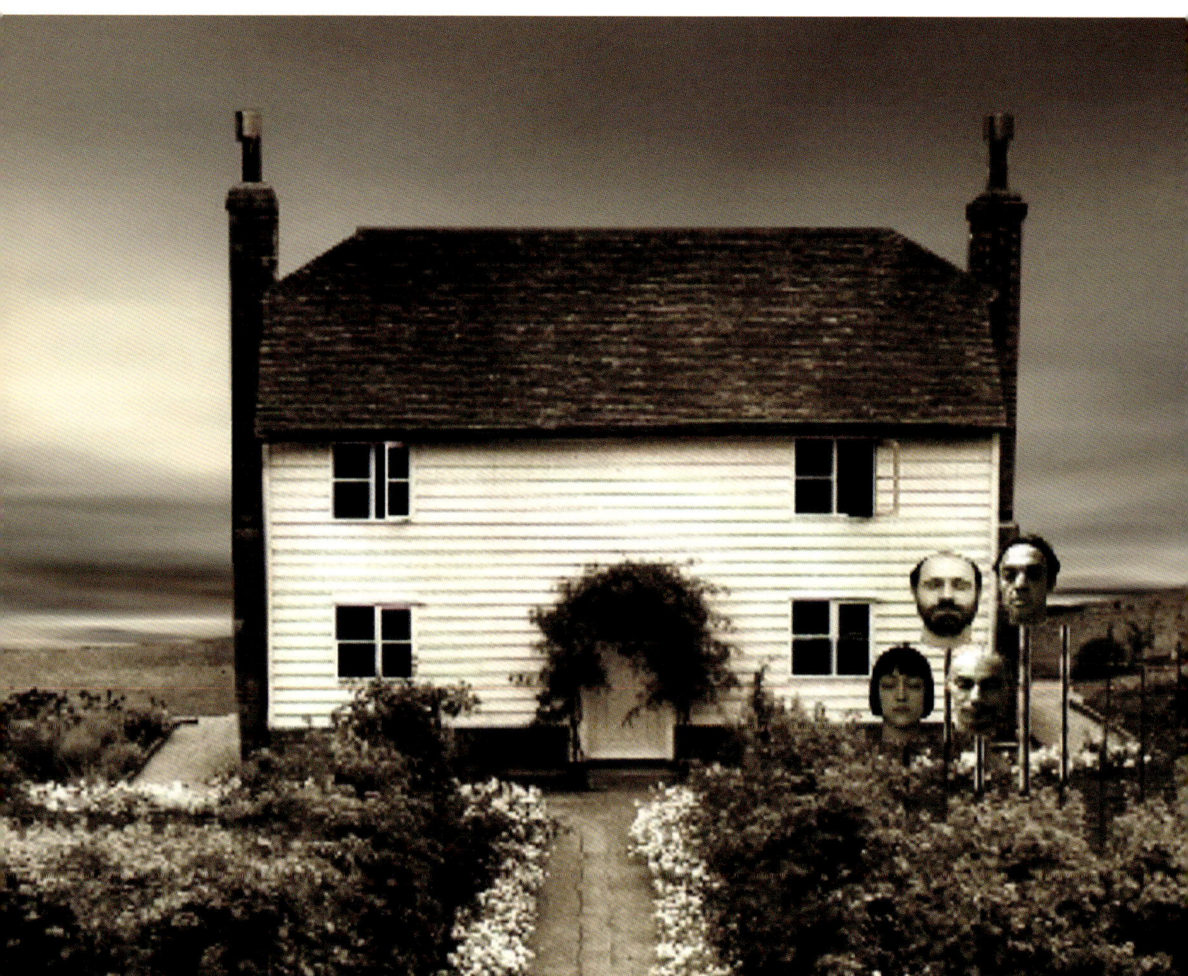

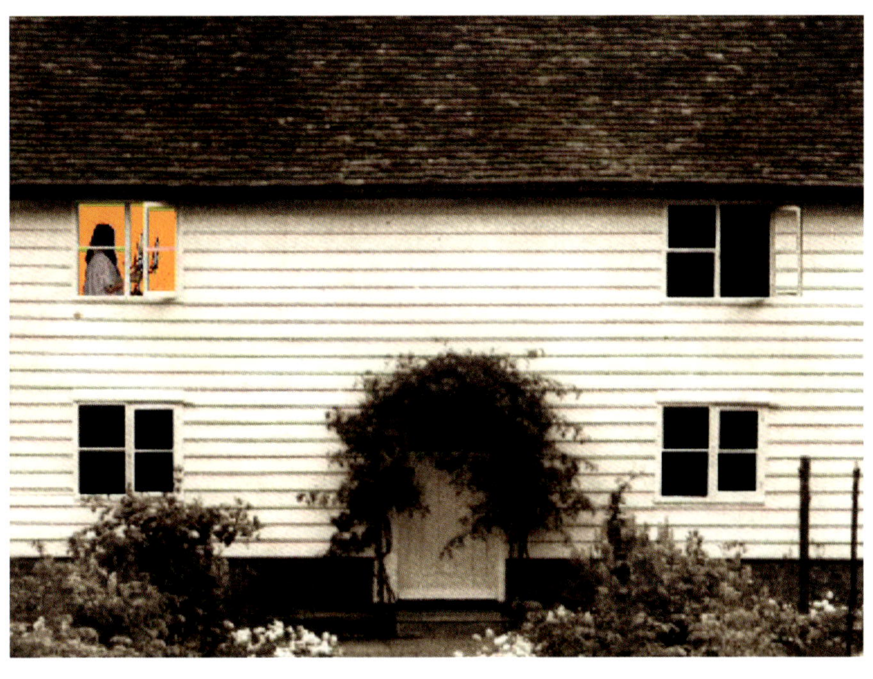

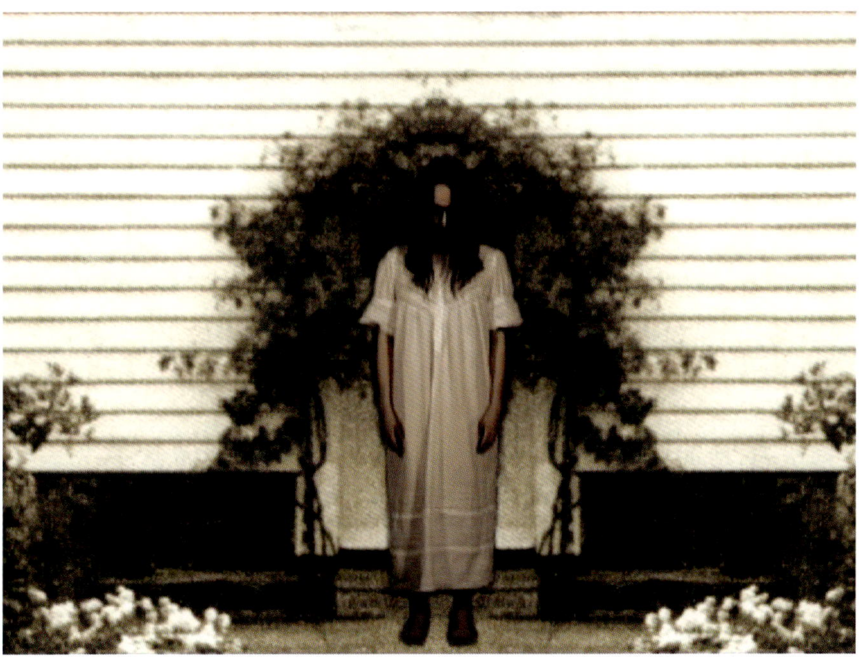

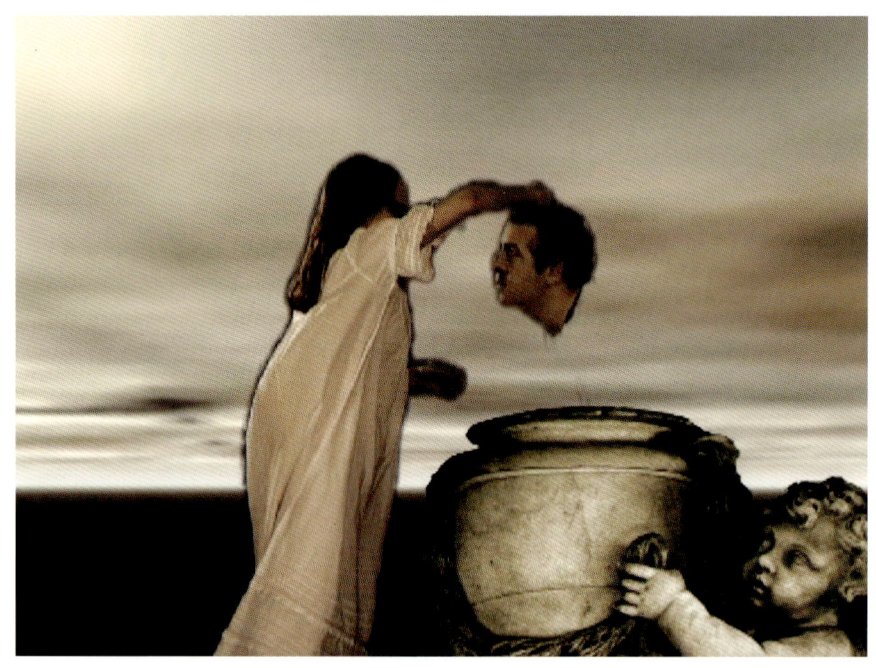

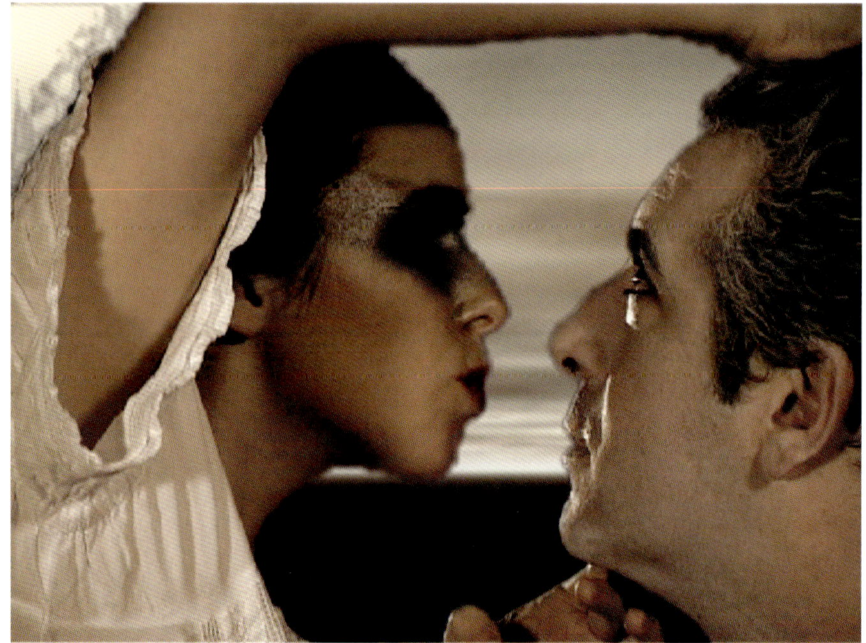

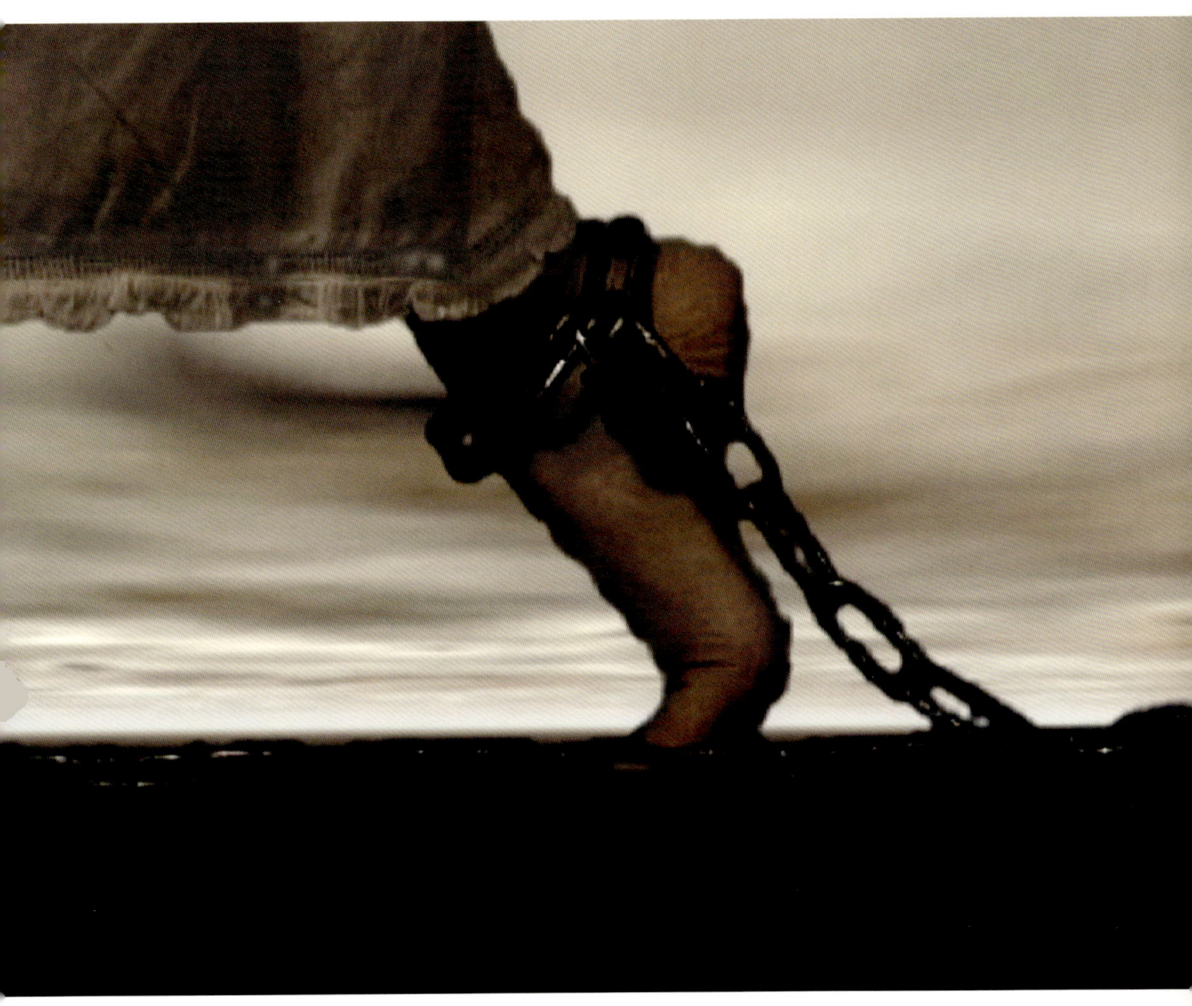

Lost - The Unmoveable Desire 2002

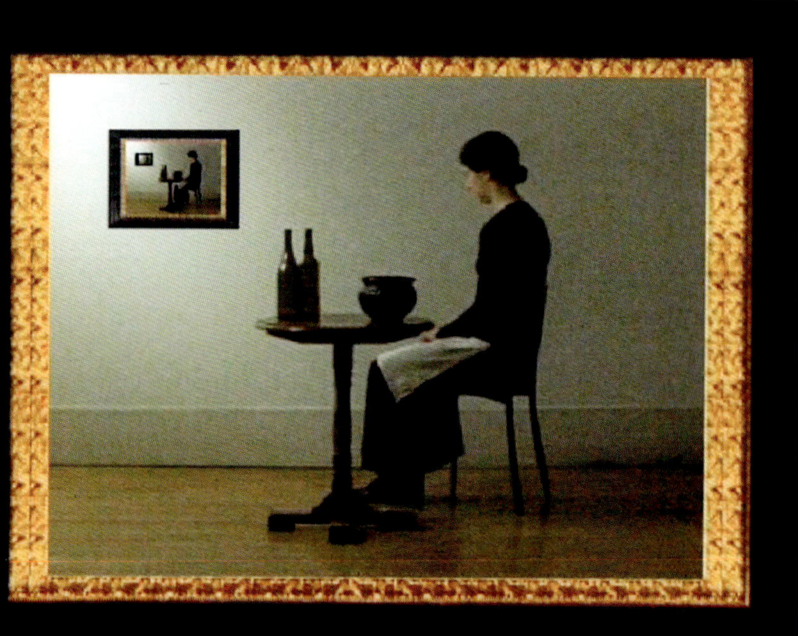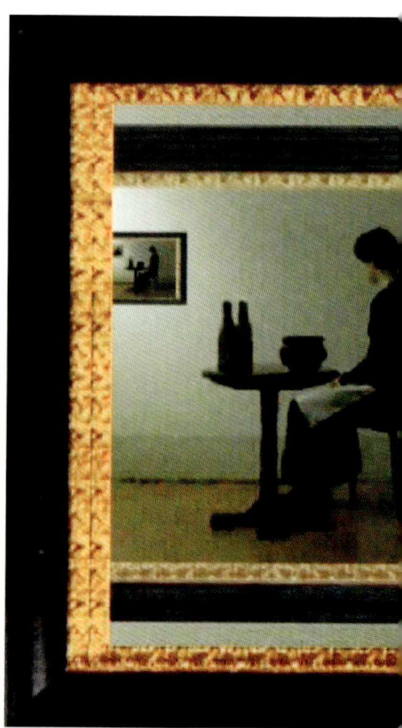

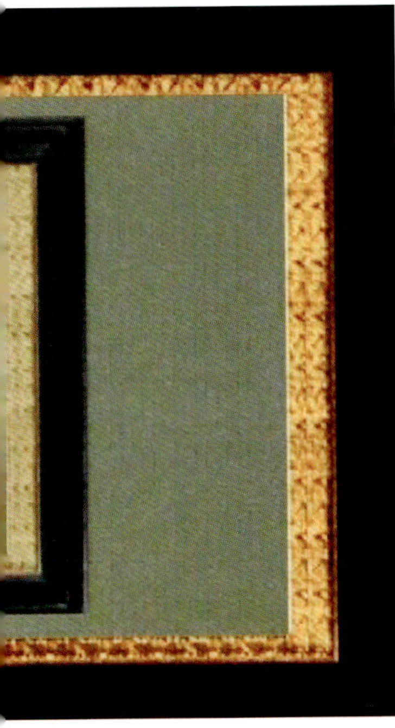
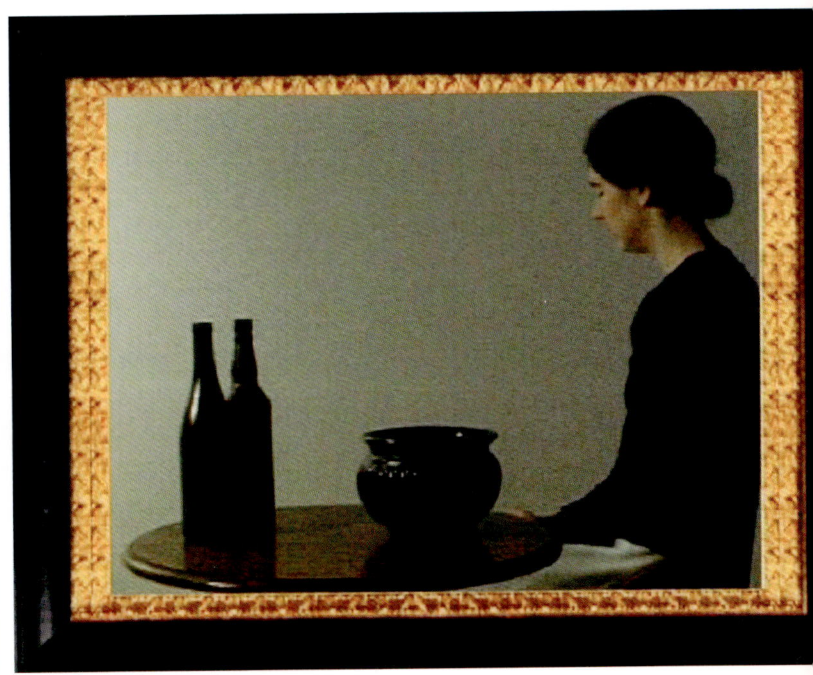

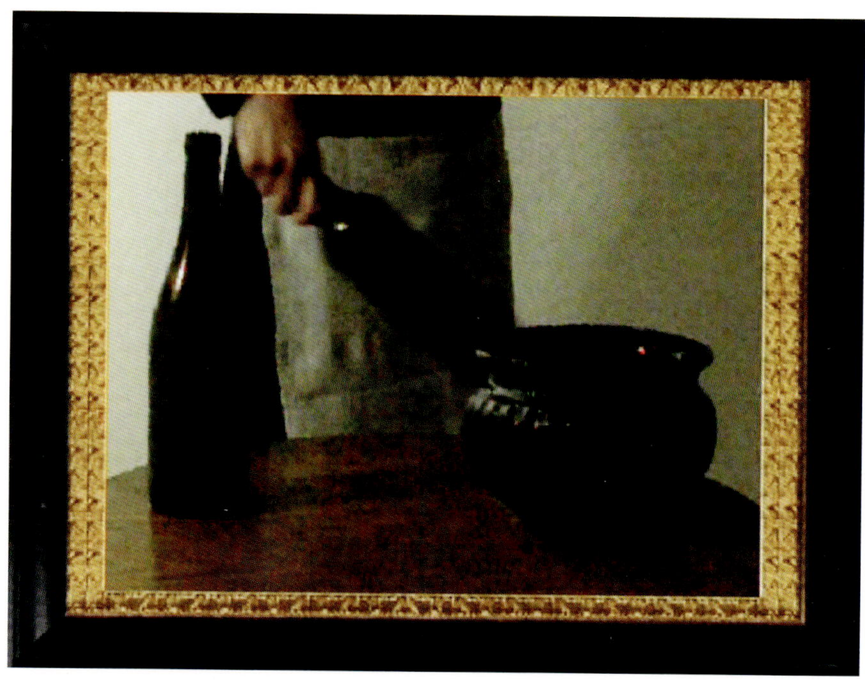

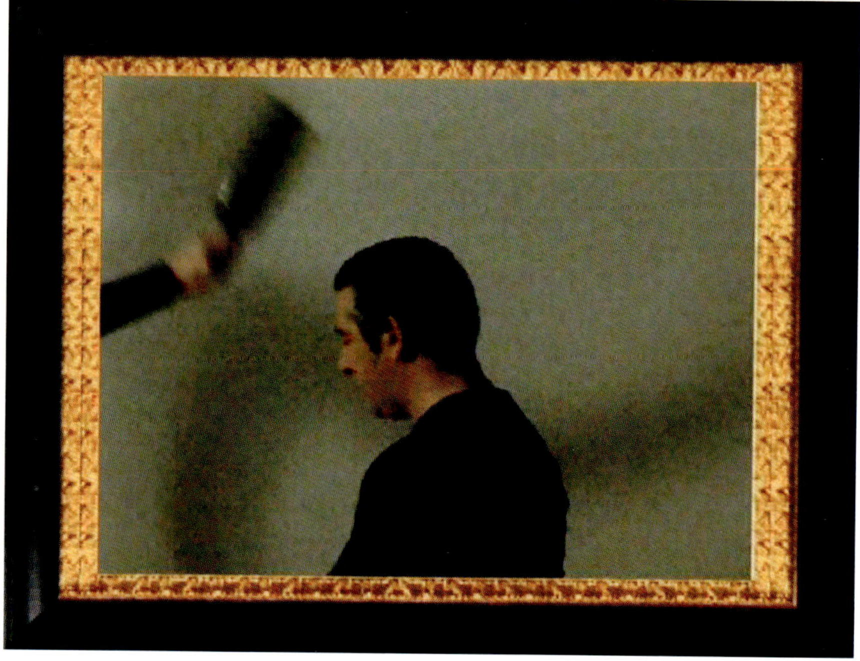

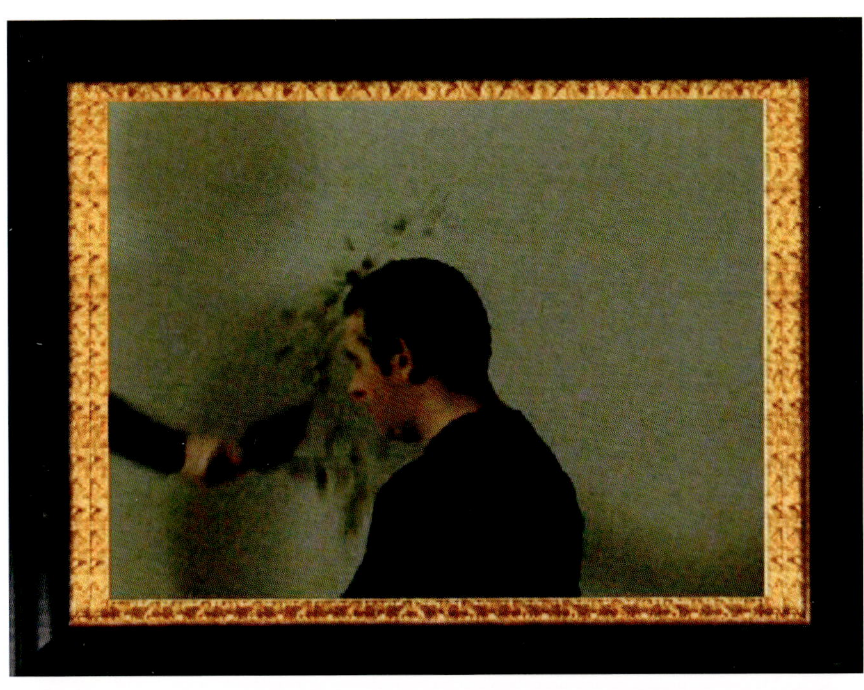

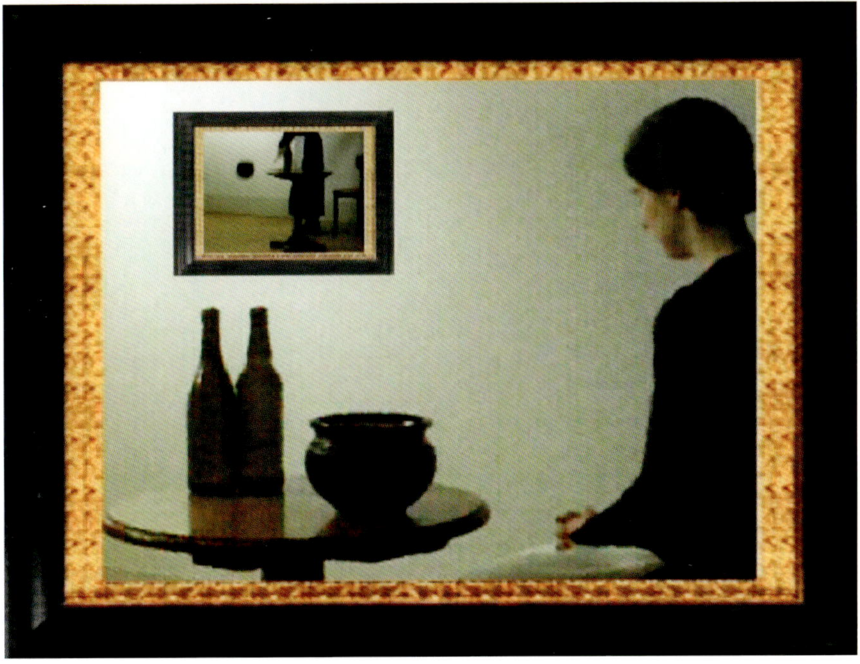

Limit 2003

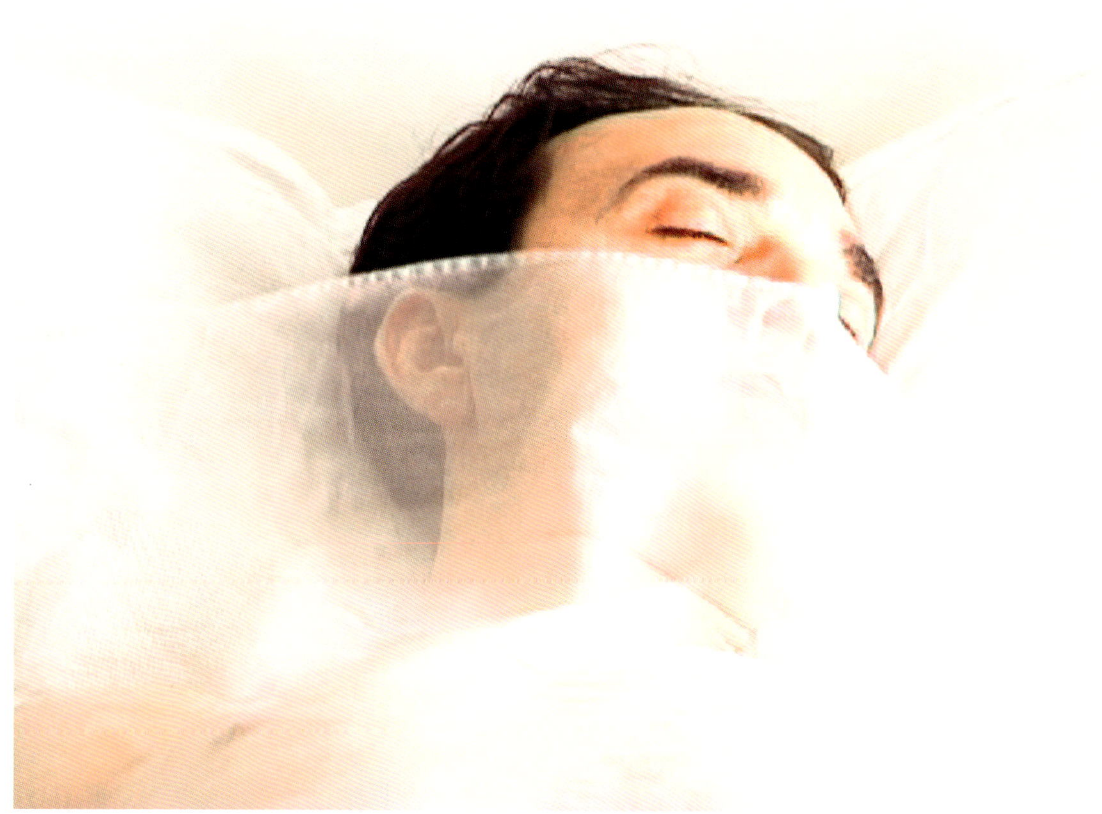

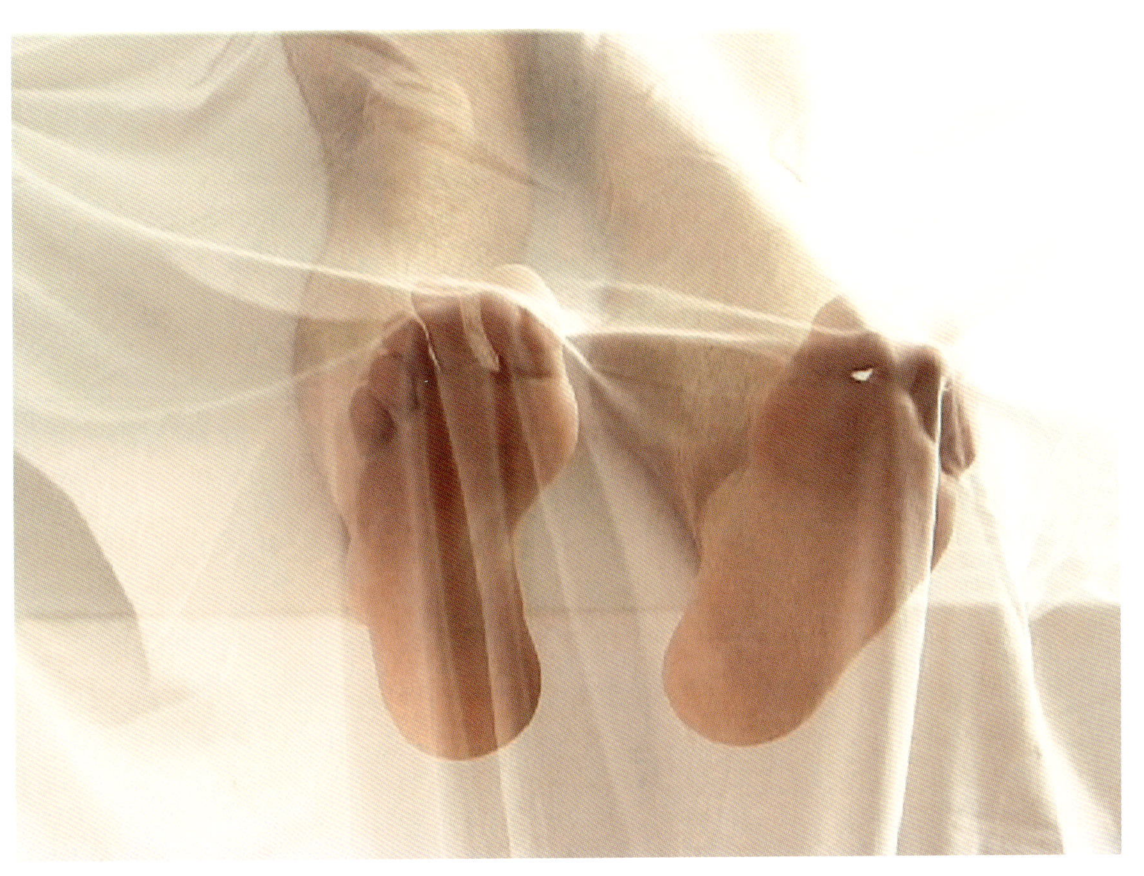

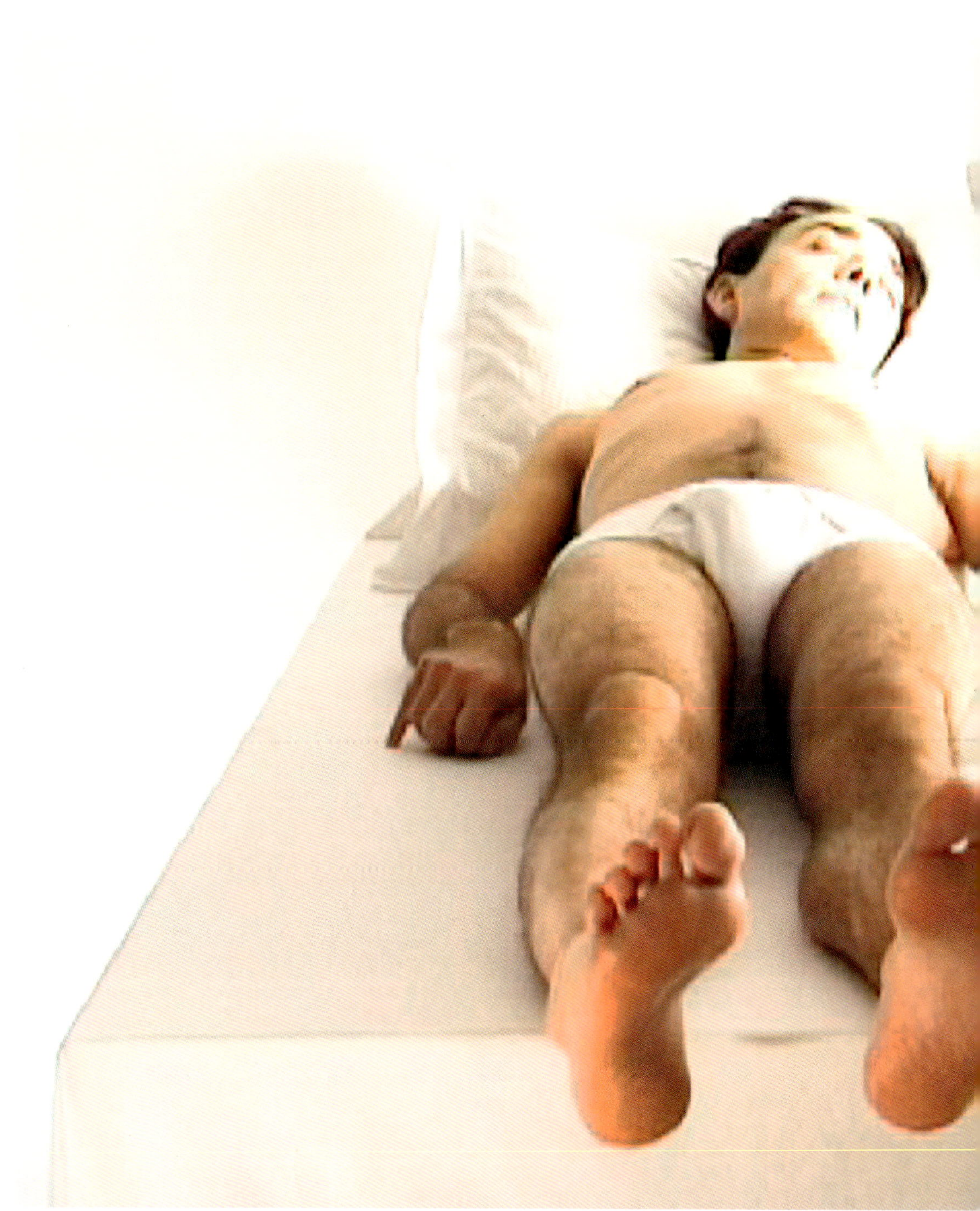

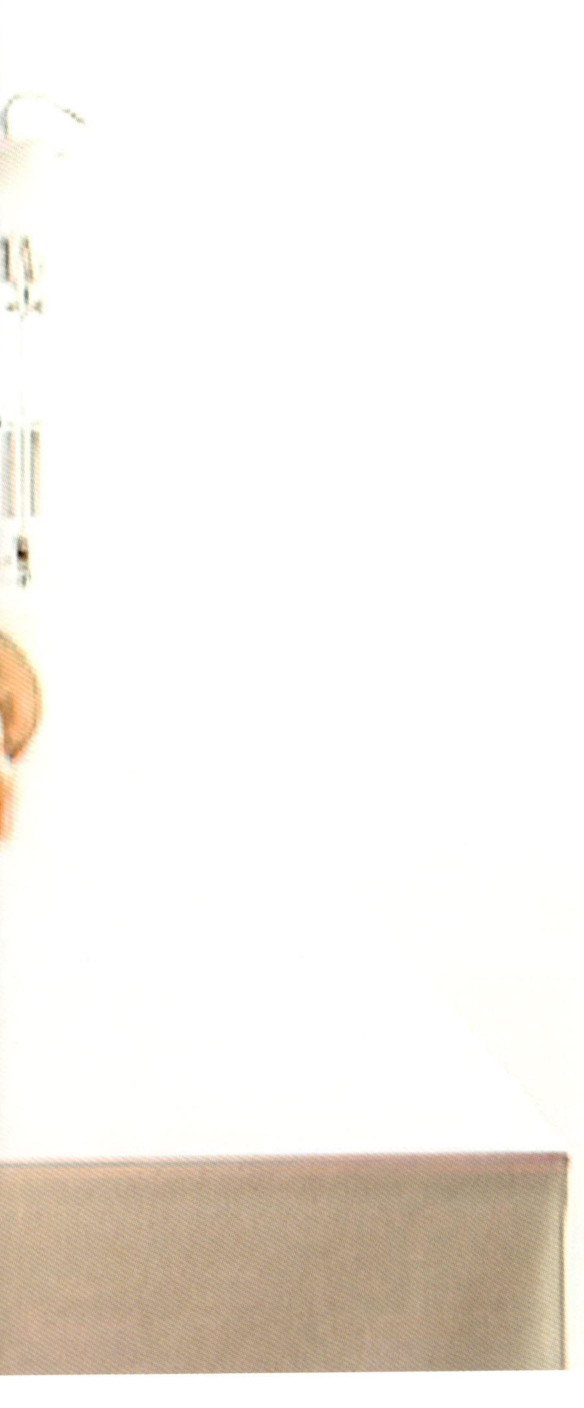

Japanese Flowers 2003

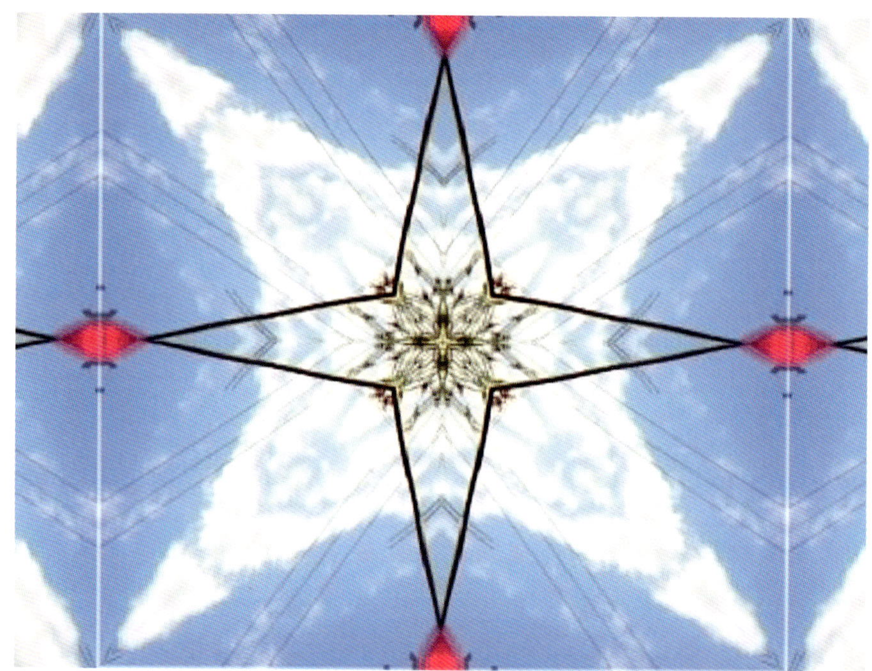

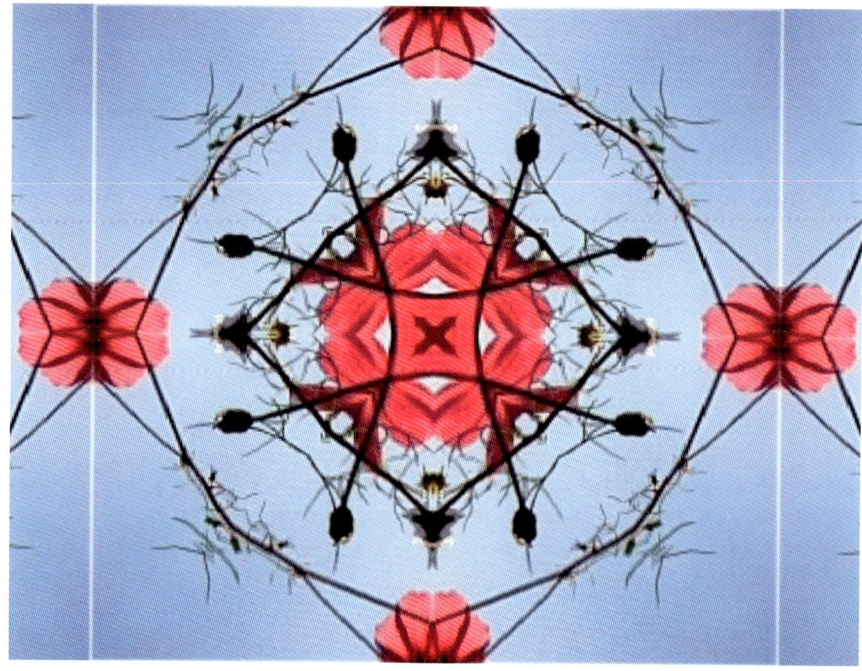

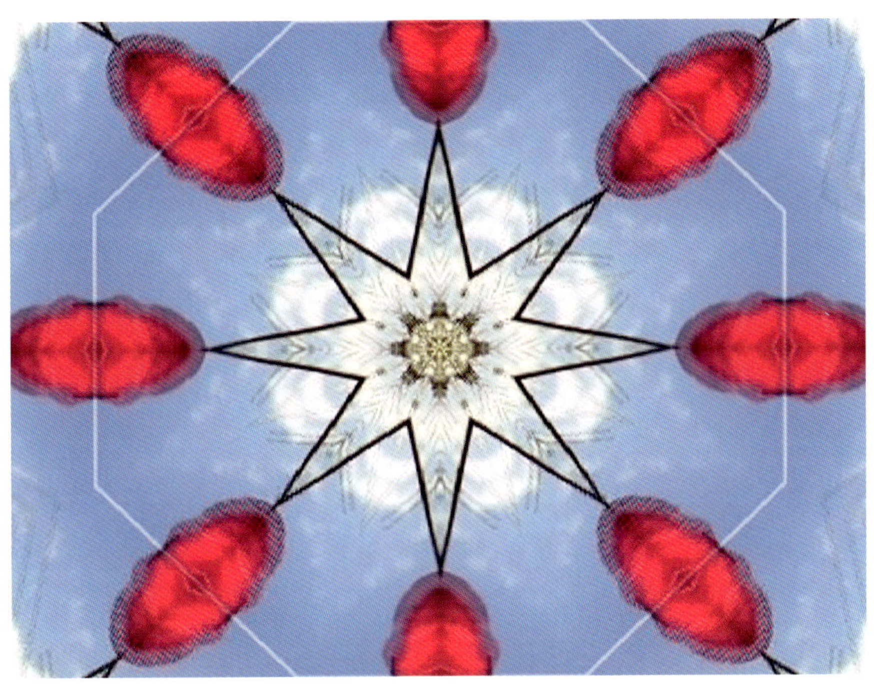

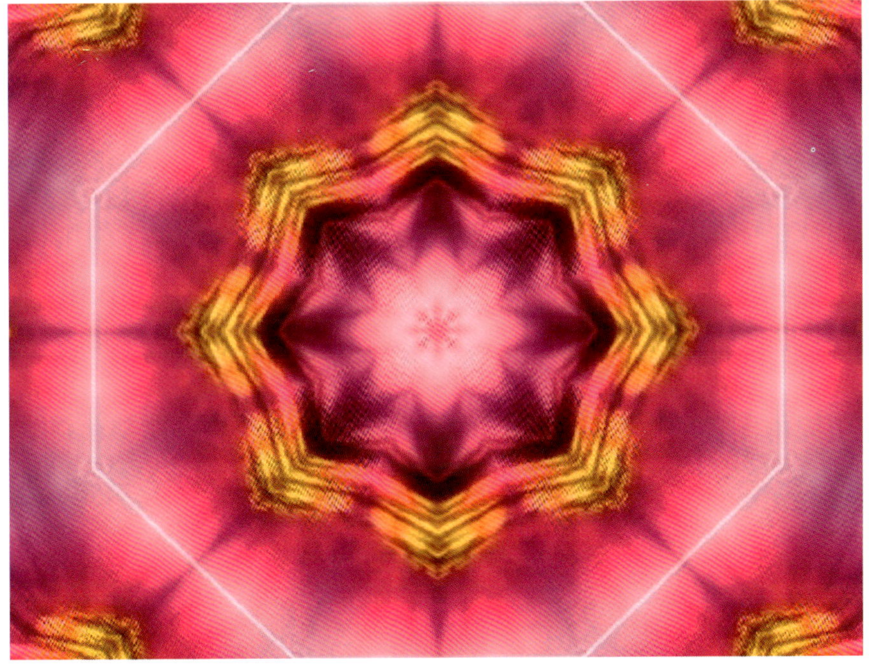

Vanitas 2003

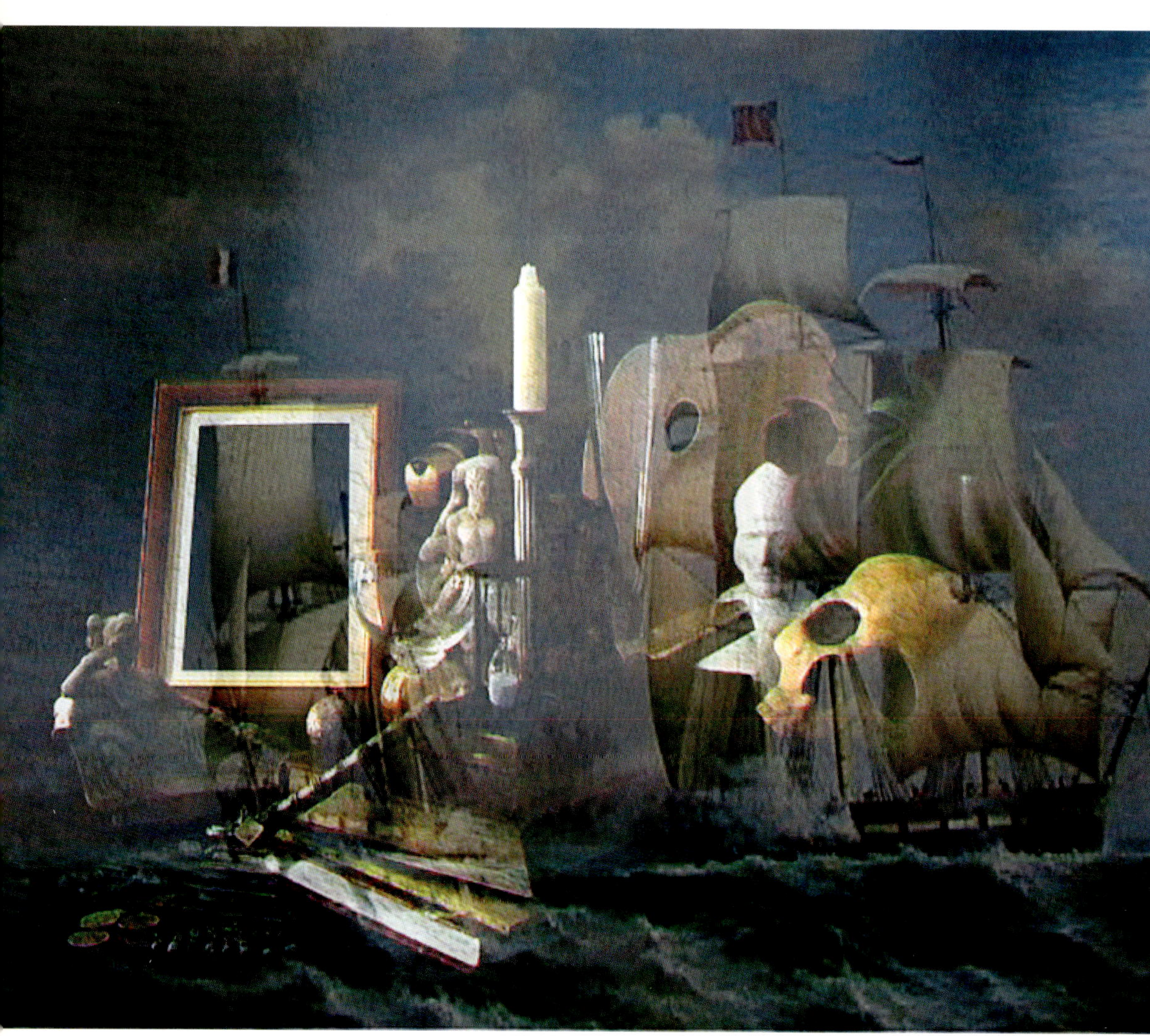

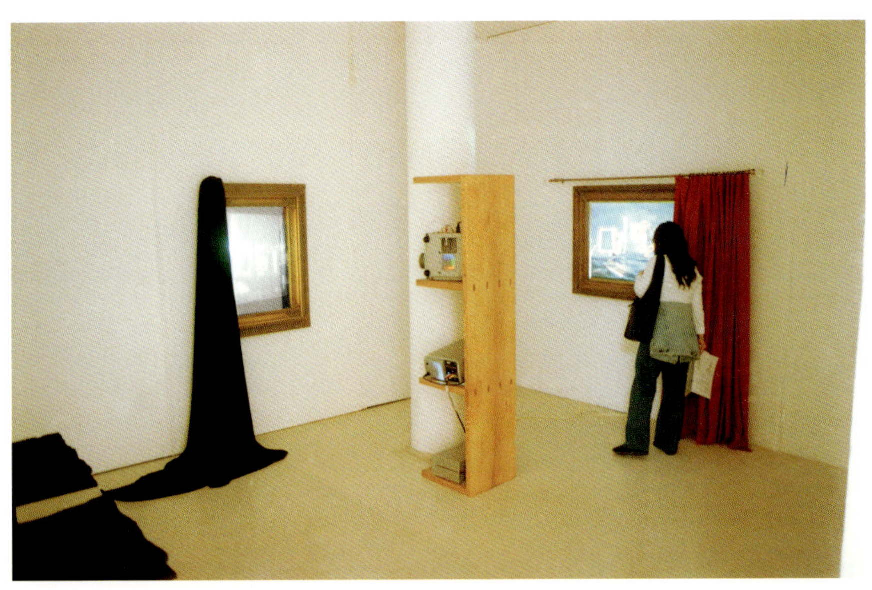

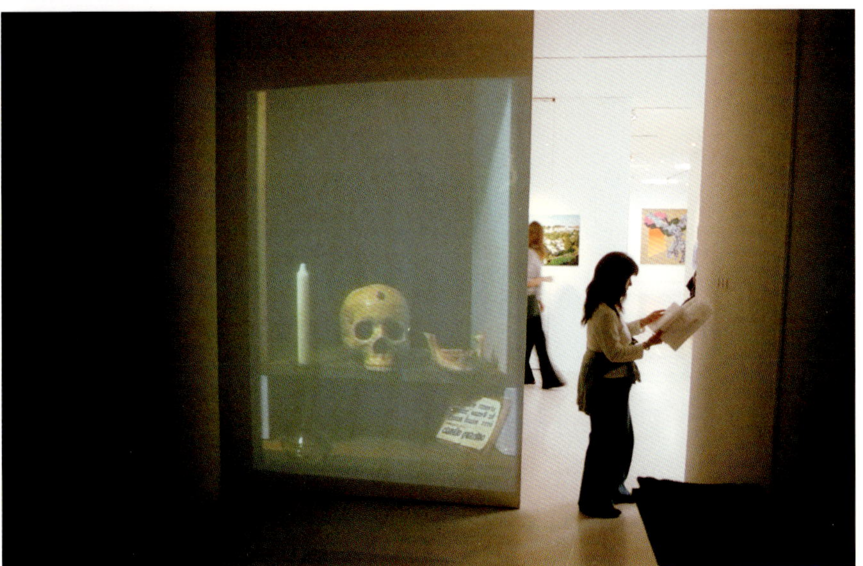

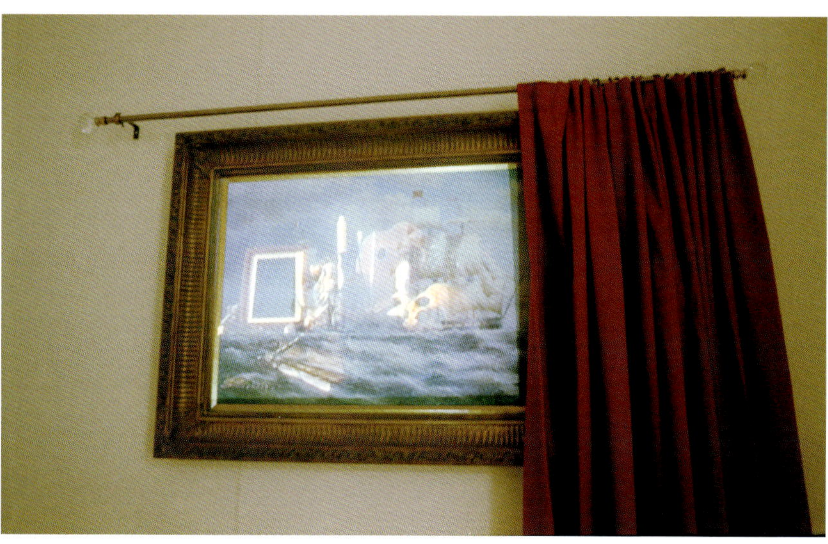

La stanza fu invasa da un silenzio,
profondo e pesante.
Sulla parete il dipinto di una guerra
dimenticata, due navi che veleggiano
nel vento scambiandosi cortesie al
suono delle cannonate.
Potete tirare la tenda, ma non
riuscirete a liberarvi dalla paura.
Sull'altra parete uno specchio che da
molto tempo non riflette la vostra
immagine è adornato per una serata
di gala. Questa sera è addobbato per
un'occasione speciale. Dove va il mio
cuore quando aspetto l'autobus?
Il giorno in cui ho finalmente deciso che
sarei diventato un artista ho comprato
un gelato e l'ho fatto sciogliere su tutta
la mano. È stato un piacere guardarlo
colare dal cono sulle mani e quindi cadere
sul pavimento. Un po' è persino finito sui
pantaloni: ero macchiato dappertutto,
ma felice. Ehi, adesso ero un artista.
Mi piacciono i dipinti e mi piacerebbe
ancora di più se le persone smettessero
di dipingerne di nuovi. Mi piace
seguire la linea preregistrata della
costruzione precedente, della fantasia
passata. Ora è più chiara di prima?
L'altro giorno stavo sfogliando una
rivista e le scarpe erano stupende.
Le persone erano ancora più stupende.
La rivista aveva anche un profumo
fantastico. Mi piace.
Poi mia madre mi ha chiamato e mi ha
detto: "Ho appena visto il tuo vecchio
amico Carlo, sembrava così giovane,
uguale a quando era piccolo."
E io le ho risposto: "Mamma non
preoccuparti, è solo *Vanitas*."

Claudio Guarino, maggio 2003

The room was invaded by silence, a
deep and heavy silence.
On the wall a painting of a forgotten
war, with two ships sailing in the
wind, exchanging courtesies with the
sounds of a cannon.
You can pull the curtain but you will
not get rid of your fear.
On the other wall a mirror that has not
reflected your image for a long time is
draped for a gala evening. Tonight it is
dressed for a special occasion. Where
does my heart go when I am waiting
for the bus?
The day I made up my mind that I was
finally an artist I bought an ice cream
and I let it melt all over my hand. It was
a pleasure to watch it dripping from the
cone to my hands and then falling on
the floor. Some of it even managed to
fall on my trousers, so I was stained all
over but happy. Hey, I was an artist now.
I love paintings and I would love
them even more if people would stop
painting new ones.
I like to follow the prerecorded line of
past construction, past fantasy. Is it
brighter now than before?
I was looking through a magazine the
other day and the shoes were
wonderful. The people were even more
wonderful. The magazine had a
wonderful smell, too. I love it.
Then my mother called and she said: "I
have just seen your old friend Carlo, he
looked so young, just as he was when
he was little."
To this I answered: "Mom do not
worry, it is only *Vanitas*."

Claudio Guarino, May 2003

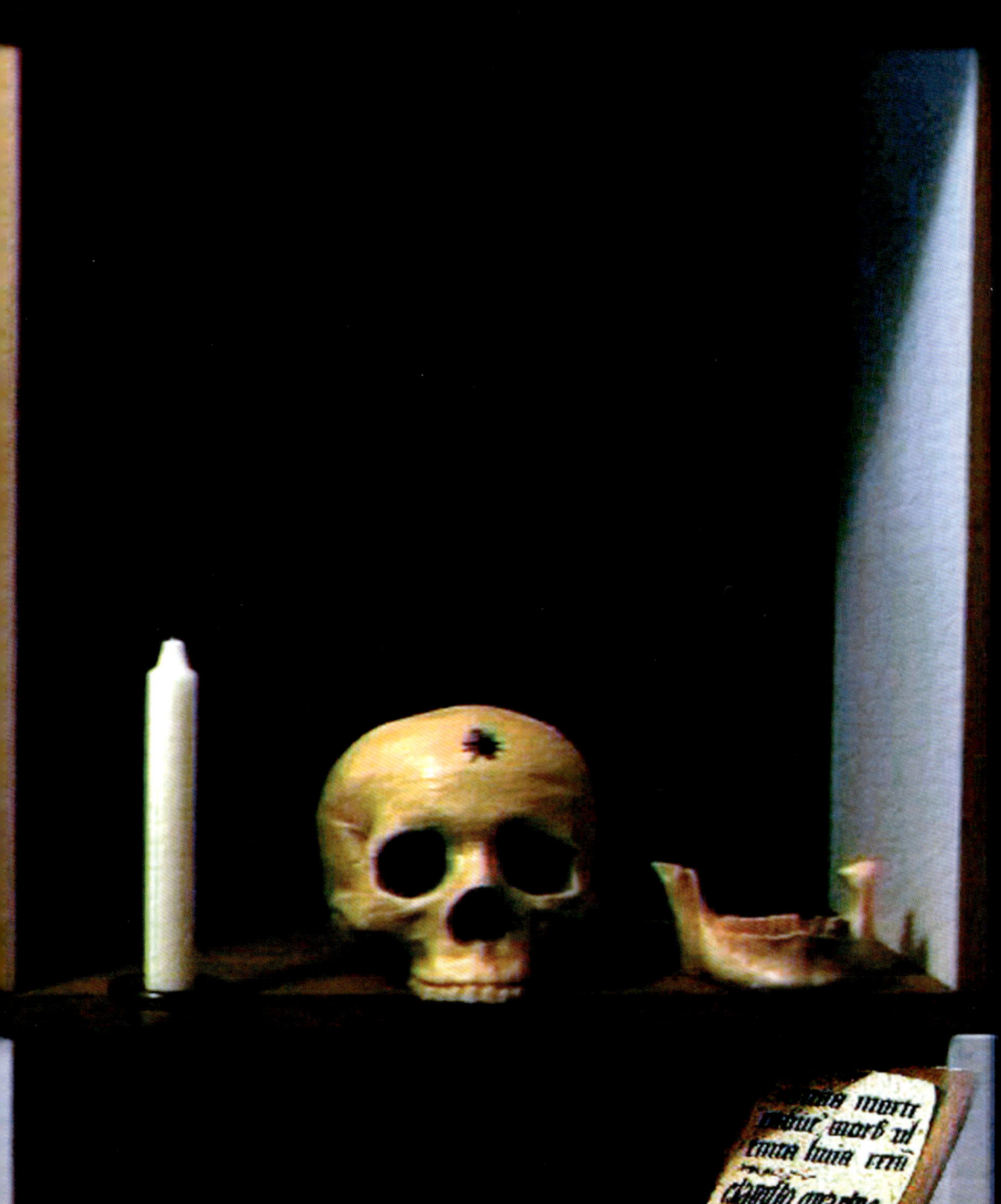
...na morti
...bit mors id
...ma huia crii
clardio guarino

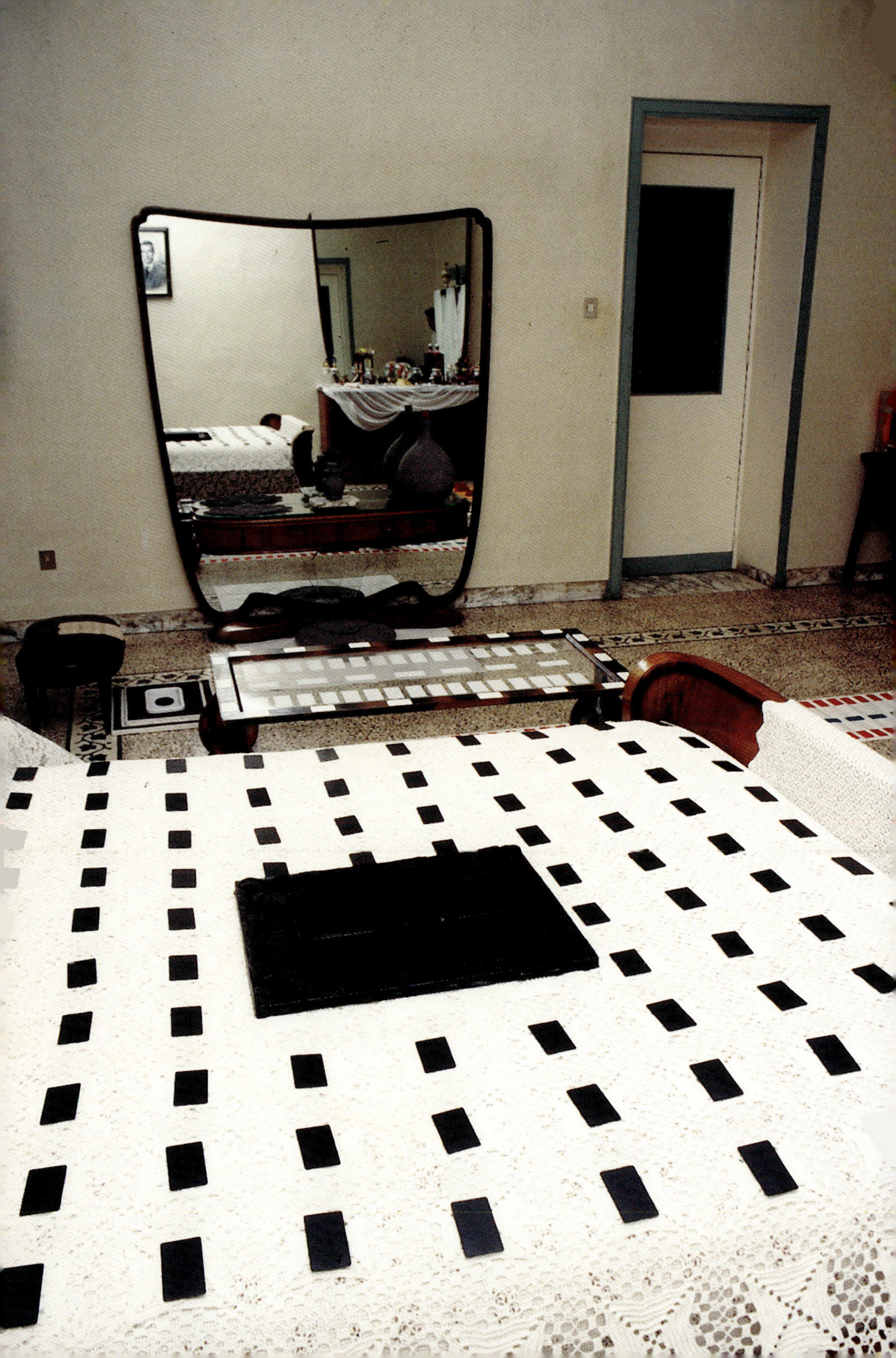

Per Claudio Guarino Giorgio Verzotti

Che ci fa un figlio nella camera da letto della propria madre? Se il ragazzo è Claudio Guarino, la sua penetrazione nella stanza materna non nasconde pulsioni incestuose, bensì artistiche. La sua presenza, effettivamente incongrua, in quel luogo indica un'esigenza che è a un tempo esistenziale ed estetica, che infatti l'artista sente fin da ragazzo. Il suo lavoro successivo, la sua stessa vita, saranno in un certo senso lo svolgimento di quelle premesse, contenute già tutte in quella intrusione.

A Day in my Mother's Bedroom esprime già l'attrazione per la decorazione dello spazio, così come in *My Aunt's Favorite Chair* (la memoria naturalmente corre alle poltrone della nonna ricamate da Tracy Emin, ma qui siamo nel 1989) l'attenzione si concentra sull'oggetto comune. La poltrona della zia viene interamente ricoperta di nastri e altri elementi decorativi. Nella stanza della madre invece, vediamo copriletto e tappeti "astratto geometrici" bianchi e neri, drappi posati su specchiera e poltrone, passatoie per terra. A queste opere di tipo installativo, interamente radicate nell'ambiente quotidiano e quindi effimere, provvisorie, fa riscontro la pittura (le foto di documentazione ci mostrano due quadri senza data, una specie di Secessione viennese rifatta a fumetti) con soggetti religiosi e uno stile naïf, molto ridondante di segni decorativi. Ambienti e quadri rimandano a un gusto che si esplica nella "surdecorazione" dell'esistente. Insomma, l'opera d'arte totale, in una sua versione "popolare", è già nella mente del giovane artista che da Napoli, di lì a poco, non esiterà a trasferirsi a Londra pur di poter studiare, pur di trovare gli strumenti e gli ambiti per realizzarla, quest'opera e questa totalità. Ecco perché dalla camera da letto della propria madre, dal colmo dell'intimità, si può intraprendere un viaggio, reale e metaforico a un tempo, capace di conquistare il mondo (in termini di conoscenza di esso, ovviamente).

Nella *Sculptures Series* del 1987-1989 vediamo l'artista prediligere l'installazione nello spazio, nella dimensione effimera di cui sopra, espressa nella creazione della scultura come combinazione di più oggetti preesistenti: un'alzatina per vasi sulla cui base superiore si appoggia la parte inferiore di una tenda, un acquario ai cui piedi sono accostate due basi metalliche per vasi di fiori. Altri assemblaggi di oggetti riguardano cornici dorate e leggii. Tutti gli elementi vengono presentati davanti a drappi che fanno da sfondo, piuttosto preziosi, a sottolineare a un tempo la

A Day in my Mother's
Bedroom, 1989

messa in scena e la sua provvisorietà. La disposizione di questi elementi
è già un po' enfatica, di stampo teatrale, e rimanda alla cultura che l'artista respira, quella che si esprime nell'abbellimento di sé e dell'ambiente
in vista di un cerimoniale. Per Guarino, napoletano, italiano, di forma-
zione cattolica, questa cerimonia è quella religiosa, e l'abbellimento
quello della chiesa (le chiese barocche della sua città) in vista del rito, e
più è importante questo rito più ridondante sarà la decorazione. La bellezza come accumulo di segni, sotto sotto, evoca il sacro e il desiderio di
un contatto con esso. Le prime installazioni di Guarino realizzate nella
camera della madre, i primi dipinti, e anche le opere grafiche denominate *Mama vita mia* e *Super bello* (1989-1990), nonostante la povertà di dise-
gni a pennarello su fogli di quaderno, sono barocchi, dando a questo termine un significato che raccoglie e sublima tutte le istanze che abbiamo

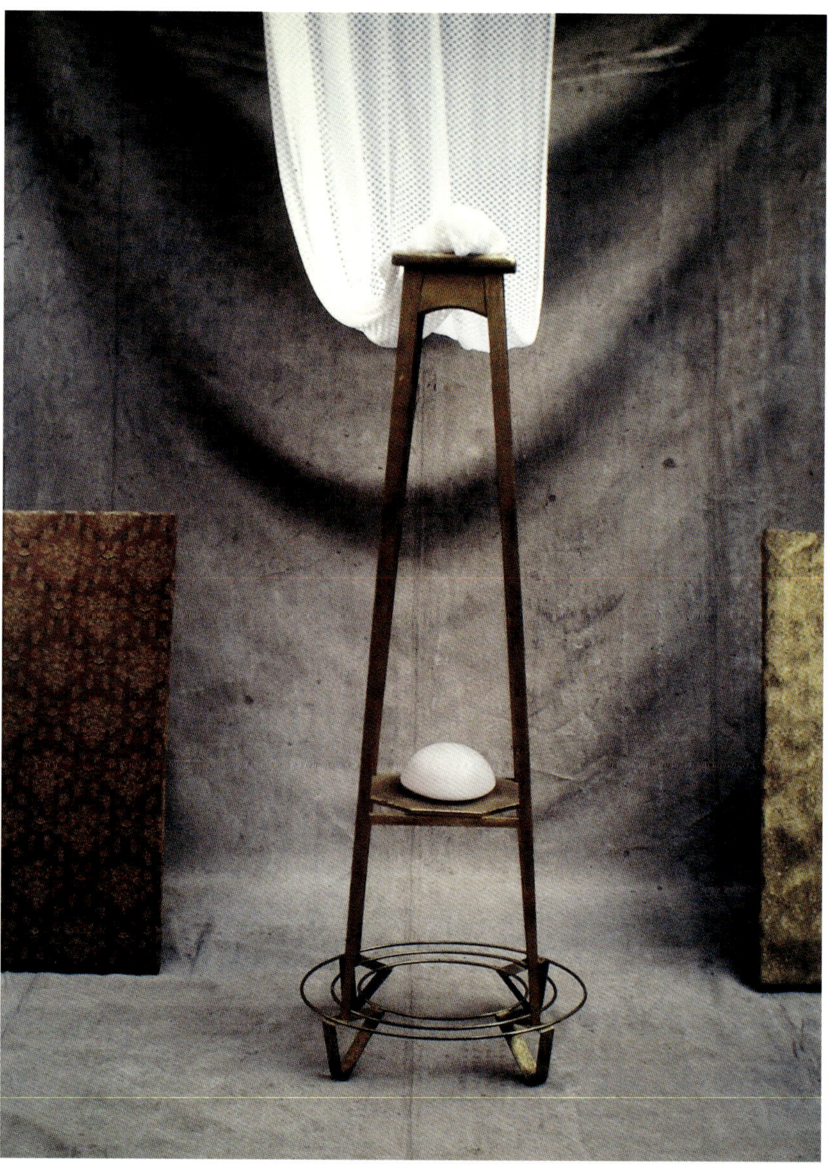

Gold Corner Piece, 1989

enumerato fin qui, mentre altre ancora ne annuncia. La bellezza come accumulo di segni trasfigura gli oggetti, gli ambienti, la realtà; un maquillage generalizzato che dal corpo si espande all'ambiente che lo ospita, in una trasmigrazione estetica senza sosta, che tocca, o può toccare, ogni aspetto dell'esistenza: se aggiungiamo che Guarino, napoletano e cattolico, è anche gay, abbiamo un assaggio della profondità culturale che la questione di gusto implicata nell'opera porta con sé.

Video storie (1988) è l'unico documento rimasto di una mostra collettiva realizzata in una cittadina della Campania, con altri giovani artisti amici, fra cui il gruppo vedovamazzei (Simeone Crispino e Stella Scala). La sezione video che riguarda Guarino vede l'artista presentarsi in una sorta di autoritratto buffonesco: gli occhi sbarrati e volti verso l'alto, i movimenti a scatti, passa avanti e indietro al suo nome scritto su una superficie nera, luttuosa, ogni volta cambiando elementi del vestiario. L'artista si presenta già nelle vesti dell'attore, del personaggio di spettacolo, col costume di scena carico di decorazioni, e fa dell'ironia una delle basi su cui costruire la sua retorica.

Una volta a Londra, Guarino intraprende una ricerca volta verso diverse direzioni, che spaziano dalla videoinstallazione alla scultura, all'animazione grafica digitale, facendo comunque ricorso sistematicamente alle tecnologie audiovisive, usate sia come mezzo di creazione che come pura rielaborazione, in un approccio di solito piuttosto semplice.

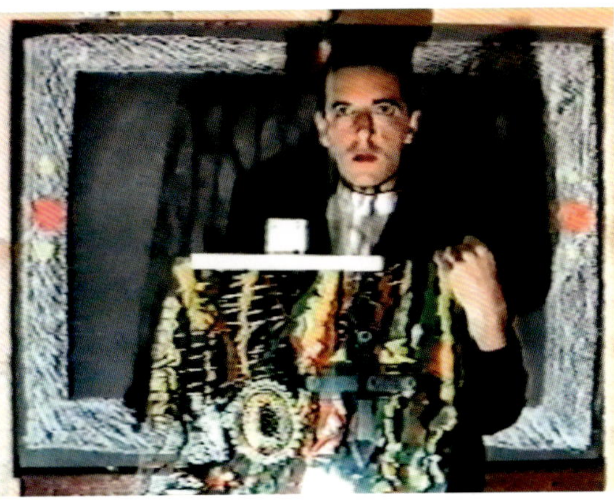
Carro funebre, 1988
(per la rassegna / for the event *Video storie*)

All'insegna della semplicità è *Shy Stockwell Sky*, performance realizzata con Gennaro Bencivenga nel 1992: un grande telo fa da doppio schermo per le azioni dei due artisti, giocate infatti su un doppio registro. Su un lato, davanti al pubblico, vengono proiettate diapositive con immagini che Guarino ha raccolto dai media più diversi; sull'altro lato dello schermo, tramite una luce proiettata, i due artisti si presentano in un teatrino di ombre cinesi, impegnati in figurazioni anche piuttosto provocatorie, in senso erotico.

Anche negli altri lavori realizzati in questi primi anni londinesi, i materiali sono ancora relativamente poveri, fotografie su tavola, collage di fotocopie incollati su supporti rigidi. In una fase di sperimentazione, realizza opere di sapore diverso: le sculture in *papier mâché* e in acrilico su compensato denominate *Paintworks* (1993), opere tridimensionali colorate, sembrano elementi scenografici, che vanno in una direzione che non è stata poi portata a compimento; mentre sulle cartoline di *No Face No Samp*, sempre del 1993, le penne a sfera sostituiscono al volto dei personaggi dei dipinti del passato, tratti somatici caricaturali di nuova invenzione, come a creare nuovi protagonisti farseschi innestati su una memoria classica, una bellezza canonica, da museo.

Il ricorso a riproduzioni di statue antiche, vale a dire il richiamo esplicito alla bellezza classica, origina una serie più generosa di lavori: da *Untitled* (1992), fotocopie a colori incollate su compensato, alla serie, decisamente più matura e riuscita, dei *Roasting Tins* e l'opera *Divicomio* (questa accompagnata con registrazioni d'epoca di brani d'opera), ambedue del 1994. Si tratta di fotocopie in bianco e nero su fogli di acetato, trasparenti, incollati sul fondo di teglie di alluminio, oggetti comuni ma molto ben rifiniti, che danno alle immagini una struttura forte e compostezza all'opera compiuta, che si presenta come una serie di insiemi. Le immagini fotocopiate sono relative, nel primo caso, a ritratti la cui funzione è quella di idealizzare l'immagine del corpo (statue greche antiche, foto di culturisti, ritratti dalla storia della pittura), e nel secondo di elaborarne una epopea "glamour" attraverso i ritratti dei divi. Nell'opera di Guarino le due cose vanno sempre insieme, la bellezza, classica o meno, è sempre accompagnata dal suo controcanto parodistico (potenzialmente critico), cioè dal glamour inteso come suo abbassamento consumistico, come diffusione banalizzata (oppure "isterizzata": *divicomio* è una parola inventata che contiene divismo e manicomio).

Durante gli anni trascorsi al Goldsmiths College (1995-1998) Guarino mette a fuoco quello che sarà il suo campo d'azione, riorganizzando gli elementi fino a quel momento presenti nel suo lavoro.
Le videoanimazioni degli anni 1999-2001 sembrano intervenire sul doppio registro accennato sopra: brevi filmati che usano immagini di ascendenza colta (interni di teatri, particolari di opere d'arte) sulle quali interferiscono segni corrivi, dove l'animazione diventa deformazione.
Figure femminili fisse le cui bocche si modificano nell'emissione della voce (sottolineando l'enfasi sentimentale del canto, e parodiando i cantanti lirici…), oppure altre bocche, spalancate, ritagliate da giornali illustrati, che si moltiplicano nell'animazione alludendo alla babele sonora che ci circonda. Fra tutte le animazioni, va segnalata *Porgi amor* del 2001, la semplice ripresa del particolare di un paesaggio dipinto che lenta-

Divicomio, 1994

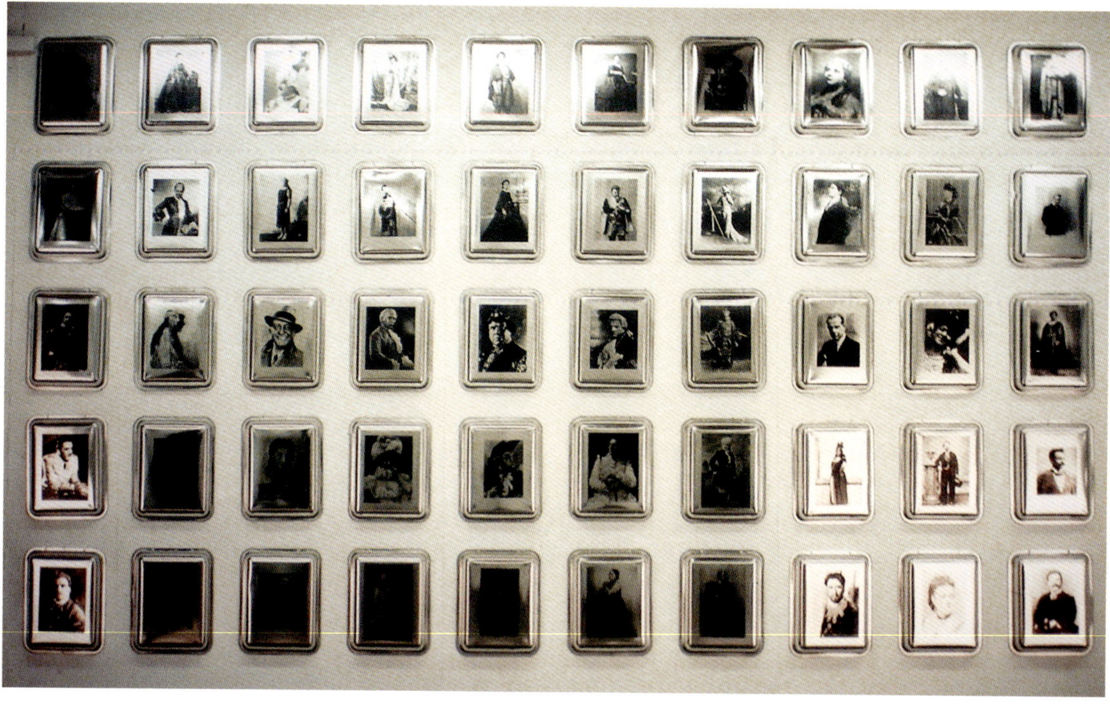

mente si avvicina all'occhio dell'osservatore, per poi allontanarsi, mentre la celebre aria per soprano delle *Nozze di Figaro* è disturbata dai rumori di un potente temporale.
Fra i primi lavori realizzati al College troviamo installazioni oggettuali, che non si ripetono negli anni a venire: una stanza vuota dove sono collocati sensori che agiscono su sirene di allarme quando il visitatore si avvicina; una scultura composta da due robot che si fronteggiano, provvisti di parrucca maschile e femminile, stando l'uno capovolto rispetto all'altro, ambedue collegati a trespoli di legno; una parete costellata di elicotteri-giocattolo in azione, con effetti sonori quasi insopportabili; una pista luminosa nel buio della sala, realizzata con luci intermittenti rosse, usate per le segnalazioni notturne degli automobilisti. Tutte queste operazioni valgono come prodromi all'opera maggiore, che comunque farà tesoro delle esperienze realizzate nello spazio e nel tempo reali, e della relazione attiva con lo spettatore.

Lavori fotografici come *4 dive* (1995), ingrandimenti di fotografie trovate in biblioteca e relative a protagoniste del bel canto del passato, o più complesse videoinstallazioni come *Kit* (1998) indicano nella musica operistica posta in

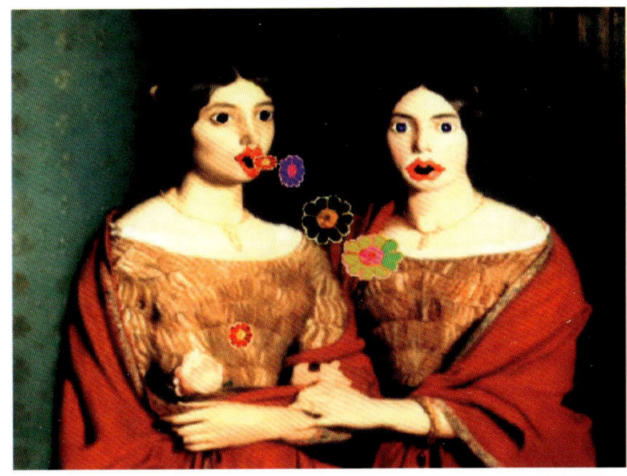

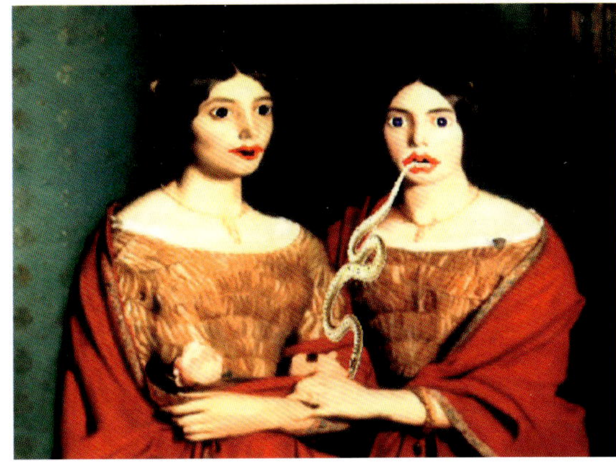

Fio ragni, 1999

relazione con l'immagine, il linguaggio più appropriato allo specifico discorso che l'artista vuole intraprendere. Questo verte evidentemente sui valori emotivi, sul sentimento come nucleo germinativo del senso e sulla passionalità come temperatura atta ad esprimerlo. La musica classica, in particolare la musica lirica, e il melodramma ancor più particolarmente, offre all'artista un repertorio precostituito (di gestualità, uso della voce, ma anche di materiali quali costumi e arredi scenici) che più di altri si avvicina al particolare tono con cui egli intende lavorare. Essendo l'emotività una dimensione esistenziale molto sentita dall'artista, egli la lascia emergere nel lavoro attraverso una sua enfatizzazione, al punto che sarà l'enfasi stessa a qualificare il lavoro come emotivamente fondato.
Kit è il *degree work* realizzato alla fine della frequentazione del Goldsmiths College, e si basa su una collaborazione il cui metodo tornerà in lavori posteriori. Si tratta di una installazione di monitor televisivi disposti sul pavimento a formare un triangolo. In ciascuno compare un musicista o un cantante impegnato in assolo, che nascono dalla personale elaborazione creativa a partire da una parola che l'artista ha proposto come tema su cui intervenire. Ogni parola è relativa a un sentimento, uno stato d'animo, e la libera creazione è evidentemente pensata per raggiungere il livello massimo di immediatezza e autenticità nell'espressione.

Dal 1995 al 1998 Guarino presenta performance dove la musica, il canto lirico e la recitazione sono elementi fondamentali. L'artista elabora una

Claudio Guarino con / with 4 *Dive*, 1995

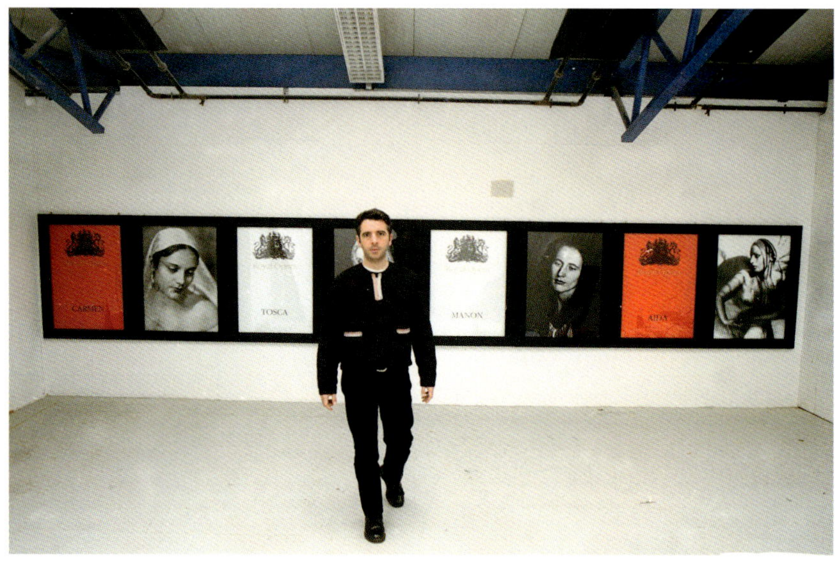

storia che vale come un canovaccio da agire nel tempo e nello spazio reali, realizza la partitura sonora, nella maggior parte dei casi musica creata al computer, si occupa dei costumi e dell'ambientazione scenica, e dirige il gruppo di cantanti lirici, danzatori e figuranti che danno vita alla rappresentazione. Se molto è lasciato alla improvvisazione degli esecutori, soprattutto cantanti e danzatori, la musica e il canto vengono emessi al livello più elementare di suono; i cantanti non hanno un testo da interpretare ma un repertorio vocale da esprimere, in accordo con le indicazioni dell'artista, che vertono sul tono emotivo dell'emissione. A sua volta, il tono è in parte predeterminato dal personaggio che il cantante incarna e in parte dipende dall'evolversi della vicenda che viene rappresentata. Non parole, testi, quindi, ma segnali vengono emessi dalla partitura canora della performance. Similmente, la musica si presenta come suono, accordo, slegato da una melodia, tranne quando quest'ultima viene recuperata come citazione, come frase musicale tratta da partiture preesistenti.

Si tratta di un combattimento contro la relatività del significato: come la pittura monocroma vale in quanto proposizione "in unum" di tutte le immagini possibili, che ogni lettore può sviscerare dal trattamento della tela con un solo colore; come il colore puro vale in quanto immagine universale, che raggiunge ogni ricettore, ogni mente, ogni cuore, con la sua profonda pregnanza, così il puro suono e la voce pura, la pura intonazione sonora, valgono in quanto significano tutte le parole possibili. È la pura intonazione che guida, che crea il senso, che coinvolge emotivamente l'ascoltatore, al quale è comunque delegata gran parte della restituzione al significato, grazie all'importante ruolo che queste "riduzioni" linguistiche assegnano all'interpretazione.

Ciò non significa che il testo scritto, la parola, la frase, non abbiano importanza nel contesto dell'opera, al contrario. I testi sono stilati da Gennaro Bencivenga, collaboratore assiduo di Guarino, e sono sempre poeticamente molto ispirati e letti, anzi declamati, da attori nel corso dell'azione. Parola recitata, canto e musica compongono infatti il tessuto sonoro di tutte le performance di Guarino. Testo, azione/immagine e canto/musica scorrono paralleli, in perfetta autonomia, condividendo però una simile temperatura emotiva. Il testo orienta l'attenzione dello spettatore, proponendosi come concetto che le azioni e il canto esplicano e commentano, oppure come supporto interpretativo al flusso del sonoro. Questo viene agito spesso in azioni altrimenti enigmatiche, che si dipanano senza interruzione sulla scena, o che letteralmente scorrono davanti allo spettatore, come un corteo, o per meglio dire una processione, posto che l'allusione al cerimoniale religioso è un sottotesto che scorre in tutte le sue performance.

Infine, anche il rapporto col pubblico assume un valore significante. Giocata sull'enfasi spettacolare, l'opera di Guarino non per questo intende restaurare un rapporto di pura passività estatica da parte degli spettatori. Al contrario, quasi a sollecitare un'attenzione vigile l'artista pensa a rapporti non consueti fra spettatore e azione scenica in termini di uso dello spazio, di scavalcamento dei luoghi deputati in favore di una via cittadina, di una chiesa, di un cortile, o delle stesse sale di un museo dove l'opera avviene come irruzione, come corteo fra il pubblico.

La prima operazione di questo tipo è *Suspicion* (1996), che si tiene per una sera alla Victoria Miro Gallery di Londra, all'indirizzo di Cork Street. La galleria è costituita da un'unica sala che guarda sulla strada attraverso una grande vetrina posta di fianco alla porta di ingresso. Guarino usa l'interno della galleria come uno spazio scenico continuo, mentre gli spettatori restano all'esterno e osservano l'azione al di qua della vetrina, divenuta uno schermo trasparente.

Suspicion, nonostante il suo sottotitolo (*More Horrible than the Most Horrible Wrong of Wrongs*) viene definito "dramma giocoso" dall'artista, per il tono da *fairy tale* che assume il finale, inaspettatamente felice. L'azione si svolge in modo piuttosto semplice: nella sala entrano i figuranti che si

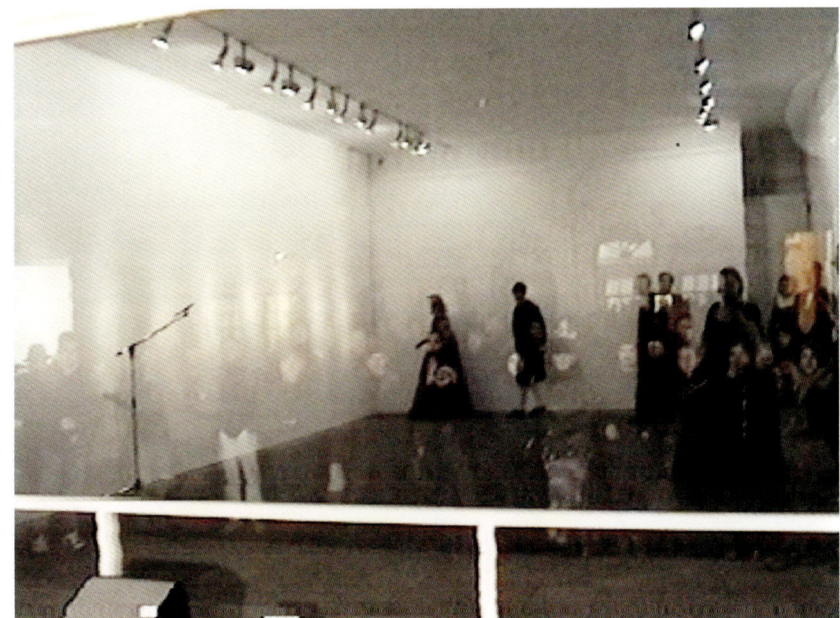

Suspicion - More Horrible than the Most Horrible Wrong of Wrongs, 1996

dispongono lungo le tre pareti, dove sono collocati alcuni microfoni, mentre una ragazza in costume si rivolge al pubblico e presenta l'azione che si sta per svolgere, leggendo un breve testo scritto su un foglio arrotolato.

Segue l'ingresso del primo personaggio femminile, una donna in abito bianco lungo e coperta da un lungo velo nero, che inizia la sua canzone. A questa segue la partitura vocale eseguita dal personaggio maschile che era già presente in sala, vestito in abiti moderni. Mentre l'uomo canta, un terzo personaggio si affaccia dall'esterno, una donna vestita di nero con la testa coperta da un cappuccio, che bussa alla porta di ingresso. Una volta entrata, questa seconda figura femminile, evidentemente animata da un principio negativo, si interpone fra i due protagonisti come a impedirne l'unione.

La sua forza di opposizione si spinge fino a minacciare l'Uomo con un paio di forbici, e poi a ucciderlo con queste. Alla caduta di lui segue il lamento della Donna, che si uccide con lo stesso paio di forbici e si accascia a terra sopra il personaggio maschile.

Ma il finale capovolge l'esito tragico della vicenda: dal fondo della sala entra infatti una terza donna, con lungo abito dorato, alta corona in testa, bacchetta magica e incongruenti occhiali, che toccando con la bacchetta i due cadaveri li fa risorgere.

L'azione dunque si basa su uno schema semplice e comprensibile, mentre la musica sottolinea coerentemente i diversi passaggi (il lamento della prima Donna sul corpo morto è di grande effetto).

Più complessa invece *Mater Dolorosa*, realizzata nella stessa galleria londinese il 3 e 4 maggio 1997. L'uso dello spazio è identico, con l'aggiunta di un elemento scenico nelle vesti di un trono posto al centro della parete che guarda verso l'esterno, di un maggior numero di esecutori, quasi tutti vestiti con costumi "antichi" e particolarmente elaborati in senso creativo, soprattutto per quanto riguarda i copricapo. Interviene anche il fattore luminoso, con flash di luce nel buio all'inizio e con una serie di luci colorate che disegnano forme in movimento sulle pareti nel corso dell'azione.

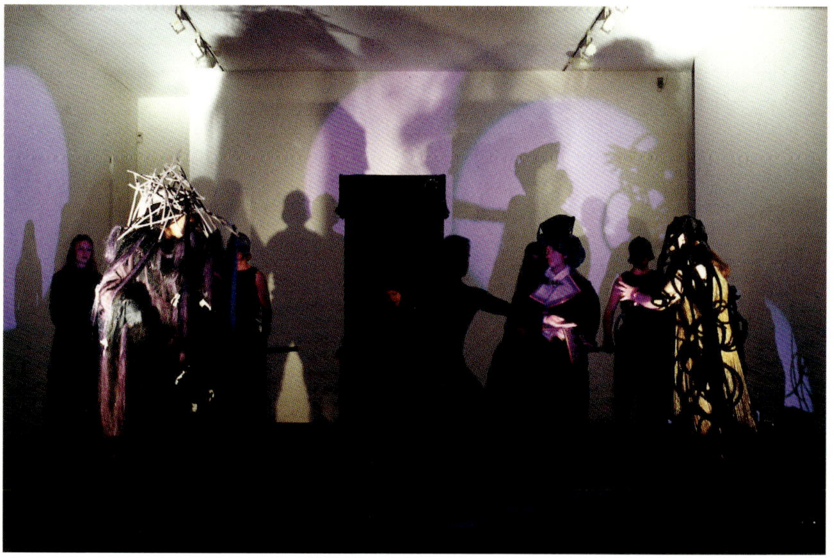

Mater Dolorosa, 1997

La partitura canora alterna interventi di assolo a veri e propri cori, contribuendo ad articolare la drammaturgia dell'azione e perciò ad accentuarne la natura teatrale.
La storia ha due versioni, seguite nei due diversi giorni previsti.
La Mater Dolorosa del titolo è una grande figura femminile nera che una volta entrata si siede sul trono, omaggiata dagli altri personaggi, e assiste all'azione. Quest'ultima consiste, in estrema sintesi, nel confronto fra questo personaggio e quello che incarna la figura filiale, cioè un giovane ballerino che in calzamaglia nera esegue movimenti mimico-coreografici, prima lenti, circolari, poi via via più agitati, fino a una prima caduta. Ripresa la danza, l'azione si conclude con l'immobilità di tutti dopo che il danzatore/figlio viene colpito a morte da uno dei figuranti, in costume da armigero. La storia narra degli abitanti del pianeta Horim ai quali non è concesso per legge di non possedere una voce. Il figlio della protagonista sfortunatamente ne è sprovvisto e viene per questo messo a morte. La sua azione rappresenta la ricerca della voce, che viene intrapresa invano. Ma nella seconda serata, in una diversa versione, si assiste alla vendetta della Madre che trasgredisce alla legge per amore del figlio.
La musica di questo lavoro prende le mosse dalla melodia dello *Stabat Mater* di Pergolesi, e lo integra con una elaborazione sonora al computer che fa uso della simulazione di suoni naturali.
Al 1997 risale anche *House of Injection*, ospitata presso l'Institute of Contemporary Art di Londra il 7 dicembre. L'azione inizia fin dalle scale che portano al primo piano, dove il pubblico incontra già alcuni dei personaggi dell'opera. Nelle due sale del piano superiore l'arredo è costituito da monitor televisivi e da mobili in stile, in un accostamento incongruo accentuato dai costumi indossati dagli esecutori, che stanno seduti nelle sale vestiti in abiti risalenti a epoche storiche diverse.
In realtà, si tratta di cinque *tableaux vivants* che descrivono i componenti di una famiglia, composta da padre (vestito da antico romano), madre (in abiti moderni) e figlia (in corpetto e gorgiera rigidi e decorati), da una domestica/infermiera e da una misteriosa e imponente granduchessa, in nero con cilindro. A ciascun personaggio corrispondono un'area dello spazio, elementi di arredo e oggetti, e un monitor che rimanda immagini e scene pertinenti al loro status sociale e sessuale. La madre sarà vista ingioiellarsi, nel monitor del padre vengono mostrate scene di caccia, alla granduchessa sono invece assegnate immagini di chiese e di antichi manoscritti. I cantanti emettono vocalizzi con cui "elaborano" le cinque vocali, ad accompagnamento del sonoro che proviene dai monitor.
Fra le azioni che impegnano i partecipanti all'opera, vediamo la madre che si trucca seduta davanti a una bianca "toilette" in legno mentre alcuni armigeri entrano in sala e poi prendono a danzare; la figlia toglie i vestiti a una bambola; alcuni dei personaggi, fra cui una donna in armatura dorata e un uomo mascherato e a torso nudo, si spostano da una sala all'altra creando un piccolo corteo. Una delle immagini filmate mostra una siringa che inietta liquido in un braccio, marcando il tono generale dell'opera che sottintende stati emotivi alterati e induce a vedere l'azione come una grande, elegante danza di morte. La parte finale però introduce uno stato emotivo opposto, quindi quasi liberatorio: gli stessi personaggi introducono nello spazio grandi e leggere sfere bianche, sulle quali vengono proiettate figure geometriche luminose. La

musica che interviene a questo punto, di tipo "techno", ha una impostazione ripetitiva che ricorda le partiture "minimaliste" di Glass, però rielaborate come per una discoteca.

Aria è la prima performance realizzata in Italia, presso la galleria Artra di Milano, la sera del 28 marzo 1998. A differenza di *House of Injection*, dove è presente un impianto tecnico piuttosto complesso, l'opera si distingue per la semplicità della sua impostazione. L'azione si volge totalmente all'esterno, nel cortile dell'edificio che ospita la galleria milanese, e sui balconi degli appartamenti che vi si affacciano, dove stazionano alcuni dei protagonisti e dei figuranti spesso investiti dalla luce di spot colorati. Questa è costruita in episodi che si susseguono logicamente, introdotti dalla declamazione di un testo, a opera di un attore, che in mantello e cilindro staziona nel cortile insieme ad altri personaggi. Il racconto è scandito in episodi intitolati ciascuno a un "canto", introdotto dalla recitazione e svolto dalla partitura sonora: canto della solitudine, dell'amore, dell'ira, della soluzione, dell'azione coraggiosa, del pentimento, del trionfo dell'amore. La storia, che i versi di cui è composto il testo, per così dire, "liricizzano", ci racconta di una fanciulla, tenuta prigioniera da un dragone, che cantando esprime la sua malinconia e che viene per caso ascoltata da un cavaliere. Questi, innamorato della fanciulla, si vede imporre una prova per ottenere la liberazione di lei. Superata la prova con l'aiuto di una fata, l'ira del dragone si placa e questi si trasforma nel fratello della fanciulla, liberato insieme a lei da un incantesimo. Gli episodi si distinguono per il colore dominante delle luci, dal blu al rosso al lilla al giallo, oltre che per i personaggi via via coinvolti, in assolo o duetti. Il finale si svolge nel cortile alla presenza di tutti i personaggi, capeggiati da un uomo in vesti militari che reca una sorta di sacro cuore dorato. La partitura musicale è eseguita dal vivo, con strumenti a corda, mentre i costumi provengono con tutta evidenza da una sartoria teatrale. In mancanza di elementi scenici sono infatti i costumi, pienamente visibili grazie all'uso delle luci, a sottolineare il tono teatrale, melodrammatico, della favola, così come i gesti dei personaggi, tutti studenti di corsi di canto, tendono alla magniloquenza dell'opera lirica.

Viene si svolge nella Chiesa di Sant'Andrea, a Pisa, il 23 aprile 1998, a cura della Fondazione Teseco. Il titolo completo dell'opera, *Viene, se ne va, poi torna. Credi di tenerlo, ti evita. Vuoi evitarlo, ti prende!* è tratto evidentemente dalla famosa aria di Carmen in cui la protagonista definisce così l'imprevedibilità fatale del sentimento amoroso. Nella chiesa, la navata centrale, fin davanti all'altare, è occupata da due file di giovani ballerine in tutù rosa, attorniate dai protagonisti dell'opera, ciascuno in piedi su una base rialzata dal pavimento. Il pubblico prende posto tutto intorno. Altri personaggi stanno nell'area dell'altare, colpito da proiezioni luminose nel corso dell'azione. Anche in questo caso, l'azione è scandita dalla lettura di testi, primo dei quali una lettera di Maria Callas a Pier Paolo Pasolini. Le voci recitanti, per lo più femminili, questa volta non declamano ma sussurrano, e la musica, sia il sottofondo musicale che le voci, non si rifanno solo alla tradizione del canto lirico. Si ascoltano cori e partiture per percussioni di sapore etnico che si alternano alla elaborazione ormai consueta. Le ballerine, su tempi preordinati, cambiano la loro posizione, rimanendo immobili per il resto del tempo, mentre l'azione intorno a loro si dipana, coinvolgendo a turno i protagonisti, due voci femminili e due maschili che si fronteggiano. Gli stridori della partitura musicale e delle voci si conformano alla vicenda, che si rivela tragica terminando con una doppia uccisione (i due uomini e la donna che "vendica" il primo caduto) e un suicidio (femminile).

Di nuovo a Londra, Guarino il 18 giugno 1998 presenta *Spasmodico* presso il Goldsmiths College, la scuola dove si era diplomato. Disponendo di un corridoio per la sua performance, l'artista usa lo spazio in modo efficace e intelligente: dispone tre tavoli lungo il camminamento, su cui agiscono due mimi agli estremi e il personaggio-dicitrice al centro. Anche le grandi vetrine disposte alle pareti vengono utilizzate, e accolgono altri personaggi-danzatori. Tutti sono in costume, anche se la fantasia da "trovarobe" di Guarino questa volta si esprime con moderazione (normali abiti da sera, un elmo con pennacchio, un velo nero...).

L'attrice, in piedi sul tavolo centrale, legge brevi testi di Bencivenga che descrivono, con versi in rima, un sentimento, uno stato d'animo: dolore, amore, gioia, tradimento, sorpresa, noia, dolore fisico, pace, vendetta, tristezza, stupore, estasi. A ogni stacco della partitura vocale, i mimi e danzatori "rappresentano" con le loro azioni e danze i sentimenti appena descritti, accompagnati da percussioni. L'azione termina con un corteo in fila indiana di tutti i personaggi attraverso lo spazio.

Il 6 agosto di quello stesso 1998, al Camden Art Center il corteo si ripete in occasione della performance *Mimicry*. Con una scelta più radicale del solito, qui l'intera azione si svolge come attraversamento dello spazio, per la precisione come interferenza, sotto forma di corteo, nello spazio espositivo, tra il pubblico intervenuto per assistere a un'altra mostra d'arte visiva (si trattava però della partecipazione dell'artista a una mostra collettiva). L'azione di Guarino ha dunque dell'inaspettato e dell'aggressivo, e il pubblico, imprevisto e impreparato, è invitato esplicitamente dai performer a interagire con le loro parole o le loro azioni. Guidati da una virago in bombetta, velo nero, vistosi gioielli e bady-doll, che si incarica di veicolare un testo particolarmente aggressivo, tutto urla e boccacce al pubblico, il corteo è composto da cantanti in nero, figuranti in costumi settecenteschi o esotici, e mimi e ballerini a torso nudo. I personaggi entrano dal retro del Camden Art Center, a sottolineare la natura semiclandestina dell'azione, e ne escono dall'ingresso principale, fra la sorpresa divertita del pubblico.

Dopo queste esperienze performative, Guarino si dedica a lavori in video, autonomi dalle azioni fino a quel momento realizzate, tranne il primo, *Aria* (1998) che ripropone i personaggi della perfomance omonima, presentandoceli in video come altrettanti ritratti (in dissolvenza su suggestivi sfondi bianco-nebbia) a illustrare ciascuno un "canto", un capitolo dell'azione.

Le altre opere video oscillano fra una più o meno costruita impostazione narrativa, con un più o meno ampio ricorso all'animazione e altre pratiche da "postproduction".

Duet Song (1999), col suggestivo sottofondo sonoro di un duetto dal *Tristano e Isotta* di Wagner, ci mostra l'immagine in bianco e nero di un ventre maschile su cui si muovono due lumache, che poi copulano, seguite da un terzo animale. Il movimento è necessariamente molto lento, e il

video è composto da sequenze interrotte da stacchi. Esso termina con l'immagine del volto dell'uomo, a sua volta divenuto campo di azione delle due lumache, e poi con quella della sua bocca che, lentamente, si apre per inghiottire uno degli animali e placidamente richiudersi. A questa vicenda di amore e morte minimale, e animale, succede *Ragù*, dello stesso anno. Una voce maschile fuori campo commenta le azioni e i sentimenti di un gruppo di persone che si trovano insieme a cena in una casa privata, serviti da due camerieri. Prima di mangiare, due di loro si esibiscono per gli altri commensali con gesti molto enfatici, resi più stranianti dal fatto che nessuno dei personaggi muove mai le labbra nell'atto di parlare. Tutto avviene al suono di una musica ossessivamente ripetitiva, che sembra fare il verso al "sound" dei film gialli. Quando i camerieri servono la pasta, condita con moltissimo ragù, vediamo il gruppo di amici seduto a tavola, le candele accese, ascoltare una ragazza parlare, atto che ci viene comunicato dal suo muovere le mani. All'improvviso il silenzio dei presenti viene interrotto dal loro tossire spasmodico, a un volume che supera quello della voce narrante, che finisce solo con la loro morte, comunicata visivamente dalle teste che cadono dentro i piatti, evidentemente sopravvenuta per avvelenamento da ragù.
Se la suspense di un thrilling viene ironizzata con questa sorta di boutade visiva, il pathos tragico dell'opera lirica, vero polo d'attrazione per Guarino, viene trattato in modo anche più interessante in *Kiss of Tosca*, del 2000. Due soli personaggi si fronteggiano in uno spazio molto ridotto, una piccola sala da pranzo con le pareti coperte da specchi. Tosca, una donna anziana e molto truccata, si scontra verbalmente col perfido Scarpia, un signore dall'aria placida ma capace, come lui stesso afferma, di totali bassezze. L'oggetto del contendere è Mario Cavaradossi, amato da Tosca e fatto imprigionare e torturare dal geloso Scarpia. Le immagini della lotta verbale fra i due si alternano a quelle delle torture inflitte a Mario, ma il look leather gay di quest'ultimo e del suo carceriere getta un'ombra di ambiguità sessuale sulla vicenda. Gli specchi della piccola sala ci rimandano i riflessi di Tosca e Scarpia, in un gioco fra reale e virtuale accentuato dalle deformazioni che il volto dell'uomo subisce, a scopo espressivo. La vicenda finisce con l'accoltellamento di Scarpia da parte di Tosca, e con un primo piano dell'attrice che, per una volta fedele al libretto, ripete, debitamente tradotta, la famosa frase "Davanti a lui tremava tutta Roma".
Su un gioco di specchi si basa *Scherzo* (2001), dove una ragazza vestita solo di un abito talare e con una mitria sulla testa si trucca il viso e si aggira in un locale dove sono ammucchiate specchiere dalle ricchissime cornici. Più che la vaga aria blasfema dell'opera, lo scherzo sembra emergere nella ricerca della citazione colta, riscontrabile in particolare in un'immagine che evoca una foto "in posa" della Contessa di Castiglione. *Distance* dello stesso anno è un esempio di semplicità nell'approccio al linguaggio video: all'immagine fissa di un uomo ripreso di spalle che, in caftano, cammina in un deserto roccioso si aggiungono quelle del mare e di un tramonto sopra un orizzonte urbano ripreso all'incontrario. Il lavoro di postproduzione è palese, e la sua elementarità non fa che aumentare l'efficacia del messaggio. Alla fine della sequenza, quando appare la frase "...over our sky no cloud ever passed" vediamo, a mò di dispositivo rivelatore brechtiano, l'ombra dell'operatore, con la videocamera in mano...

Kiss of Tosca, 2000

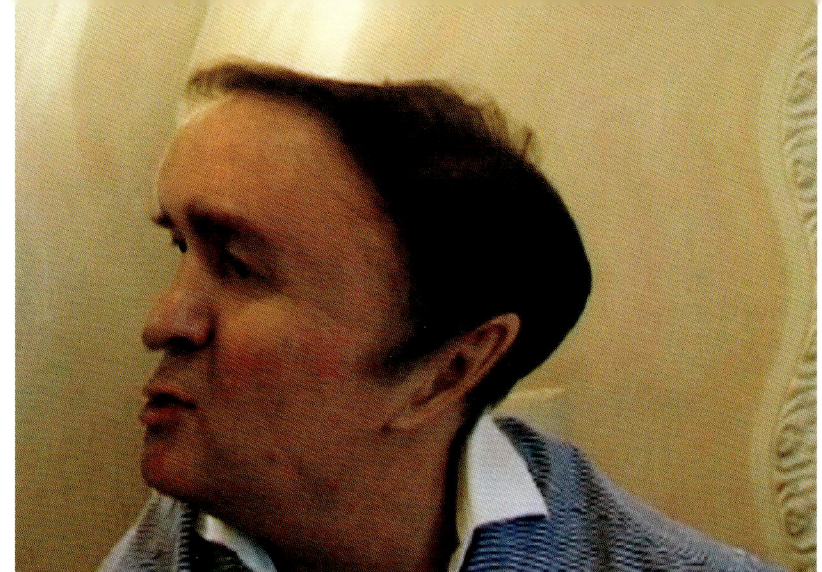

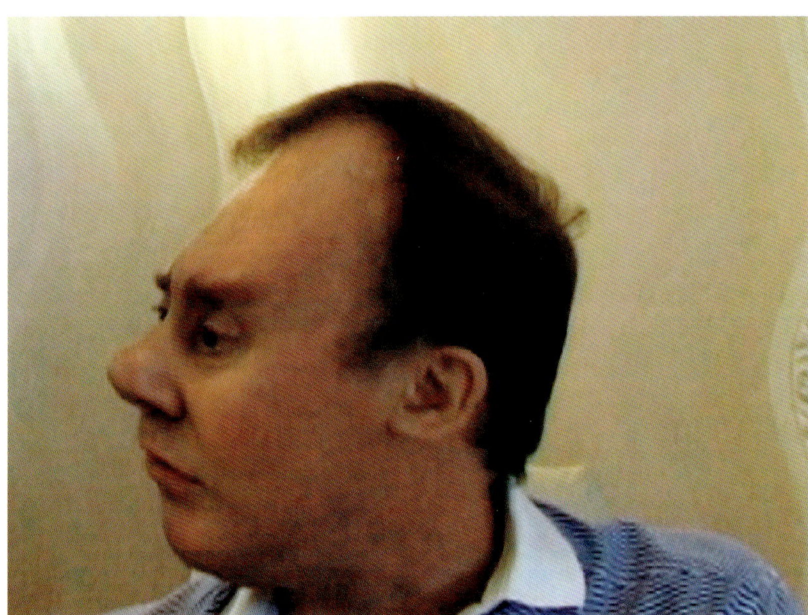

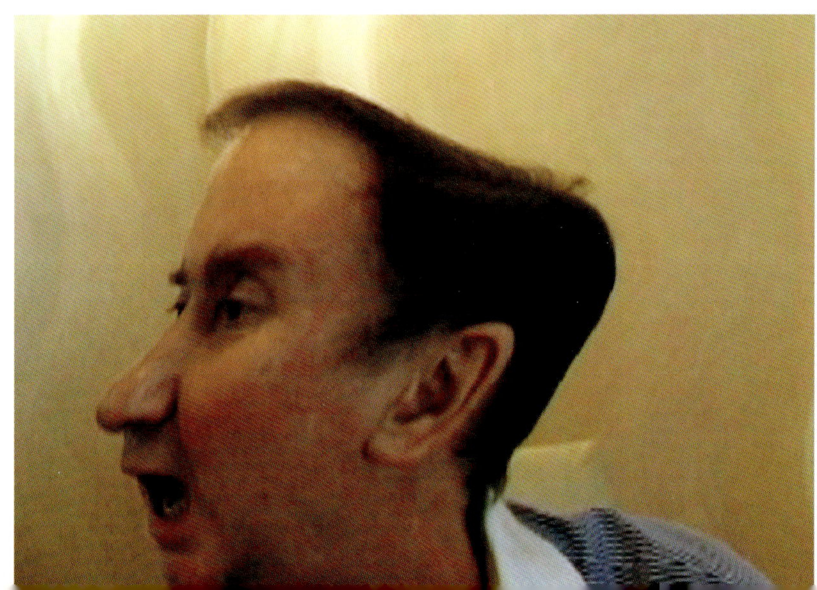

La ninnia e *Lost*, entrambe del 2002, mostrano un lavoro di postproduzione più complesso, e un impianto narrativo più articolato. *La ninnia*, accompagnata dalla voce di Maria Carta, illustra una sorta di incubo horror, dove una casa apparentemente normale nasconde un essere mostruoso, una fanciulla dalle grandi occhiaie nere. Tiene nel giardino di casa quattro teste umane conficcate su aste, mentre l'azione la vede recarsi, le caviglie legate da una catena, presso un'urna che scende dal cielo, sorretta da un putto barocco. Novella Salomè in versione dark, la ragazza estrae dall'urna un'ulteriore testa maschile (è lo stesso Guarino) per baciarla sulla bocca.

Lost, il cui sottotitolo è *The Unmoveable Desire*, è ispirato alle immagini del pittore danese Wilhelm Hammershoi, noto per i suoi interni metafisici, ma privi della luce calda dei pittori italiani. Il video ci mostra immagini ferme che solo da ultimo si animano in azioni veloci. Sull'aria di "L'ho perduta" dalle *Nozze di Figaro* di Mozart, vediamo una ragazza in nero con grembiule seduta a un tavolo su cui poggiano due bottiglie e un vaso. L'immagine si ripete nel quadro affisso alla parete in un gioco speculare interrotto da azioni violente: la stessa ragazza in piedi guarda nel quadro/specchio se stessa che rompe una bottiglia sulla testa di un personaggio maschile, mentre in un'altra sequenza getta a terra e rompe gli oggetti che stavano sul tavolo, come se il personaggio descritto nella rappresentazione pittorica volesse distruggerla, ribellandosi al proprio ruolo e al volere dell'artista (Guarino stesso, *ça va sans dire*, è l'artista vittima della rivolta).

Limit, del 2003, torna a essere di estrema semplicità: un corpo umano maschile steso su un tavolo/letto bianco che vediamo, per la durata del video, in scorcio prospettico come un Cristo Morto mantegnesco. Il limite è proprio il corpo, la superficie della pelle, che la videocamera scruta da vicino; il concetto di limite è anche il tempo (la morte?), rappresentato dall'orologio che appare all'improvviso a inquadrare, in bianco e nero, la stessa immagine. Un velo bianco all'inizio viene tolto dal corpo disteso, e alla fine riposto, per opera di mani invisibili. Due voci, femminile e maschile, compongono il sonoro di quieto compianto.

Nel 2002, una borsa di studio consente a Guarino un viaggio e una *residence* in Giappone. Molti sono i progetti che ci sono rimasti, gli appunti visivi, realizzati con la telecamera o con la macchina fotografica, testimonianza di ricerche volte in più direzioni, tese a indagare presso le immagini della storia dell'arte occidentale (un progetto video "citazionista" da Beato Angelico non viene realizzato come l'artista avrebbe voluto), quanto presso la natura, o le "texture", gli schemi formali degli oggetti e degli ambienti comuni. Il tutto, sempre rielaborato al computer. Solo una può essere considerata un'opera finita, quasi interamente realizzata al computer: *Japanese Flowers* del 2003 è un'ininterrotta e affascinante sequenza di forme e colori viste attraverso un caleidoscopio, effetto appunto consentito dal mezzo digitale. Nel flusso di immagini appare ogni tanto anche quella dell'artista, che ironicamente indossa un pigiama a fiori colorati, subito "decostruito" dall'effetto del caleidoscopio. Per un amante della ridondanza nei linguaggi, nessun ritratto risulta più appropriato di questo moltiplicarsi e scomporsi del corpo nei segni, nel farsi simile alla miriade imprendibile di segni che quella particolare elaborazione tecnica consente.

L'ultima opera che, nel 2003, Guarino realizza nelle dimensioni volute, cioè in quelle di una installazione nello spazio, è significativamente dedicata al tema della *Vanitas*. L'installazione è piuttosto semplice in senso tecnico, ma complessa concettualmente. L'opera si presenta come un dittico legato tematicamente: due quadri provvisti di cornici eleganti e dorate sono collocati sulle due pareti che si incontrano ad angolo. Il primo è un quadro d'epoca che ritrae una scena di battaglia navale: due velieri si lanciano reciprocamente cannonate, arguibili dalla nuvola di polvere fedelmente riprodotta dal pittore. Se non fosse per questa, non si capirebbe che la battaglia fra i due velieri è in atto, la scena sembrando statica e silenziosa. Su questa stessa scena, che dunque significa la guerra, la reciproca aggressione fra nemici, Guarino ha proiettato un filmato (i proiettori sono visibili nella sala espositiva, e fanno parte integrante dell'installazione) che riproduce una sola immagine, altrettanto statica, una Vanitas seicentesca, provvista di tutti i simboli legati a questo genere (il teschio, il libro, la candela…), afferenti al trascorrere del tempo e alla vanità delle ambizioni terrene, individuali o collettive. Sul secondo quadro viene proiettata un'altra Vanitas, con simboli analoghi, e un cartiglio che riproduce, perfetto falso storico, il nome di Claudio Guarino. Il quadro però in questo caso è uno specchio, in cui lo spettatore può vedere la propria immagine sovrapposta a quella del dipinto, che per effetto della specularità si riflette inoltre sopra la parete opposta. Tutti e due i quadri appaiono parzialmente coperti da drappi rossi, a introdurre quell'atmosfera teatrale, quel gusto per la finzione esibita, che è tipico di tutto il lavoro di Guarino.

Il mio primo approccio con lui è avvenuto per telefono: mi era arrivato un comunicato stampa della Victoria Miro Gallery, a quel tempo ancora situata in Cork Street. Annunciava una performance "operatic" di Claudio Guarino, e mi è sembrato curioso che un giovane artista si occupasse dell'opera lirica e del suo linguaggio, così gonfio di retorica ma anche così avvincente. Gli ho telefonato quello stesso giorno, dal mio ufficio al Castello di Rivoli, e da allora è iniziata una collaborazione che è sfociata in una performance presso la galleria Artra di Milano e in una mostra collettiva di video, curata da Francesco Bernardelli, proprio a Rivoli.
Non abbiamo fatto in tempo a fare altro, insieme. Il testo che concludo qui spero che valga professionalmente come prima ricognizione critica sull'intero corpus della sua opera. Di certo vale, personalmente, come la dichiarazione di stima verso un artista dalla fantasia sfrenata e dalle capacità poliedriche (in tempi di spocchioso specialismo tecnologico), e di nostalgia per un amico che non c'è più.

A Day in my Mother's
Bedroom, 1989

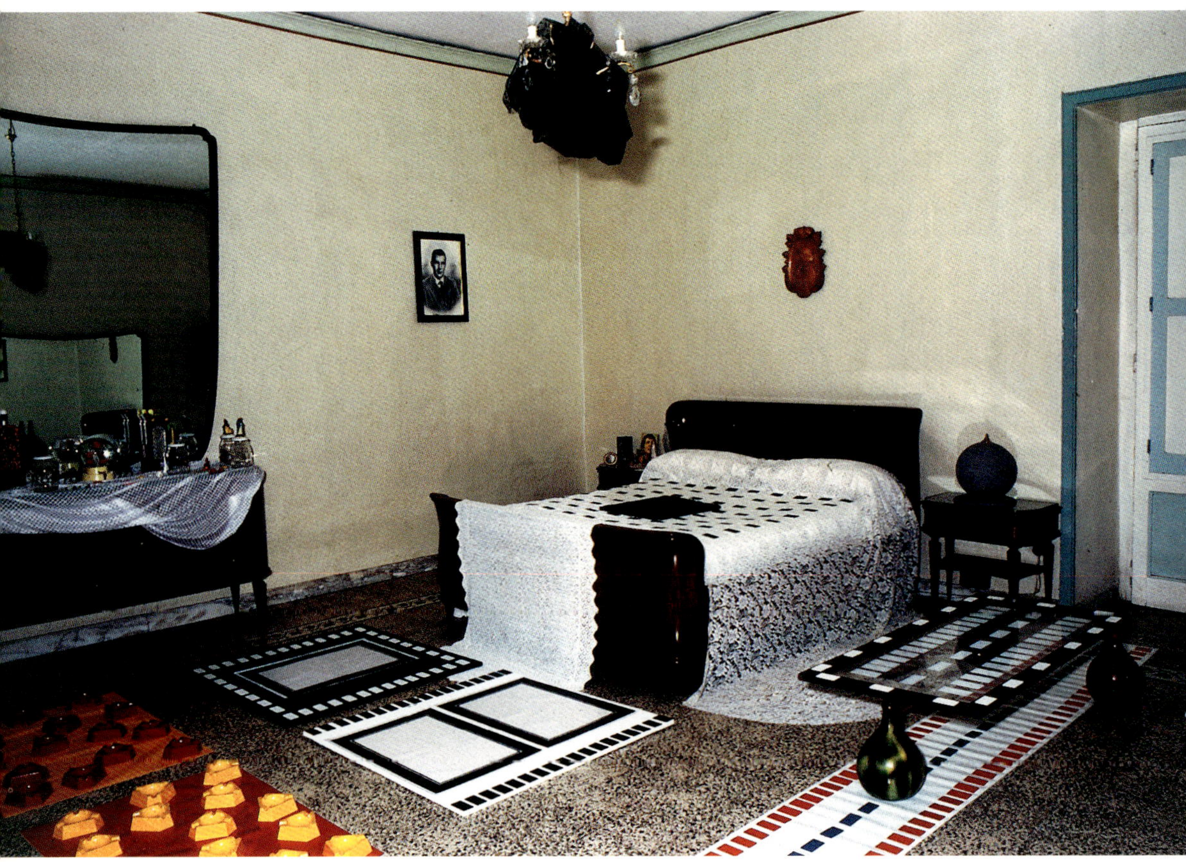

For Claudio Guarino   Giorgio Verzotti

What is a child doing in his mother's bedroom? When that boy is Claudio Guarino, his penetration doesn't conceal an incestuous impulse, but rather an artistic one. His presence, which does indeed feel incongruous in such a space, indicates a need that is both existential and aesthetical, and which the artist had since he was a young boy. In a way, his artistic work and his own life did trace the development of those premises that were already inherent in that "intrusion."

A Day in my Mother's Bedroom exemplifies Guarino's penchant for dressing up a space or an ordinary object. This is what he does, for instance, with *My Aunt's Favorite Chair*. It is difficult not to think of Tracy Emin's grandmother's embroidered armchairs, in relation to this particular work, but Guarino's piece dates back to 1989. For this specific artwork, the artist entirely decorated his aunt's favorite chair with ribbons and other ornamental features.
In his mother's bedroom on the other hand, we see bedcovers, carpets with black and white geometrical patterns, and pieces of fabric which are draped over mirrors and armchairs or placed on the floor. These installations, which take place in a domestic setting and are therefore ephemeral and temporary, are set against two traditional paintings with a religious subject executed in a naif style and heavy on decorative traits (the surviving documentation shows two undated canvases, in a style reminiscent of the Viennese Secession, with a comic twist).
Both the settings and the paintings point to a style that results in the "hyper-decoration" of the existing. In other words, the Neapolitan artist had already acquired the notion of the *Gesamtkunstwerk*, albeit in its "popular" version. Not long afterwards, Guarino didn't hesitate to move to London in order to find the right context and tools to realize this total artwork. This is why it becomes possible to take a journey, simultaneously both real and metaphorical, from his mother's bedroom, in other words from the heart of intimacy—a journey that can conquer the world (in a cognitive sense, obviously).

In the *Sculptures Series* of 1987–1989, the artist favors installation as an art form in a space that, as pointed out earlier, is ephemeral. The installation takes the form of a sculpture made of pre-existing objects, such as a pot stand on which the lower end of a curtain rests, or an aquarium

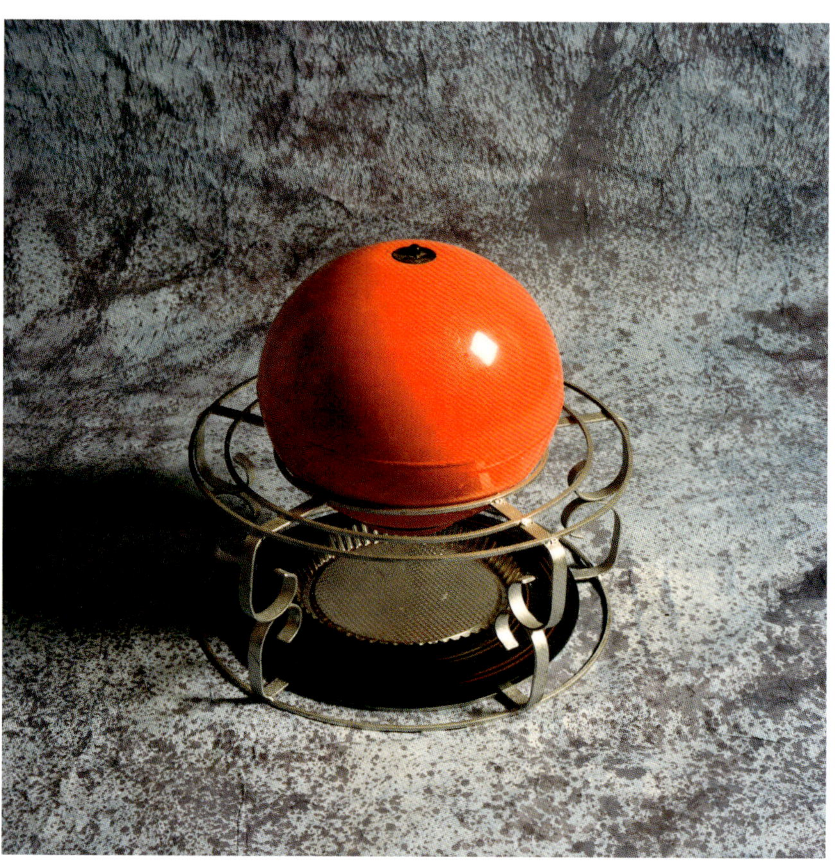

complete with two metallic bases for flowerpots. Other compositions include gold frames and music stands.

All these elements are placed in front of curtains that act as slightly precious backdrops which at the same time serve to underline the *mise-en-scène* and its temporary nature. The arrangement of these elements is in itself already emphatic in its theatricality, evoking the culture from which the artist comes—culture expressed through the embellishment of the subject and its surroundings in preparation for a ceremony.

For the Italian—or to be more precise, Neapolitan—Guarino, brought up as a Roman Catholic, this ceremony is indeed a religious one, consisting in the embellishment of a church (the baroque churches of his city) in preparation for a ritual. The more important the ritual, the more hyperbolic the decoration. Underneath everything, beauty, as an accumulation of signs, evokes the sacred itself and also the desire for contact with it.

Guarino's first installations, his first paintings, and the graphic works *Mama vita mia* and *Super bello* (1989–1990) are all rather baroque, in spite of the use of very basic materials such as felt-tip pen on paper. In Guarino's case, the use of a baroque style not only draws together and sublimates all the premises that we have so far touched upon, but also promotes new ones. Beauty, as an accumulation of signs, transfigures objects, spaces, and reality itself—an overall makeup that expands from the body to the space that it occupies in an endless aesthetic transmigration, which touches, or is capable of touching, every aspect of existence. If we add that Guarino, apart from being Neapolitan and Catholic, is also gay, we have some inkling of the cultural depth that the issue of taste and style, implied in his work, carries with it.

Video storie (1988) is the only document that survives from a group show that took place in a village in Campania, and which brought together other young artists and friends, including vedovamazzei (Simeone Crispino and Stella Scala). Guarino, who was included in the video section of the show, presents a sort of buffoonish self-portrait: his eyes fixed upwards, he walks backwards and forwards, with jerky movements, in front of his own name written on a black surface, which recalls a gravestone. Each time he passes he wears different items of clothing. The artist dons the attire of an actor and a performer, with his heavily decorated costume, while using irony as the basis for his rhetoric.

Once in London, Guarino began to explore different paths, ranging from video installations and computer graphics to sculpture and animation, all the while continuing to use audiovisual techniques, both as a creative and as a purely reproductive tool with, generally speaking, a rather simple and direct approach.

Shy Stockwell Sky is a deliberately simple performance made with Gennaro Bencivenga in 1992: a large sheet functions as a double screen for the two artists' actions, which are played out on two different levels. On one side of the sheet a series of slides are shown, images gathered by Guarino from various media: while on the other side, the two artists, with the help of a spotlight, present a theatre of Chinese shadows that shows them engaging in a series of provocative and erotic figurations. Similarly Guarino, in other works dating from his first years in London, used comparatively poor materials such as photographs, placed on a

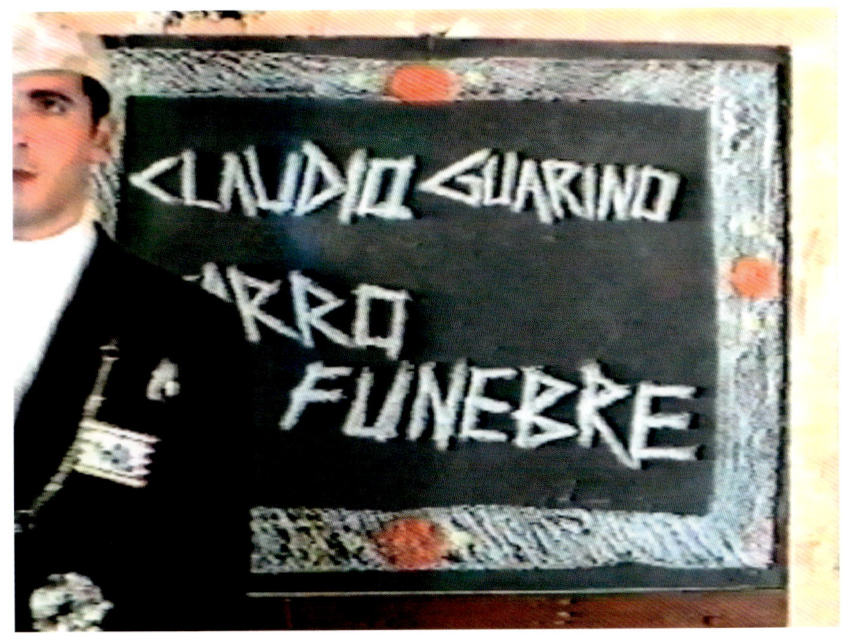

Carro funebre, 1988

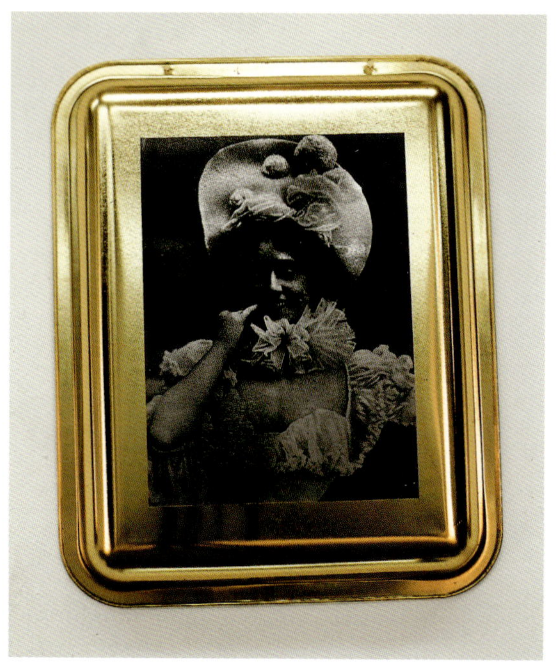

Divicomio, 1994

table, and collages of photocopies glued onto hard surfaces. During an experimental phase, however, the Neapolitan artist created works of varying kinds: sculptures in *papier mâché* and acrylic on plywood called *Paintworks* (1993)—three-dimensional colored works that look like theatrical props—but this direction never came to fruition. Also from 1993 is the series of postcards *No Face No Stamp*, where the artist uses a ball-point pen to apply inventive caricature qualities to the faces of characters taken from traditional paintings, as if to create new and farcical individuals out of the canonical images of beauty that are normally found in museums.

At the same time, reproductions of ancient statues—an explicit reference to classical beauty—led to a more generous series of works: from *Untitled* (1992)—a series of color photocopies glued onto plywood—to the more accomplished and mature *Roasting Tins* and the opera *Divicomio* (accompanied by historical recordings of arias), both from 1994.

Roasting Tins consists of a series of black and white photocopies on transparent acetate glued onto the bottom of aluminum pans. These simple yet refined utensils give a strong structure to the images and a composure to the finished work.

The photocopied images refer to portraits whose function is twofold: on the one hand they aim to idealize the image of the body (ancient Greek statues, photographs of bodybuilders, portraits from the history of painting) while, at the same time, by using portraits of stars, they set out to create a glamorous epic. In Guarino's work these two qualities always go together. Beauty, classical or otherwise, is always accompanied by its parodying and potentially critical opposite, whereas glamour is interpreted as a consumeristic debasement with its trivialized, or

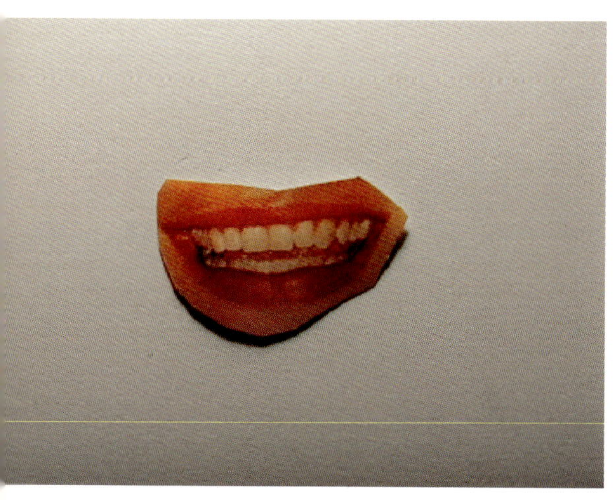

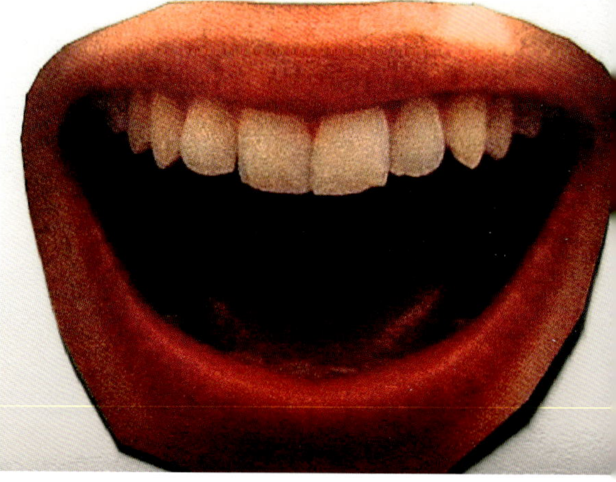

"hysterical" promotion. ("Divicomio" is a neologism that combines the words "divisimo"—star system—and "manicomio"—mental asylum).

During his years at Goldsmiths (1995–1998) Guarino elaborates what will become his modus operandi, reorganizing the elements present in his work up to that particular moment. The video animations of 1999–2001 seem to intervene on the double register referred to earlier: short clips where careless marks interfere with images from high culture (theatre interiors, details from works of art), or rather, where animation becomes disfigurement.
Fixed female figures, their mouths altered by using their voices (underlining the sentimental emphasis of the song and presenting a parody of opera singers . . .), together with other wide-open mouths cut out from magazines, are multiplied through animation to suggest the sonic chaos that surrounds us. The work that stands out, amongst all these animations, is *Porgi amor* (2001). It is a simple detail, taken from a landscape painting, that slowly gets closer to the eye of the viewer only to retreat while the famous aria for soprano from *Le nozze di Figaro*, from which the title of the piece is taken, has to battle with a loud thunderstorm.
Among his early works from his college days are installations of objects, which will not appear in later years: an empty room where sensors triggered by approaching visitors set off alarm sirens; a sculpture formed by two robots facing each other upside-down, wearing male and female wigs both attached to wooden stands; a wall filled with miniature flying helicopters that produce an almost unbearable sound; a luminous track in a darkened space realized with the sort of flashing red lights drivers use on highways. All these installations point to future major works that utilize previous experiences built around concrete settings and an active relationships with the viewer.

Photographic works such as *4 dive* (1995)—a series of enlargements of photographs, found in libraries, depicting old bel canto stars—and more complex installations such as *Kit* (1998) suggest opera, and its relationship with the image, as the most appropriate language for the specific discourse that the artist wishes to undertake.

Mouths, 1999

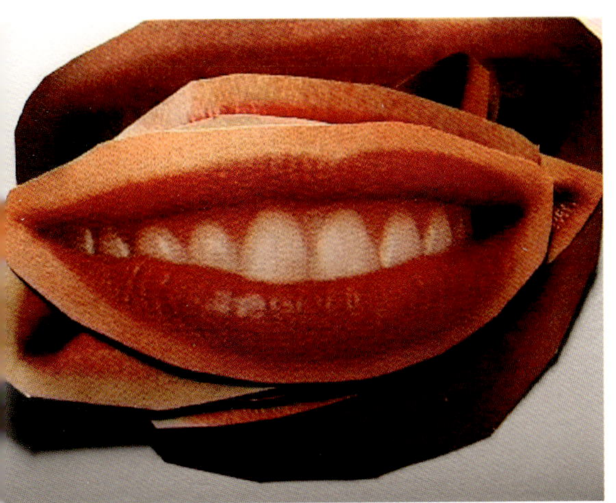

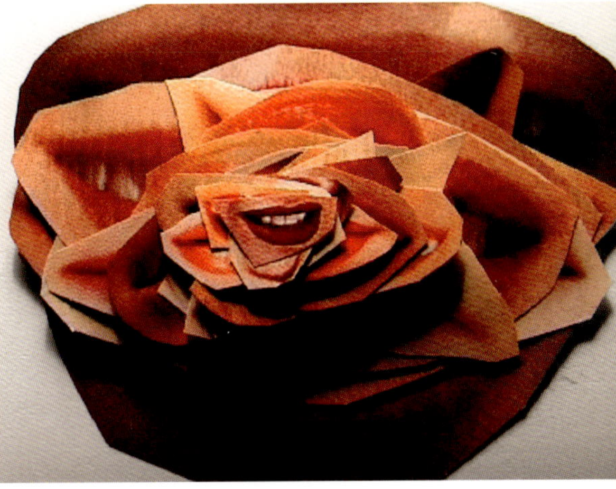

This clearly suggests feelings as the germinative nucleus of meaning, with passion as the perfect temperature for expressing it. Classical music, and specifically opera, and even more specifically melodrama, offer the artist an already codified repertoire of gestures, voices, and even materials, such as costumes and theatre design, a repertoire closer to the specific register he aims to work on than any other art form.

As sensitivity is an existential dimension very close to the artist, he lets it emerge in his work through emphasis to such an extent that this very emphasis becomes what qualifies the work as being emotionally grounded.

Kit is the work that Guarino produces for his degree show at Goldsmiths College and is based on a collaborative method that he is to adopt in later works.

It is an installation comprised of TV monitors placed on the floor to form a triangle. In each monitor a musician, or a singer, is seen performing a solo that stems from the personal creative elaboration of a single word suggested by the artist as a theme on which to intervene.

Each word relates to a feeling, or a mood. This free and creative process appears to have been thought out as a way to gain the maximum level of immediacy and authenticity of expression.

Between 1995 and 1998, Guarino's performances use music, opera, and acting as essential elements. The artist elaborates a narrative, which is shaped by the specific time and space of the performance, he composes the musical score, usually on a laptop, he devises the costumes and the sets, and he directs the opera singers, dancers, and actors who bring the performance to life.

Performers, especially singers and dancers, are given great scope to improvise while music and voice are reduced to basic sounds; singers have no text to interpret but instead use a vocal repertoire which they express according to indications from the artist, relying on the emotional intensity of the sound.

At the same time the mood is partly predetermined by the character interpreted by the singer and partly depends on the development of the narrative arc of the story. Signals, then, are produced by the vocal score of the performance, rather than by words or texts. Similarly, the music appears as sound, a musical chord, always free from melody, except when this is used as a quotation, as a musical phrase taken from a pre-existing score.

This is a fight against the relativity of meaning: Just as monochrome paintings function as a proposition "in unum" of all possible images that every viewer can read from the treatment of a canvas with one color, and just as pure color functions as a universal image that reaches every viewer, every mind and every heart with its profound meaning, so pure sound, pure voice, and pure intonation signify every possible word.

It is pure intonation that guides and creates meaning, and which triggers the emotional involvement of the listener, whose job it is to make sense of the work, this thanks to the important role that these linguistic "reductions" have on the interpretation.

This does not mean that a written text, a word, or a phrase hold no importance in the context of the work. Quite the opposite. The texts, written by Gennaro Bencivenga, who often collaborates with Guarino, are always poetically inspired and are read, or rather, are recited by actors. As a matter of fact, the recited word, songs, and music comprise the sonic texture of all of Guarino's performances.

Text, action/image, and song/music run parallel in perfect harmony sharing a similar mood. The text guides the viewer, acting as the concept, which actions and voice explicate and comment upon, or else as the interpretative support of the sound flow.

This is often played out through actions which are otherwise enigmatic and which develop seamlessly on the stage or which flow in front of the viewer as a march—or rather as a procession, given the subtext of religious ceremony that runs through all of Guarino's performances.

Finally, even the relationship with the public acquires significance. Played out on a kind of spectacular emphasis, Claudio Guarino's work does not seek to restore a purely passive and admiring relationship with the viewer.

On the contrary, the artist devises new connections with the viewer by means of an alternative use of the space, almost seeming to solicit vigilant attention. Bypassing traditional performing venues in favor of a street, a church, a courtyard, or even a museum, Guarino disrupts that space with a procession that cuts through the public.

The first operation of this kind is *Suspicion* (1996), which takes place in the course of an evening at the Victoria Miro Gallery on Cork Street, London. The gallery has one single room with a huge window that faces directly onto the street.

Guarino utilizes the gallery as a continuous performance space, with spectators watching the proceedings from the street while the window becomes a sort of transparent screen. Despite its subtitle (*More Horrible than the Most Horrible Wrong of Wrongs*), the artist calls *Suspicion* a "playful drama," thanks to its fairy tale happy ending.

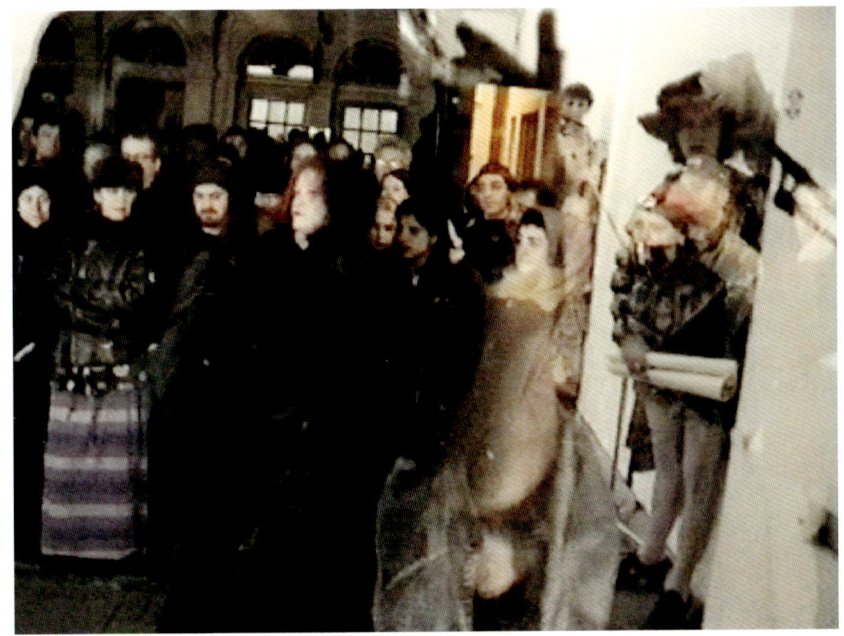

Suspicion - More Horrible than the Most Horrible Wrong of Wrongs, 1996

The action follows a simple storyline: actors enter the space and stand by the walls of the gallery where microphones have been placed. At the same time, a girl in a costume addresses the spectators and introduces the drama which is about to unfold by reading a short text on a rolled-up piece of paper, after which the first female character walks in—a woman, with a long white dress covered with a long black veil, who starts singing.

The male character, in modern attire, who was already there, follows with his vocal score. While the man sings, a third character, a woman dressed in black with her head covered by a hood, peers in and knocks on the door. Once in the space, this second female character, evidently driven by some negative impulse, comes between the two protagonists to prevent their union.

She does so to the point that she threatens the Man with a pair of scissors and eventually kills him. The Woman, lamenting the death of her beloved, kills herself with the same pair of scissors and dies on top of the body of the male character.

But the tragic ending is suddenly reversed. From the back of the room, a third woman in a long golden dress, wearing a high crown and incongruous glasses, enters the space, and waving her magic wand resurrects the two lovers.

The action is therefore based on a simple and easily understandable structure, while the music underlines coherently the different passages (the lament of the first Woman over the body of her beloved is very effective).

Mater Dolorosa, which takes place at the same gallery on May 3–4, 1997, is more complex. It uses the same space, with the addition of a throne placed in the middle against the back wall and facing the street. There are more performers, and now they are nearly all dressed in "ancient" and rather elaborate costumes, especially their headgear. Moreover, light is introduced as a creative element with flashes in the dark at the beginning of the piece and a series of colored spotlights that draw moving shapes on the walls during the course of the performance.

The vocal score alternates solos with choruses, helping to articulate the action and therefore accentuating the theatricality of the work. The narrative follows two different paths on the two different days of the show.

The eponymous Mater Dolorosa is a grand black female figure who enters the space and sits on the throne where she is revered by the other characters while watching the proceedings. To summarize, the action consists of the confrontation between the Mater Dolorosa and the character who represents her son, a young dancer in black tights who performs circular-mimic choreographies. His movements are slow to begin with, but become more and more frantic until he falls to the ground only to get up and start dancing again.

The piece ends with the all those present standing still after the dancer/son is killed by one of the performers dressed as a warrior. *Mater Dolorosa* tells the story of the inhabitants of the planet Horim, where it is forbidden by law not to have a voice. Since, unfortunately, the son doesn't have one, he is killed after having searched in vain for a voice. During the second performance of the show, the mother seeks revenge and breaks the law in the name of her love for her son. The music takes its cue from Pergolesi's "Stabat Mater" and is integrated with a score elaborated on a laptop that utilizes renditions of natural sounds.

Also from 1997 is *House of Injection*, which takes place at the ICA in London on December 7. The performance starts on the stairs where the spectators meet some of the characters of the opera. In the two rooms on the second floor TV monitors and period furniture provide an incongruous setting, highlighted by the costumes worn by the performers dressed in different period costumes.

It all amounts to five *tableaux vivants* that present the members of one family, the father (in the guise of an ancient Roman), the mother (dressed in modern attire), the daughter (wearing a stiff corset and ruff), the servant/nurse, and a mysterious and imposing grand duchess dressed in black and sporting a top hat.

For each character there is a corresponding area of the space, different pieces of furniture and objects, as well as a monitor showing images and scenes that pertain to the character's sexual and social status. We see the mother as she tries on jewellery, while hunting scenes are played on the father's monitor and the TV set of the grand duchess shows images of churches and ancient manuscripts.

The singers vocalize and elaborate on the five vowels of the alphabet to the sounds coming from the monitors.

The performers are engaged in different actions. The mother sits at a white wooden "toilette" and puts on her make-up while some warriors enter the room and proceed to dance; the daughter undresses a doll, and some of the other characters—including a woman dressed in a

Mater Dolorosa, 1997

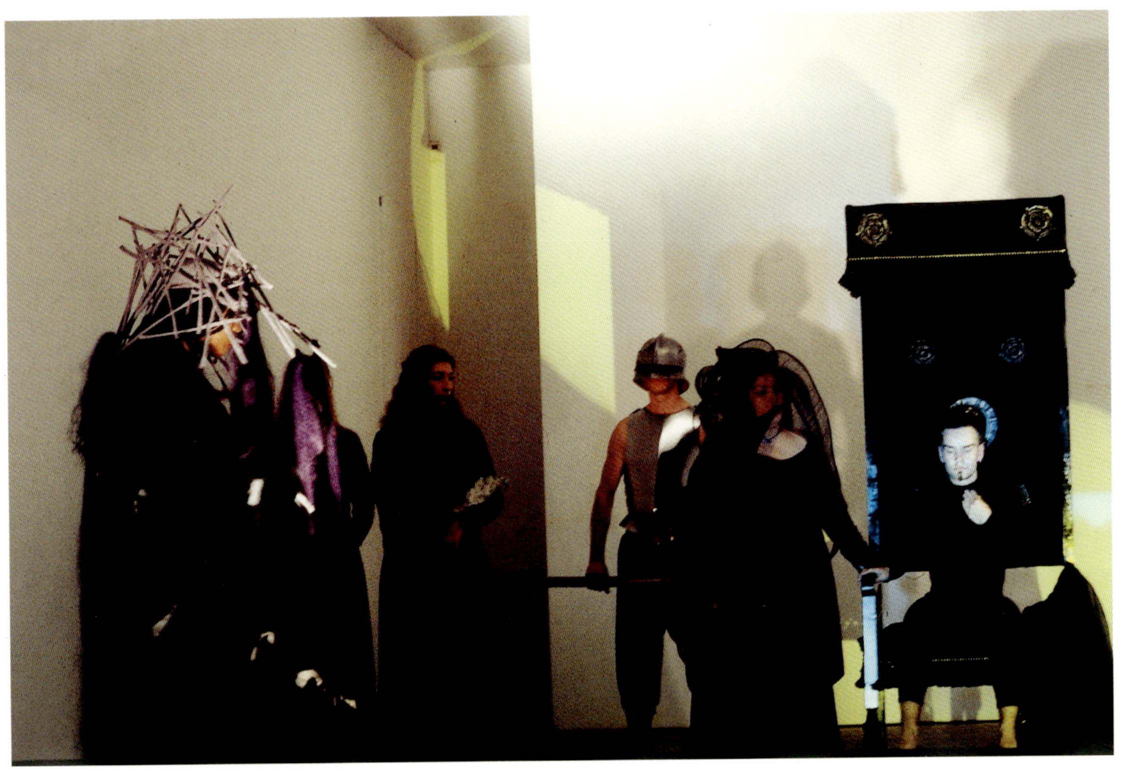

golden armor and a masked and bare-chested man—move between the two different rooms forming a short procession.

One of the filmed images shows a syringe that injects some liquid into an arm, setting the general tone of the work that implies altered emotional states and induces a reading of the work as one big and elegant dance of death.

However, the ending introduces a different and opposite emotional state, which becomes almost redeeming: the characters introduce big white spheres into the space. Luminous geometrical shapes are projected onto these light spheres. At this point, a repetitive sound similar to techno music can be heard, almost as if one of Philip Glass's minimalist scores had been remixed for a nightclub.

Aria is Guarino's first performance to take place in Italy, and opens at the Artra Gallery in Milan on the evening of March 28, 1998. Unlike *House of Injection*, which is built around a technically complex production, *Aria* is staged simply.

The action takes place in the courtyard of the gallery and the surrounding balconies where colored spotlights shine on the characters and performers.

The storyline is divided into chronological episodes introduced by an actor dressed in a cape and sporting a top hat, who recites a text while standing in the courtyard with other characters.

The story is divided into episodes, each having the title of a song, introduced by a performance and carried by the vocal score: thus we find the song of loneliness, the song of love, the song of rage, the song of the

Aria, 1998

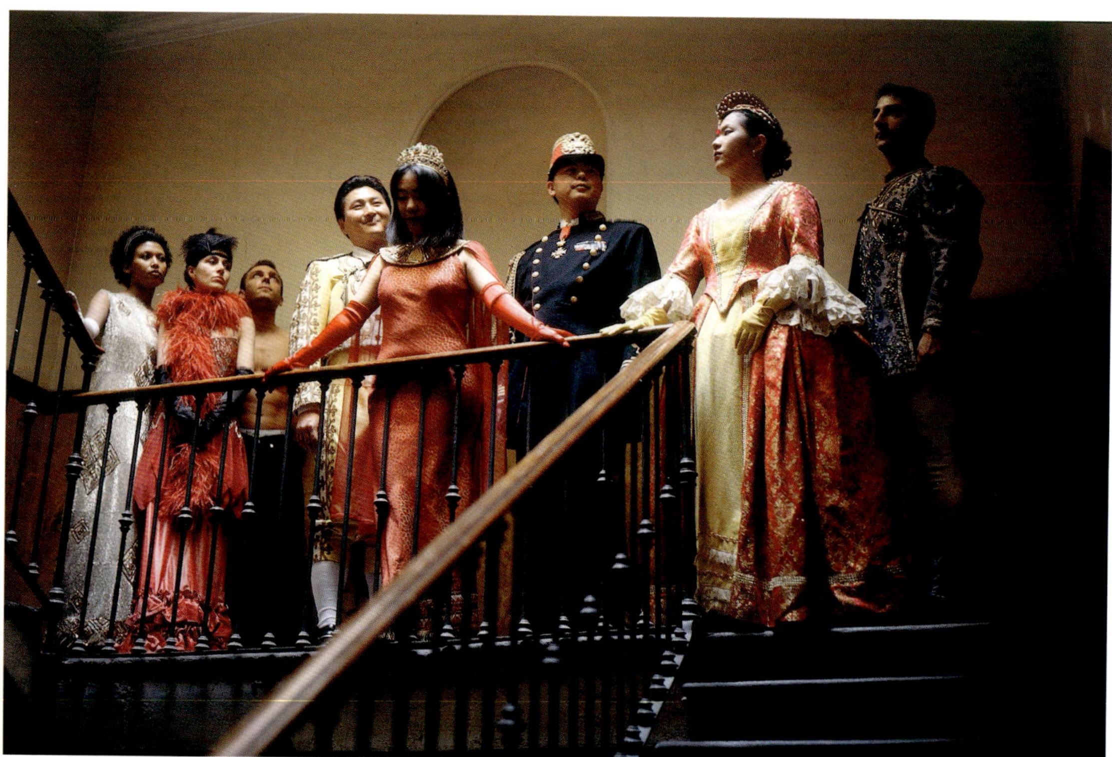

solution, the song of the courageous action, the song of repentance, and the song of the triumph of love.

The verses that make up the text "poeticize" the narrative that tells the story of a maiden who is being kept prisoner by a dragon. While she sings of her grief, a knight overhears her melancholic song and falls in love with her. To free her he is given a challenge.

With the help of a fairy he overcomes the challenge and breaks the spell that transformed the maiden's brother into the dragon. Each episode is characterized by a dominant color, from blue to red and from lilac to yellow, as well as by different characters who perform either a solo or a duet. The ending takes place in the courtyard in the presence of all the characters guided by a man dressed in a military uniform who carries a sort of golden sacred heart.

The music is performed live by a string section while the costumes come directly from a theatre wardrobe. Without the aid of any real props or backdrops, the melodramatic and theatrical quality of the work is carried both by the costumes, highlighted by a careful use of spotlights, and by the gestures of the performers—all recruited from the local singing school—which mimic the rhetoric of opera.

Viene takes place in the Church of Sant'Andrea in Pisa on April 23, 1998 and is curated by the Fondazione Teseco. The complete title of the opera *Viene, se ne va, poi torna. Credi di tenerlo, ti evita. Vuoi evitarlo, ti prende!* is taken from Carmen's famous aria and from the protagonist's description of the unpredictable and fatal nature of love.

The central nave of the church is occupied by two rows of young dancers in pink tutus, all the way up to the altar. The dancers are surrounded by the performers, each one of them standing on a platform. The spectators sit all around. Other performers stand by the altar, which is illuminated by light projections during the performance. Here also the action is punctuated by a variety of texts, such as a letter from Maria Callas to Pier Paolo Pasolini.

This time, though, the reciting voices do not declaim, but rather whisper their words, and the music, together with the voices, doesn't just draw on the tradition of opera. What we hear are choruses and scores for percussion with an ethnic flavor, juxtaposed to Guarino's trademark re-elaboration of the music.

The dancers change positions at predetermined intervals but otherwise remain still while the action takes place around them, involving at turns the main characters—two female and two male voices—who face each other. The shrieking of both the musical score and the voices conform to the narrative, which ends tragically with a double murder (of the two men and the woman who "avenges" the first death) and a suicide (of the other female character).

Back in London, on June 18, 1998, Guarino presents *Spasmodico* at Goldsmiths, the same college where he graduated. Setting aside the corridor for his performance, the artist uses this space intelligently and efficiently: he places three tables along the walkway with two mimes, one on the first and one on the last table, and a narrator in the middle one. Guarino also uses the big windows along the walls, where a few dancers can be seen. All the performers are dressed in costume, even though Guarino's wild imagination appears, for once, restrained (sim-

ple evening dresses, headgear with a plume, a black veil . . .)
The actress standing on the middle table reads short texts by Bencivenga that describe in rhyming verses a feeling or a mood: pain, love, joy, treason, surprise, boredom, physical pain, peace, vengeance, sadness, amazement, and ecstasy. At each musical interval, the mimes and the dancers "interpret" these feelings with their actions and dancing, to the sound of percussion. The performance ends with a single file procession of all the characters through the space.
On August 6, 1998, this procession is repeated during the performance of *Mimicry* at the Camden Art Centre. Adopting a more radical approach than usual, the performance unfolds through the entire exhibition space as an intervention during the opening night of a group show (this is Guarino's own contribution to the show).
The artist's performance appears unexpected and aggressive while the public is directly invited by the performers to interact with words and actions. The procession is formed by singers, all in black, performers, dressed in eighteenth-century or exotic costumes, mimes, and bare-chested dancers. The proceedings are guided by a virago in a top hat wearing a black veil, garish jewellery, and a bady-doll, who aims to render a particularly aggressive text by shouting and making funny faces.

Guarino then develops a series of videos with no relation to his previous work, except in the case of the first one, *Aria* (1998), where he films, against an atmospheric and milky-white background, each of the characters from his eponymous performance to illustrate a "canto" or a chapter of the action.
The other video pieces oscillate between narrative and more experimental works that mix animation and other post-production effects.
In *Duet Song* (1999), played out on a suggestive duet from Wagner's *Tristan und Isolde*, we see a black and white close-up of a male chest on which two snails move about and then copulate followed by a third snail. The movement is necessarily slow and the video is structured into short sequences.
In the end, the two snails reach the face of the man until we see a close-up of his mouth opening slowly to swallow one of them before placidly closing.
Ragù (1999) is the work that follows this minimalist and animalistic tale of love and death. A male voice comments offscreen the actions and the feelings of a group of people holding a dinner party while being served by two waiters.
Before eating, two of the guests perform for the others with emphatic gestures that become even more alienating, as no one seems to move their lips while talking. The music is obsessively repetitive and mimics the soundtrack of crime films.
When the waiters serve the pasta with huge quantities of "Bolognese" meat sauce, we see the group of friends sitting at the table with lit candles, listening to a girl speak. This is only apparent by her hand gestures. Suddenly, the silence is broken by the guests coughing spasmodically, so loudly as to cover the narrator's voice until they all end up dying with their heads in their plates, obviously poisoned by the sauce.
While the suspense is treated with irony through this visual gag, the

tragic pathos of opera—a real allure for Guarino—is rendered even more interesting with *Kiss of Tosca* (2000).

Two characters face each other in a small dining room with the walls covered with mirrors. Tosca, an old woman with heavy make-up, has a confrontation with the treacherous Scarpia, a seemingly inoffensive man who is instead, by his own admission, capable of the most nefarious acts. The bone of contention is Mario Caravadossi, Tosca's lover, imprisoned and tortured by the jealous Scarpia.

The images of their altercation are juxtaposed with those of Mario being tortured, even though the leather gear used by Mario and his torturer casts a shadow of sexual ambiguity.

The mirrors of the small dining room reflect the images of Tosca and Scarpia in a game which is both real and virtual and which is accentuated by the disfigurement of the man's face. *Kiss of Tosca* ends with Tosca stabbing Scarpia and with a close-up of the actress who, for once, is faithful to the libretto and repeats the famous line "Davanti a lui tremava tutta Roma" (In front of him the whole of Rome trembled).

In *Scherzo* (2001), a young girl dressed in a priest's cassock and mitre puts on make-up and wanders around a space filled with mirrors with very ornate frames. Rather than from the vaguely blasphemous nature of the work, the joke (*scherzo*), referring to the title of the piece, seems to emerge from the erudite quotation, which becomes evident in an image that evokes a "posed" photograph of the Countess of Castiglione.

Distance, also from 2001, is an example of a very straightforward approach to video: the over-the-shoulder image of a man in a caftan walking in a rocky desert is juxtaposed with that of the sea and of a sunset over an urban landscape filmed upside-down. The fact that this post-production effect is rather obvious only accentuates the readability of the message.

La ninnia and *Lost* (2002) show a more complex exercise in post-production together with a more articulate narrative. To the voice of Maria Carta, *La ninnia* illustrates a kind of horrific nightmare in which an apparently normal house hides a monstrous creature—a girl with huge black bags under her eyes who keeps four human heads on spikes in the garden. With her ankles chained she reaches an urn hanging from the sky held by a baroque little angel. As a modern day gothic Salome, the girl extracts from the urn another head (that of Guarino) and kisses it on the mouth.

Lost, subtitled *The Unmoveable Desire*, is inspired by the work of the Danish painter Vilhelm Hammershøi, renowned for his metaphysical interiors devoid of warm light, used by his Italian contemporaries. In it we see still images slowly coming to life. To the aria "L'ho perduta" from Mozart's *Le nozze di Figaro*, a girl, dressed in black and wearing an apron, sits at a table with two bottles and a vase. The image is mirrored by a painting on the wall in a game interrupted by violent actions. This same girl is then seen standing and looking at herself in the painting/mirror breaking one of the bottles on the head of a male character while in another sequence she smashes on the floor the objects that were on the table as if the character depicted in the painting wanted to destroy her and thus rebelling against her role and against the will of the artist (Guarino himself is the victim of this rebellion).

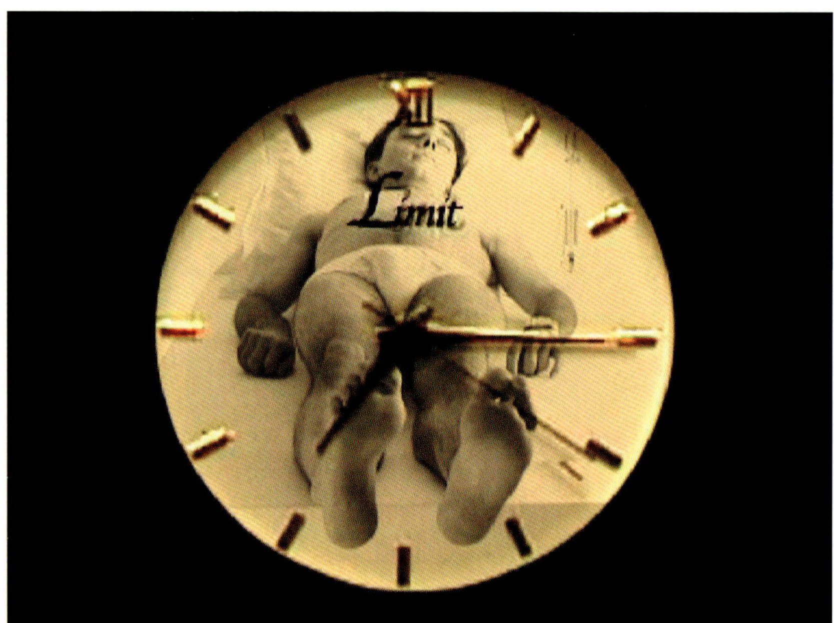

Limit (2003) is a return to extreme simplicity: a male body lies on a white table/bed framed from the same angle as Mantegna's *Dead Christ*. The limit in question is that of the body and of the surface of the skin, which the camera scrutinizes. The concept of limit covers also that of time (and death?), as illustrated by a clock that suddenly appears as a black and white framing device for the same image. A white veil is removed from the man's body, which is then completely covered again while a female and a male voice provide a quiet mournful soundtrack.

In 2002, thanks to a scholarship, Guarino wins a residency in Japan, leaving several unfinished projects and visual notes, filmed with either a mini camcorder or camera, which are testament to his multifold investigation into the iconography of Western art (in this instance, the artist doesn't succeed in a video project which aims to quote from Beato Angelico) and into the nature, or the "texture" and the formal design, of both everyday objects and common interiors.

As always, everything is elaborated on a computer. There is only one finished work, almost entirely realized on a laptop: *Japanese Flowers* (2003) is an endless and fascinating sequence of shapes and colors seen through a kaleidoscope. Every so often, the image of the artist pops up. With an ironic touch, he is wearing pyjamas with colored flowers that are "deconstructed" by the fragmented image of the kaleidoscope. For a lover of hyperbolic languages, a more appropriate portrait does not exist. Here, the body is multiplied and deconstructed in a mass of ungraspable signs, thanks to this technique.

The last work that Guarino made in 2003 as he intended, in other words, as an installation, is, significantly, about *Vanitas*. The installation is technically simple, but conceptually complex. *Vanitas* is a diptych with a common theme: two paintings, in elegant gold frames, hang on walls that meet at an angle.

The first is a period painting that depicts a battle at sea with two ships bombing each other. In an otherwise still and "silent" image, the smoke billowing from the ships signals the ferocity of the battle.

On this painting of war and aggression, Guarino projects a film (with the projectors forming part of the installation) which reproduces a single image, that of a seventeenth-century *Vanitas* complete with its traditional iconography of a skull, a book, and a candle. This image suggests the passage of time and the vanity of human ambitions, both individual and collective.

Another similar *Vanitas* is projected onto the second painting. This time, though, among the objects there is also a scroll with Claudio Guarino's name. Furthermore, this second painting turns out to be a mirror in which the viewer can see his own image superimposed with that of the projected painting, which is also reflected on the opposite wall. Both paintings are partially covered by red drapes that introduce that stage quality and that penchant for theatricality so typical of Guarino's work.

I first got in touch with him by telephone. I had received a press release from the Victoria Miro Gallery, still on Cork Street at that time, announcing an "operatic" performance by Claudio Guarino. It seemed curious to me that a young artist would take on the highly rhetorical, but also gripping, language of opera. I called him there and then from my office at the Castello di Rivoli, and from that moment on we started a collaboration which culminated in a performance at the Artra Gallery in Milan and in a group video show curated by Francesco Bernardelli in Rivoli.

We did not have time to do anything else together. I hope this text can be seen, on a professional level, as a first critical reassessment of the whole body of his work, and, on a personal level, as a sign of appreciation towards a highly versatile artist gifted with a vivid imagination (at a period of pretentious technological specialization), with a sense of nostalgia for a friend who is no longer with us.

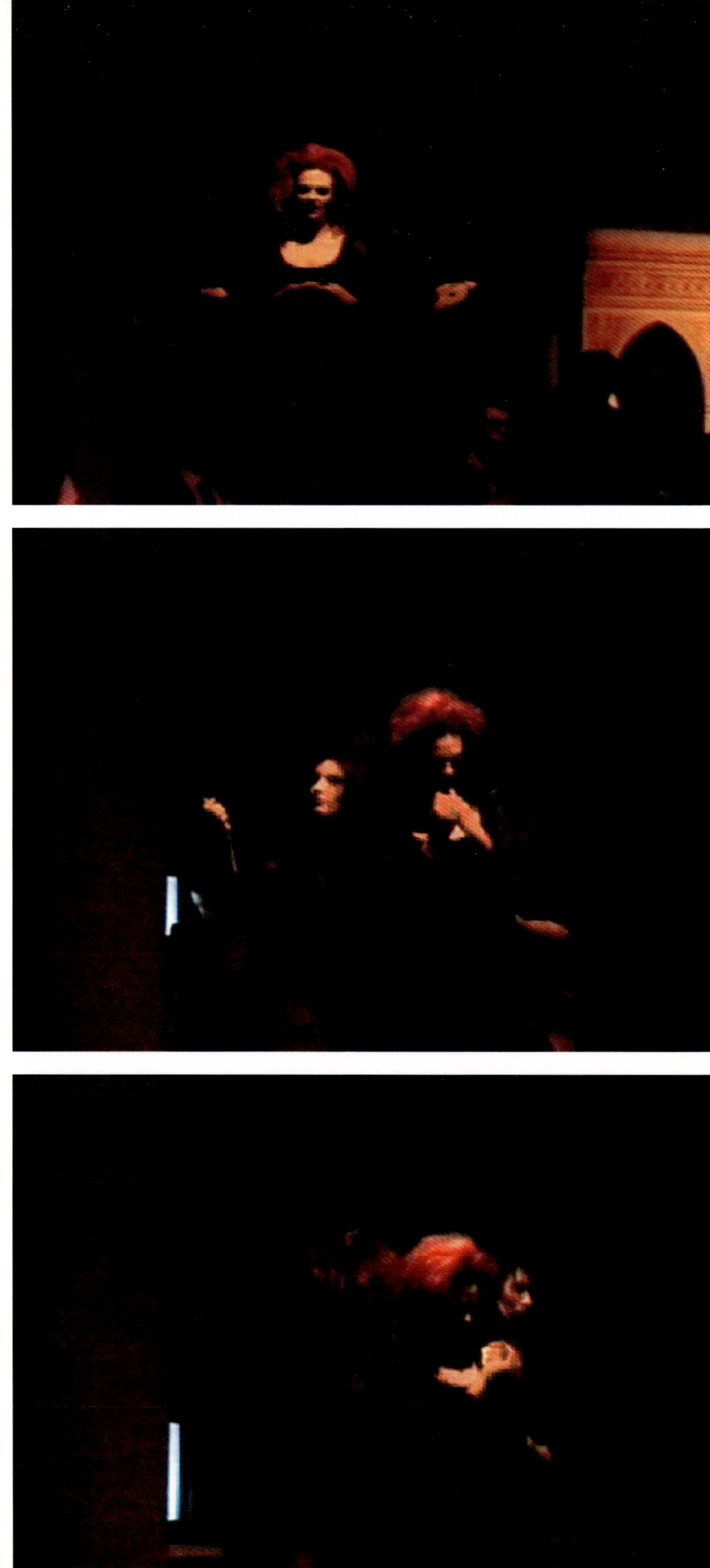

Francesco Bernardelli

Wildness of Love
Claudio Guarino

Giardini incantati, splendide ma algide dame senza pietà, eroi solitari alla ricerca di un perduto amore, apparizioni magiche immerse in scenari di luci abbaglianti e visioni improvvise. Come nasce e dove si situa la sorprendente e rapida attività, apparentemente così eclettica, in realtà prodigiosamente generosa, che nel volgere di pochi anni Claudio Guarino produce? Si può individuare questa creatività nell'attenzione a parametri formali di levigatezza, brillantezza e più in generale in una cura compiuta in sé stessa, oppure essa risiede in una capacità metabolizzante, così come sempre più esplicitamente espressa in un complesso lavoro che va dagli oggetti e dalle installazioni fino ai film e alle opere cantate?
Da quali particolari circostanze storiche (oltre che dall'imprevedibile e originale personalità del creatore) deriva questa facilità a includere e riassorbire sorgenti fra le più diverse e a trasformarle, fondendone ogni elemento come tassello dentro un più vasto insieme, tale da risultare organicamente compenetrato, sentito e rivissuto?

Di alcuni antefatti londinesi.
Che proprio compaia Londra come prima, inevitabile entità entro cui ricontestualizzare il denso lavoro di Guarino, è opzione a cui non è possibile sottrarsi. Che Londra abbia rappresentato fin dalla metà degli anni Sessanta un fondamentale crocevia di gusti, tendenze e novità artistiche, con gli anni mano a mano spesso spiccatamente contaminate da una forte apertura transdisciplinare – non è certo una novità. Gli anni del beat, della swinging London e della prima stagione di una moda autenticamente giovanile, controculturale, non sono fenomeno a sé stante: occasioni di comunicazione, condivisione e commistione di ricerche, di approcci di lavoro e, più in generale, di una comune sensibilità – è situazione o meglio temperie culturale che ha un'origine indietro nel tempo; fra gli anni Sessanta e Settanta ha però il sopravvento un autentico e drastico ringiovanimento dei protagonisti e delle figure pubbliche che si conquistavano l'onore dei riflettori.
Dopo gli antecedenti storici, piuttosto elitari, di un gusto eclettico e *camp* (studiato e rivelato – in qualche maniera al grande pubblico – dal celebre testo del 1964 di una giovane Susan Sontag) sviluppatisi negli anni del secondo dopoguerra, e dopo gli antenati illustri ma decisamente minoritari degli intellettuali del circolo di Bloomsbury, verso la fine degli anni Sessanta si innesca un fermento crescente legato a un sempre più vasto underground.

Viene, se ne va, poi torna.
Credi di tenerlo, ti evita.
Vuoi evitarlo, ti prende!,
1998

Insieme ai primi, grandi momenti di liberazione sessuale e di nuova visibilità omosessuale, emergono situazioni che permettono uno sviluppo di pratiche artistiche, ma anche di moda, teatro, musica e cinema, situate e contestualizzate in una nascita e visibilità dell'eccentrico (oggi noto piuttosto come gusto *queer*).
Figure negli anni diventate di riferimento e quasi leggendarie come (Sir) Quentin Crisp, Andrew Logan con il suo celeberrimo evento Alternative Miss World (un'esuberante e stravagante concorso/live art show per creazioni "alternative" a metà fra moda e arte), Derek Jarman – fondamentale presenza in quanto artista davvero interdisciplinare: poeta, scrittore, pittore oltre che cineasta d'eccellenza – rappresentano una ben più che valida testimonianza di protagonisti, "attori" della graduale trasformazione di una più vasta scena artistica che lentamente inizia a recepire e a trasmettere, pur con gradi d'assorbimento differenti, i segni di visioni più libere, non soggette alle tradizionali e normative rappresentazioni del mainstream eterosessuale e patriarcale che hanno dominato (e in parte continuano a dominare) l'immaginario culturale e artistico pubblico.

Proprio un film-chiave di Derek Jarman (1942, Northwood, Middlesex – 1994, Londra), *Jubilee* (1978), può essere letto come importante e precorritore esempio di un approccio radicalmente nuovo, libero nel riunire e ribaltare concezioni ideologiche e figurative, mescolando provocatoriamente cultura "elevata" e "bassa" con notevole disinvoltura, proprio così come poi avverrà nella pratica artistica di Guarino. Nell'incrocio e collisione fra epoche diverse (la regina Elisabetta I si ritrova in un'apocalittica Inghilterra post-punk, Buckingham Palace è stato trasformato in uno studio di registrazione, ci si ritrova in una situazione di completa anarchia, anche esistenziale), la capacità del grande regista sta nel riassorbire non solo la variegata e coloratissima nuova generazione di musicisti/interpreti del tempo (fra cui le emergenti star new-wave Adam Ant e Toyah Wilcox), ma

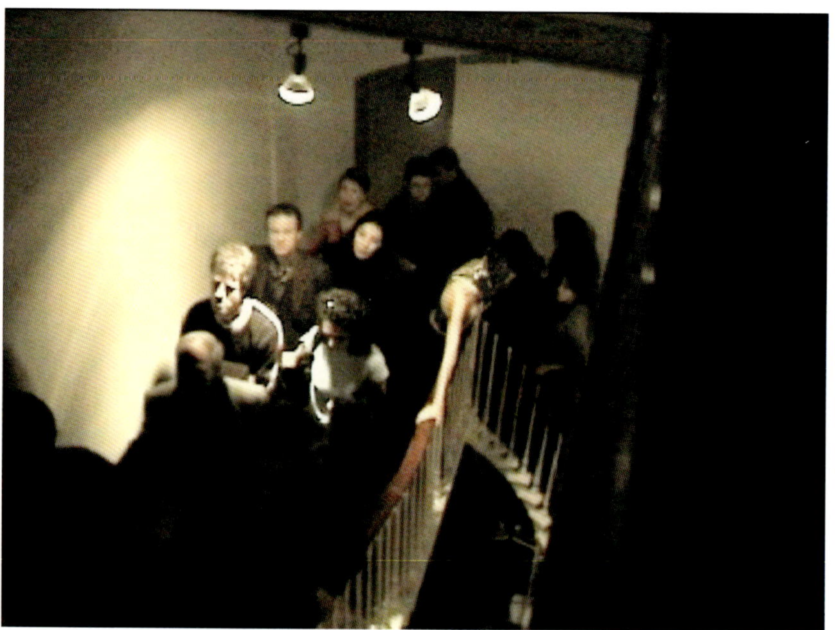

House of Injection, 1997

riesce a reimmaginare un mondo di fantasia e di passioni estreme, così come ritornerà più compiutamente nel 1988 con il suo più pessimistico *The Last of England*. Sia che lavorasse comunque ai suoi film in Super8 o che si dedicasse a più ambiziose e complesse creazioni filmiche (come in *Caravaggio, Edward II, Wittgenstein*), Jarman, in quasi completa autonomia e spesso in coraggiosa solitudine, ha reinventato una visione della creatività indipendente di un'intera stagione, spingendo un'idea di cinema verso territori di ricerca artistica.

Nella complessa fase storica che va dalla fine degli anni Settanta alla seconda metà degli Ottanta, si afferma in Gran Bretagna una scena underground sperimentale che è in grado di produrre un insieme variegato di lavori fra le più diverse discipline. Da un lato, nasce una scena di musiche sperimentali che farà dell'autoproduzione un fermo credo e un metodo di irriducibile originalità espressiva, dall'altro, apparentemente al polo opposto, anche all'interno dei nuovi templi del divertimento e dell'edonismo, le discoteche, si creano le condizioni per una nuova stagione creativa. Proprio nella rapida proliferazione di nuovi club, eventi e serate a tema, la vivacità e la curiosità culturale di una generazione (di cui Guarino faceva parte) trova stimoli ed energie preziose.

Sul fronte di un côté più "esoterico", sorgono nuove esperienze artistiche, performative e musicali più tardi note sotto il termine di *Industrial culture*, e quasi in parallelo anche l'universo dei club notturni si apre a novità e sperimentazioni che produrranno figure carismatiche, prima fra tutte Leigh Bowery.

Originata dall'omonima etichetta (Industrial Records) fondata dal pioneristico gruppo radicale dei Throbbing Gristle, che era stato attivo nel campo di una body art estrema fin dal 1973-1974 sotto il nome di C.O.U.M. Transmissions (due dei quattro componenti del gruppo), l'attività non soltanto artistica che alcuni gruppi sviluppano proprio tra il 1977 e il 1982 è un variegato ed estremistico campionario di ribellione a ogni canone estetico ed

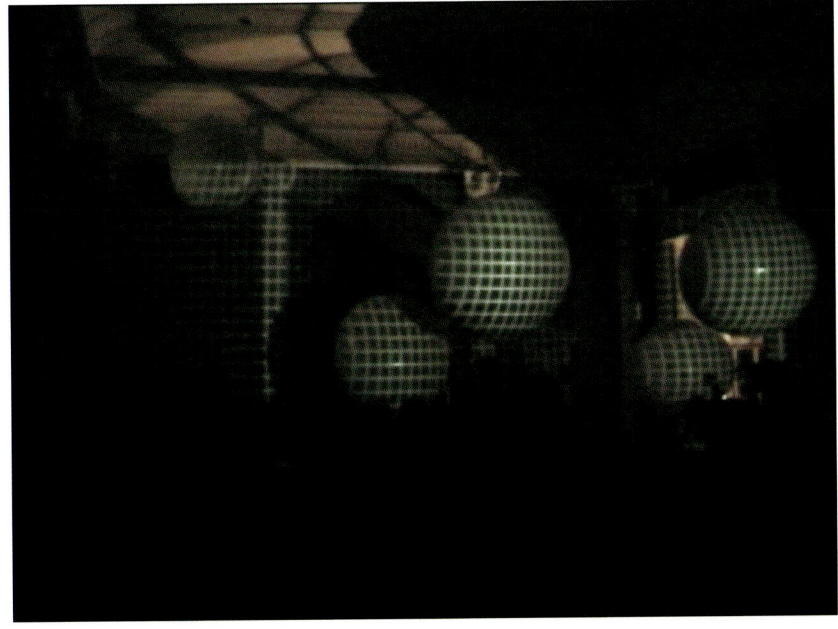

House of Injection, 1997

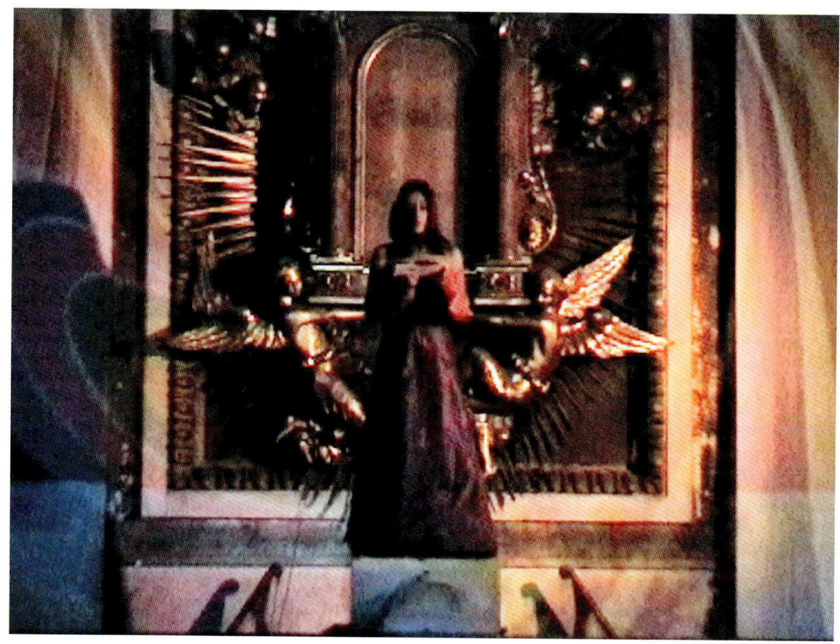

etico. La forte attenzione rivolta ad alcuni fra gli aspetti più oscuri e rimossi dalla nostra società – devianze, psicopatologie e aspetti comportamentali, interessanti anche a livello antropologico – sono alla base di produzioni performative, musicali, filmiche ed editoriali che creano una nicchia destinata a crescere negli anni.

Riportando l'attenzione a un contesto più edonista, liberatorio e allegramente disinibito, in prosecuzione di quell'energia creativa caratteristica dell'esplosione della Disco music dalla metà degli anni Settanta in poi, proprio la discoteca acquisisce con gli anni Ottanta un ruolo per cui non è più semplice luogo d'incontro e di ritrovo, ma arriva invece a qualificarsi sempre più come una sorta di zona franca, più libera, vero spazio di riconquista e di rinegoziazione di interessi ed esigenze personali. Quantomeno nell'ottica di specifiche nottate a tema, ecco apparire una continua, sotterranea fioritura di modelli alternativi di visioni e di rappresentazioni esplicitamente rivendicate come "alternative".
Secondo un gusto che da *camp* (com'era ancora nei primi anni Settanta) si fa ora sempre più orgogliosamente *queer*, emerge il talento e la forza immaginativa di nuove figure di riferimento, in primis – nel contesto londinese – la presenza di Leigh Bowery (1961, Sunshine, Melbourne, Australia – 1994, Londra).
La radicalità immaginativa ed estetica dei nuovi e conturbanti modelli di bellezza, quasi moderne attuazioni del celebre motto surrealista sulla "bellezza convulsiva", unite a un sostanziale eclettismo, danno il via a una serie di creazioni che trascendono ogni possibile distinzione fra generi sessuali, avventurandosi verso forme e corpi sempre più mutati e mutanti, al di là di un orizzonte di rappresentazione riconoscibile. Figura a suo modo unica, Bowery assomma una poliedricità di ruoli e di capacità creative. Stilista di moda alternativa dapprima e club promoter (per la celeberrima e controversa serata Taboo), Bowery collabora fin dal

1983 con il celebre danzatore-coreografo Michael Clark e arriva anche a partecipare direttamente ad alcuni eventi della compagnia come danzatore/performer. Vero magistrale colpo di teatro è poi l'inaspettata mostra del 1988, durata una settimana soltanto, presso Anthony d'Offay, dove Bowery si presentava come opera d'arte vivente, sorta di *tableau vivant*, disteso su una dormeuse, e accompagnato da musiche da lui stesso create e da una vasta selezione di abiti, sue creazioni originali.

Nel corso della difficile decade degli anni Ottanta si creano gli anticorpi e le condizioni per una reazione netta al grigiore e all'austerità degli anni del governo Thatcher, proprio grazie alla circolazione di nuove energie e sensibilità che, dalla prima esplosione anticonformista del punk e post-punk, all'emergere di personalità originali ed eccentriche come Cerith Wyn Evans, Baillie Walsh, John Maybury, Leigh Bowery, Grayson Perry e Isaac Julien, nel volgere di pochi anni, rappresenteranno quella forza imprevedibile e incontenibile di una nuova generazione, capace di minare dall'interno codici e tradizioni artistiche consolidate.

Di alcuni antefatti storici partenopei.
L'aver voluto mettere assieme alcuni punti di riferimento (veri poli magnetici in azione/reazione) per una lettura più trasversale degli scenari artistici londinesi è premessa necessaria per analizzare il lavoro di Claudio Guarino, che va comunque idealmente integrato con un'altra e ugualmente ricca tavolozza di forti suggestioni provenienti dal golfo partenopeo. Letteralmente trasportato, quando non posseduto, da una non comune capacità sincretica, l'opera artistica di Guarino infatti non solo si nutre di una commistione di fonti ben diverse, ma riprocessa e riplasma tali pulsioni in forme estetiche fortemente organiche.

Fin dai suoi primi lavori plastici e figurativi (ma con le performance e i video questa impressione non fa che rafforzarsi), emergono una ricchezza e un'eterogeneità di materiali a cui l'artista attingeva senza difficoltà, reimpostando parametri di riferimento e ottenendo risultati disinvolti e originali.

Proprio un lavoro iniziale come la serie dei *Roasting Tins* o l'opera *Divicomio* (1994), presentando fotocopie su acetato montate su teglie di alluminio recanti immagini in bianco e nero, derivate da una storia dell'arte rivissuta (e ricreata) *sub specie corporis*, fa sì che le figure statuarie classiche e i ritratti dalla storia della pittura entrino in collisione e interazione con le foto di culturismo, i celebri beef-cakes: la particolare scelta di immagini e di rappresentazioni di corpi gioca su una riappropriazione della storia dell'arte (attraverso le sue icone) trasformate in galleria di "bei manzi" dal fascino e dall'appeal scintillante.

Il gioco d'evocazione dato dalle qualità quasi

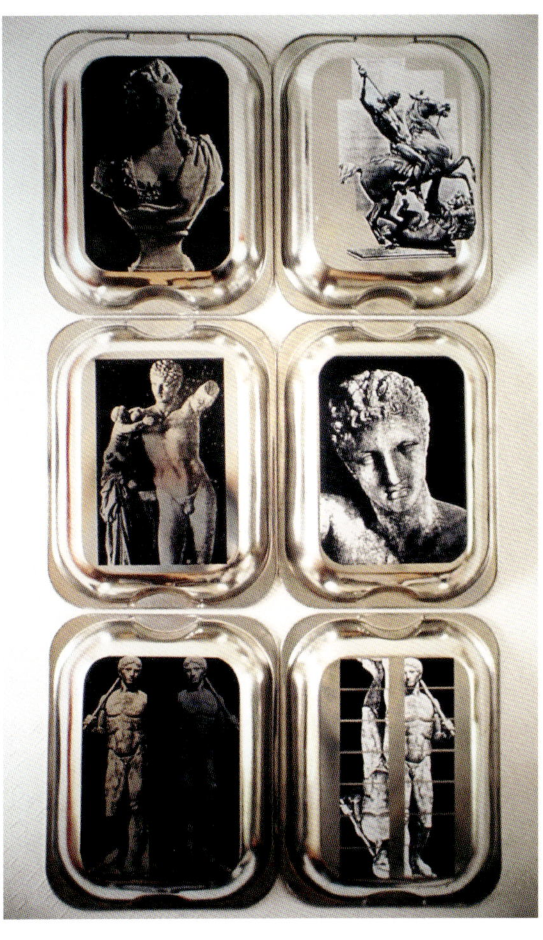

Archeological Memories, 1994

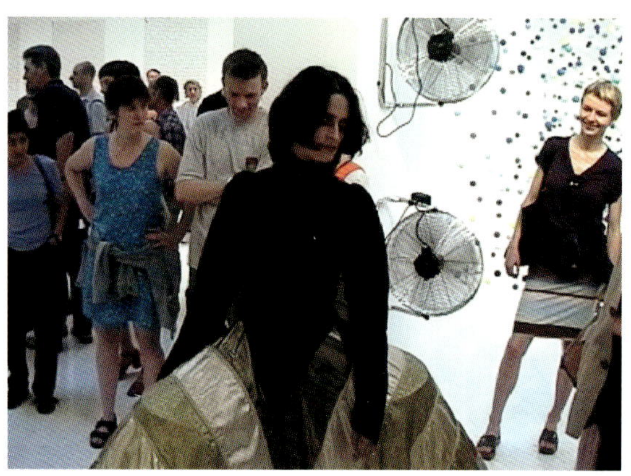

Mimicry, 1998

tattili degli oggetti creati porta a constatare come la bellezza evocata sia una via d'accesso allo splendore e al glamour che sono consumati quotidianamente in immagini e riproduzioni d'ogni genere, dalle riviste di moda alle pubblicazioni d'arte. La presenza di una tradizione artistica "ingombrante", come la storia dell'arte italiana, agisce però su più livelli. La passione per la tradizione figurativa spettacolare del Rinascimento e del Barocco (assunte e rilette da Guarino con disinvolta ironia) e verso un insieme di figure tratte dalla mitologia classica, viene a incrociarsi con la presenza di uno dei generi artistici ed espressivi italiani più universalmente noti – ovvero l'opera, il melodramma.

Proprio nell'individuazione e nell'uso di *tòpoi* ricorrenti – le tipiche "figure fisse" che s'inscrivono nella storia dei generi teatrali e drammatici (così come tramandate da due secoli di tradizione) – Guarino inizia un'interessante operazione di recupero e di trasformazione che riattiva fin dalle prime performance *Suspicion* (1996) o *Mater Dolorosa* (1997). Scegliendo di non utilizzare i singoli personaggi dalla storia dell'Opera (come, che so, Violetta o Lucia di Lammermoor – con l'unica eccezione di Tosca – a cui dedicherà un algido e tagliente video), bensì le loro figure, le loro funzioni, l'artista opta per un vasto repertorio di figure drammatiche, romantiche o patetiche della tradizione del Belcanto italiano, che assurgono così a riconoscibili punti di riferimento. Tali figure diventano quindi in qualche modo figure a-storiche, quasi mitiche, vero condensato di qualità morali e di sfere espressive che l'artista può liberamente riutilizzare quali novelli ready-made pronti per essere messi in reazione con gli stravaganti scenari che l'artista andrà immaginando in una serie di brillanti opere o performance

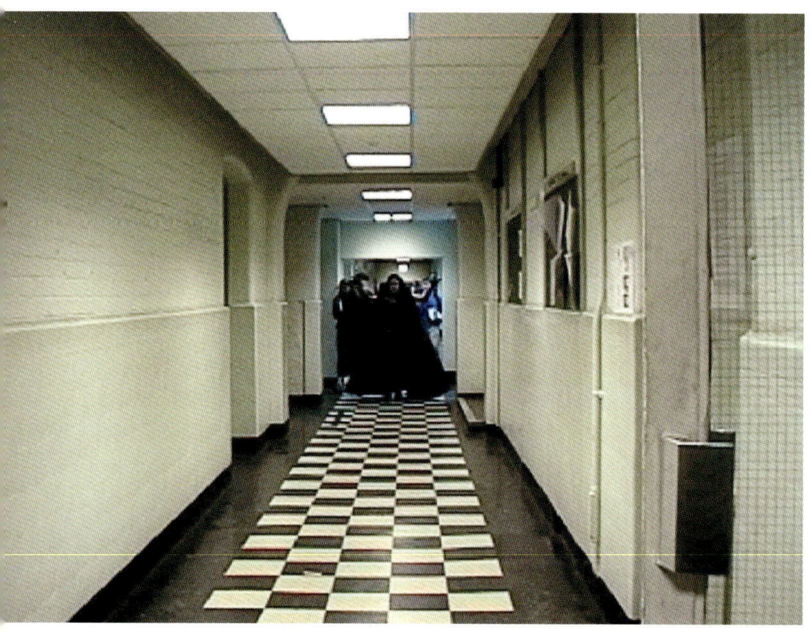

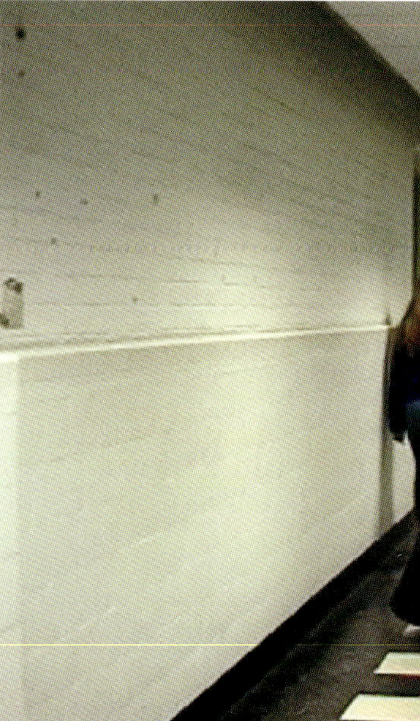

cantate, presentate fra Inghilterra e Italia in tre anni fervidi di brillanti intuizioni e di risultati visionari.

Il particolare gusto espresso da Guarino per un complesso e crescente gioco di rapporti fra le figure (quasi allegorie di specifiche virtù o caratteristiche morali) scelte nelle sue articolate composizioni e riletture – più evidente in lavori come *Mater Dolorosa*, *House of Injection* (1997), *Aria* (1998) o *Mimicry* (1998) – rende l'analisi delle sue performance un vero e proprio territorio di pratiche d'ibridazione transculturale.

Ciò che qui si definisce pratica d'ibridazione è un processo che presuppone al proprio interno autentici "prelievi" e riformulazioni dei materiali di partenza assunti: dai più bassi (*low brow*), il gusto per la sceneggiata, lo sfasamento dato da scene e costumi apparentemente fuori tono; fino a quelli storicamente più elevati (*high brow*), la stilizzazione operistica, la presenza quasi ieratica da teatro allegorico medioevale, alcune formule narrative da tragedia antica. Corpi, figure, gesti, costumi eccentrici, la cura delle luci (lighting design) sono così intensamente reinventati e riestetizzati con risultati spesso imprevedibili: opera e racconto di fantascienza convivono con drammi familiari e misteriose figure, imperscrutabili e affascinanti – come nel caso esemplare di *House of Injection*, lavoro che davvero sembra riunire in sé un essenziale e armonioso bilanciamento fra riferimenti colti e popolari, temperati da una serie di autentiche coreografie gestuali concepite per i suggestivi ambienti dell'ICA di Londra, e immersi in un'atmosfera al medesimo tempo futuribile e neogotica.

Dalle figure quasi parodistiche dei primi anni alle allegorie spirituali degli ultimi anni (così come anche nei video realizzati), il campionario di tipi e personaggi che sostanzia i lavori di Guarino si arricchisce di sempre nuove intuizioni visive, formali ed espressive che articolano scenari vasti e trasformativi.

Certo emerge uno spiccato gusto per la teatralità che andrà crescendo con pezzi complessi come *Spasmodico* (1998) o *Aria*: da un lato è l'opera lirica ita-

Spasmodico, 1998

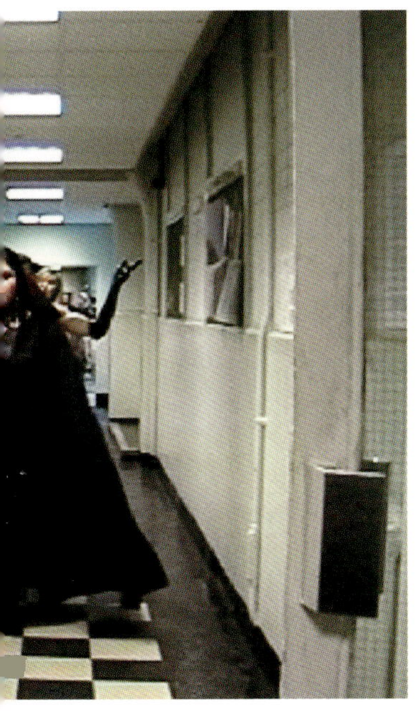

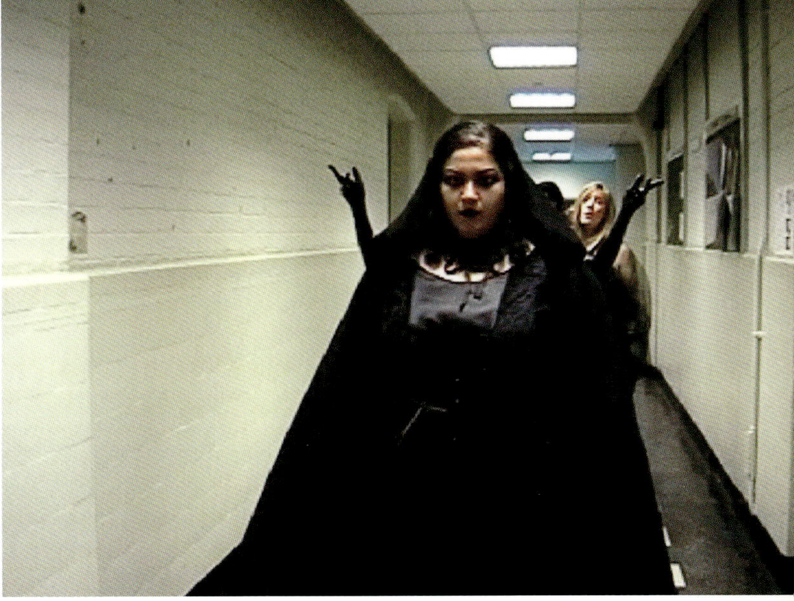

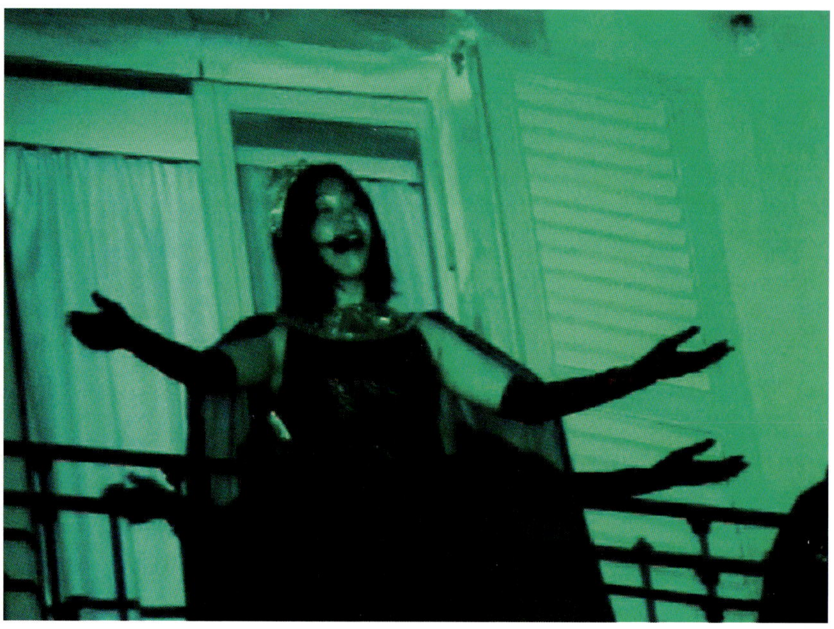

liana come summa di una particolare tradizione teatrale, iperstilizzata,
codificata e portatrice di senso addizionale (quasi di matrice antropologi-
ca) a essere contemplata, come già detto; l'altro polo di relazione va rivol-
to alla presenza di un ben diverso e pur celebre genere: la "sceneggiata"
napoletana.
La presenza di forme di recitazione e di gestualità che spesso e volentieri
sono cariche, eccessive, esorbitanti rispetto agli abituali canoni di ordine,
compostezza e autocontrollo, il rapporto fra canto, recitazione e musica,
nonché la ricerca sull'espressività più pura, che sembra portare il risultato
dei lavori verso un potenziamento della "parola" rispetto alla "langue", non
fanno che rafforzare l'impressione che tali tradizioni musicali e drammatiche "elevate" siano strettamente intrecciate con la forza primigenia del
melodramma più schietto ed esplosivo proveniente dall'area partenopea.
Il canto espressivo tipico della canzone napoletana, che si afferma attraverso i contesti e i luoghi del caffè-concerto, e soprattutto nei celebri teatri di varietà nella seconda metà dell'Ottocento, diventa proprio il primo
caso di sostanziale condivisione di un repertorio fra due mondi: quello dei
cantanti popolari e quello dei cantanti d'opera lirica, in una sorta di antici-
patorio scambio *high/low-brow*. Di lì a poco, nel 1919, con *Surriento gentile* di
Enzo Lucio Murolo, prende poi il via la "sceneggiata", all'epoca vero e nuovo
genere teatrale, costruito come "scene sulle canzoni" e coevo del più celebre genere spettacolare d'oltreoceano – il musical americano. La sceneggiata è destinata a una sotterranea, ma pur sempre persistente esistenza
fino al nuovo successo che conoscerà in una rinnovata stagione con la
figura di Mario Merola, autorevole cantante e attore che dal 1965 in avanti
ha rilanciato il filone, attraverso spettacoli dal vivo e addirittura una vasta
serie di film di successo.
Nell'articolazione scenica e vocale che si sviluppa tra sceneggiata – paren-
te e discendente della canzone "classica" napoletana – e il canto lirico, si
instaurano forti linee di continuità così come espresse dall'approccio alla

performance immaginata e realizzata da Guarino. Le presenze reali dei cantanti diventano il tramite di un lavoro condotto sull'espressività più pura del canto spiegato (vocalizzi e melismi). Le tradizionali parti di abbellimento delle arie operistiche – autentici termometri espressivi delle situazioni drammatiche – si tramutano nei punti di partenza e nel materiale costitutivo per nuove e più fantastiche creazioni.

In concomitanza con altri generi e sottogeneri cinematografici, anche la sceneggiata cinematografica, o meglio ogni nuova sceneggiata partenopea portata sullo schermo, è marcata dall'essere improntata ai migliori e più tradizionali sentimenti, soprattutto quelli che paiono oggi scomparsi. Dalla fede popolare sentita e vissuta fino in fondo, all'amore sincero tra coniugi, all'affetto sviscerato per i figli che ricambiano in eguale misura, fino a quei momenti scherzosi o coralmente partecipati da amici e da vicini di casa in vicende liete e tristi che regolarmente ritornano secondo schemi narrativi formulaici e prefissati, queste strutture narrative sembrano provenire dall'antichissima tradizione teatrale dell'*atellana* (o *fabula atellana*) dell'epoca greco-romana, non a caso legata a Guarino da evidenti connessioni geografiche. Tale storica esperienza sorse in origine proprio presso gli Osci di Atella, una città della Campania tra le attuali Afragola e Aversa. Originariamente, le atellane erano farse dall'impianto improvvisativo che si basavano su un repertorio di situazioni e personaggi/caratteri in maschera dai toni giocosi, comici e anche licenziosi. Col tempo persero poi le caratteristiche di improvvisazione per diventare pezzi di teatro scritto. Nell'operazione compiuta da Guarino, anche quelle figure che risultano identificabili a prima vista, come ad esempio la "madre dolente", gli "amanti infelici", il "figliol prodigo" o il "giusto vendicatore" e via dicendo, non sono più univocamente riconducibili al ruolo di uno specifico personaggio o carattere.

Viene, se ne va, poi torna.
Credi di tenerlo, ti evita.
Vuoi evitarlo, ti prende!,
1998

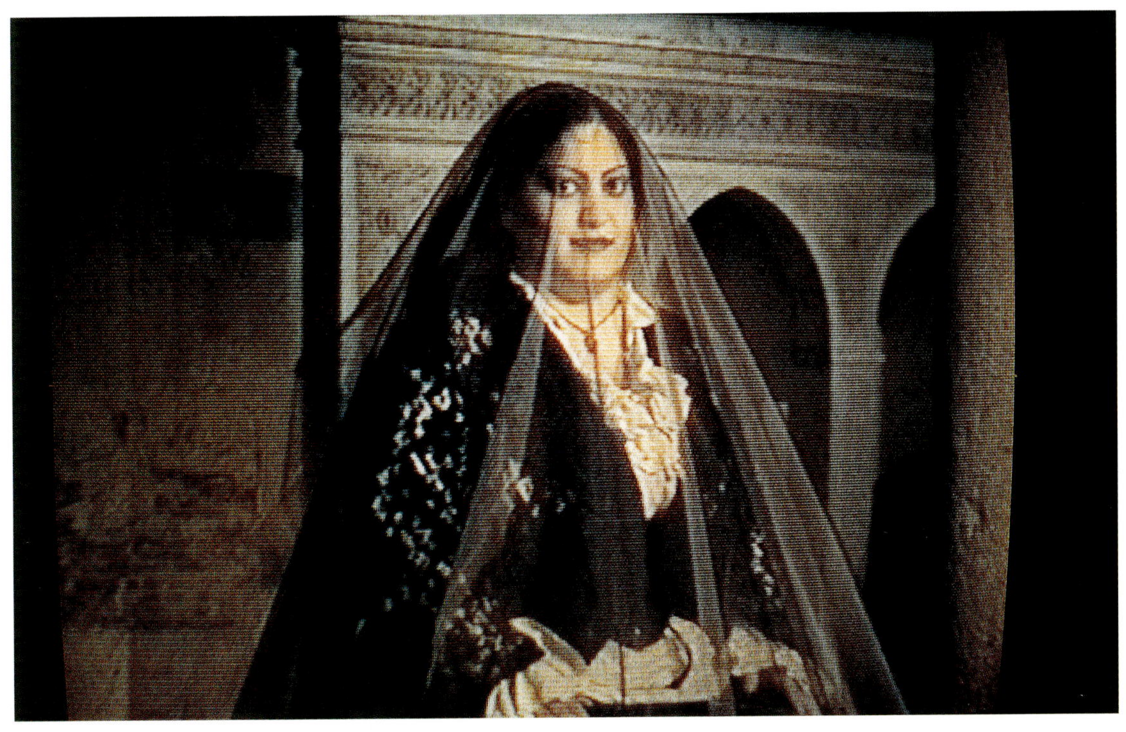

Offrono sì appigli descrittivi grazie al tipico tono lirico e appassionato adottato, ma in realtà rimandano piuttosto a una scanzonata e spesso delirante piattaforma più simile a una sorta di happening dove musica, costumi, recitazione e anche i tempi drammatici seguono un'architettura generale, ma escono pur sempre dalle aspettative drammaturgiche che lo spettatore conserva e sembrano proiettarsi piuttosto in paralleli universi fantastici.

La pratica inedita della performance, affrontata e liberamente reinventata da Guarino in poche superattive, quasi frenetiche stagioni, è segnata da una disinvolta libertà espressiva, in straordinario anticipo sulle ricerche performative attuali di artisti oggi noti quali Catherine Sullivan o Lali "Spartacus" Chetwynd. Affini per la libertà adottata con cui rivelano e rivoltano le convenzioni teatrali, tali pratiche artistiche riconfigurano modi e forme codificate dalla storia del teatro (e dalla performance artistica) per arrivare a indagare i termini e le capacità di significazione di un corpo, ovvero di un attore così come di un cantante.
Il progetto di performance di Guarino si modella secondo una direzione dove musica e canto lirico – in stretto rapporto con le molteplici forme di recitazione – si intrecciano in un gioco di sconfinamenti dove gli elementi fondamentali, rielaborati e ricombinati con ironia e gusto sicuro, non temono di arrivare a costituire uno spettacolo. La particolare alchimia che si crea fra musiche (composte spesso dall'artista stesso), melodie, giochi di luci e suoni e gli insiemi di personaggi, consegna al tempo presente un'articolata geografia di passioni e di sentimenti (oltre che tutto il relativo vasto repertorio gestuale) che connotano con forza l'attualizzazione contemporanea di figure a-storiche. Veri tipi, o ancor meglio "caratteri" (secondo le fortunate definizioni di Teofrasto, poi filtrate da La Bruyère), queste gallerie di figure vengono assorbite fin dalla giovane età da Guarino, che le reimmette in un quadro più vasto dove riescono a convivere personaggi da melodramma popolare, figure da opera romantica e apparizioni da teatro

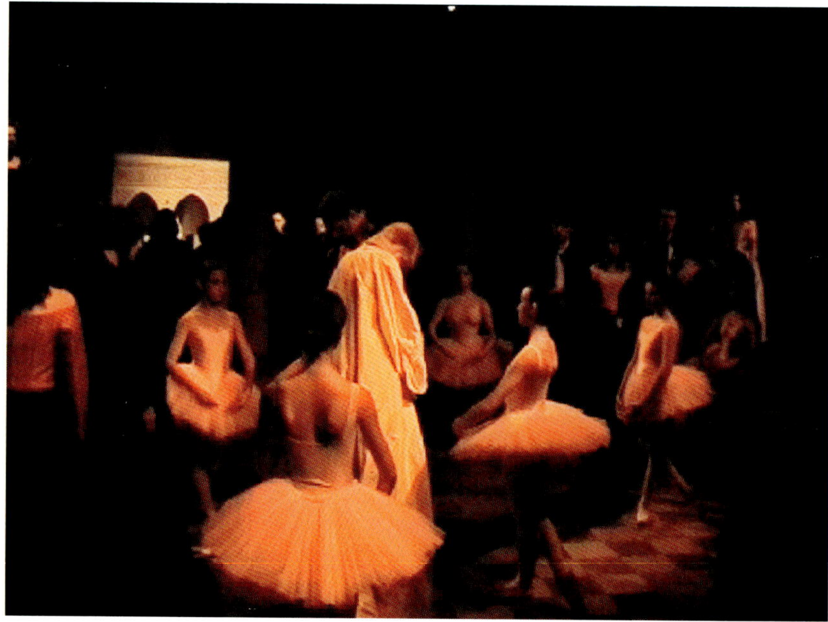

Viene, se ne va, poi torna.
Credi di tenerlo, ti evita.
Vuoi evitarlo, ti prende!,
1998

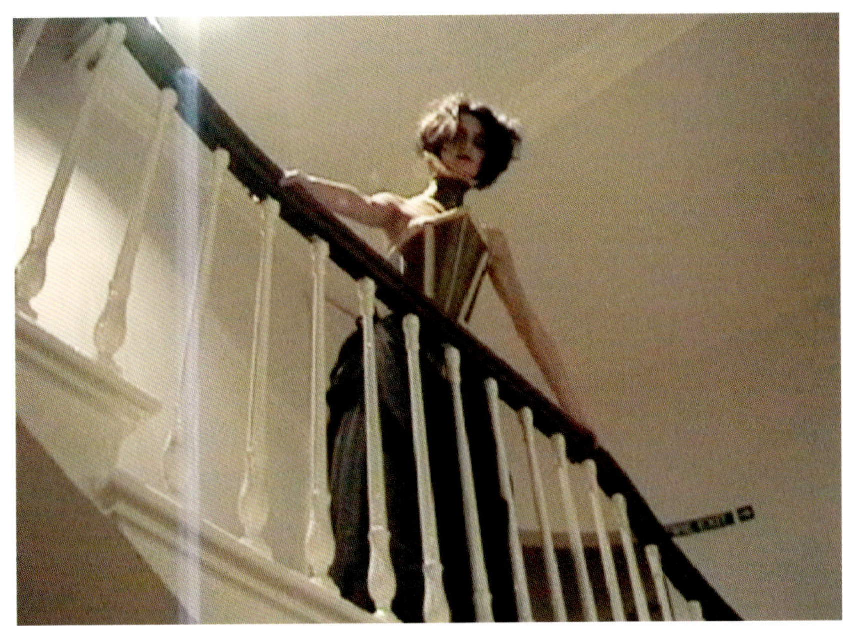

d'avanguardia. Tali figure sono attualizzate poi dentro uno spazio e un tempo "altro": quello dell'evento performativo in tempo reale nella galleria d'arte, in un museo oppure in una chiesa barocca. La forza e la presenza incarnata da figure-chiave, in dialogo con tutti gli altri elementi (testuali, teatrali, allegorici), offrono l'occasione per l'apparire di una distinta sensibilità e capacità di ripensamento sul senso della vita e della morte e della rappresentazione artistica, che è in spettacolare tensione con il particolare gusto per un piacere visivo che mai viene a mancare.

Dalla presenza di morte e resurrezione in *Mater Dolorosa*, all'esoterica atmosfera dark di *House of Injection*, agli squarci lirici di *Aria*, alle architetture spettacolari (simil barocche) di *Viene, se ne va, poi torna. Credi di tenerlo, ti evita. Vuoi evitarlo, ti prende!* (1998), emerge una serratissima capacità dell'artista di partire da veri e propri quadri viventi, ricchi di forza descrittiva, che presentano gallerie di personaggi come legati, concatenati fra loro. La forza espressiva di queste davvero uniche esperienze di performance, anche solo nella testimonianza di qualche foto o di un video di pura documentazione, può testimoniare di quel particolare spazio-tempo che si veniva a creare: un'atmosfera di assoluta forza illusionistica che era in grado di sospendere ogni incredulità o prevenzione e di trasportare il fruitore in una dimensione parallela incantata. L'insieme di elementi e di caratteristiche storicamente riconoscibili e situabili, aiuta a non costringere queste figure all'interno del flusso temporale della fabula – al contrario, proprio grazie all'effetto di immersione nel momento performativo, i protagonisti sembrano vivere un piano di pura realtà nel tempo presente, nel suo stesso farsi. E proprio la coinvolgente presenza della musica (mai mero sottofondo o semplice illustrazione, nel caso di Guarino), data l'indubbia capacità di riuscire a toccare l'insieme di emozioni dello spettatore, articola la percezione di spazio-tempo in un discorso che sa parlare allo stesso tempo di desiderio, piacere, erotismo, non contrapposti o anche solo comparati alle norme vigenti, quanto piuttosto reimmaginati in un mondo fantastico, favoloso e senza limiti.

House of Injection, 1997

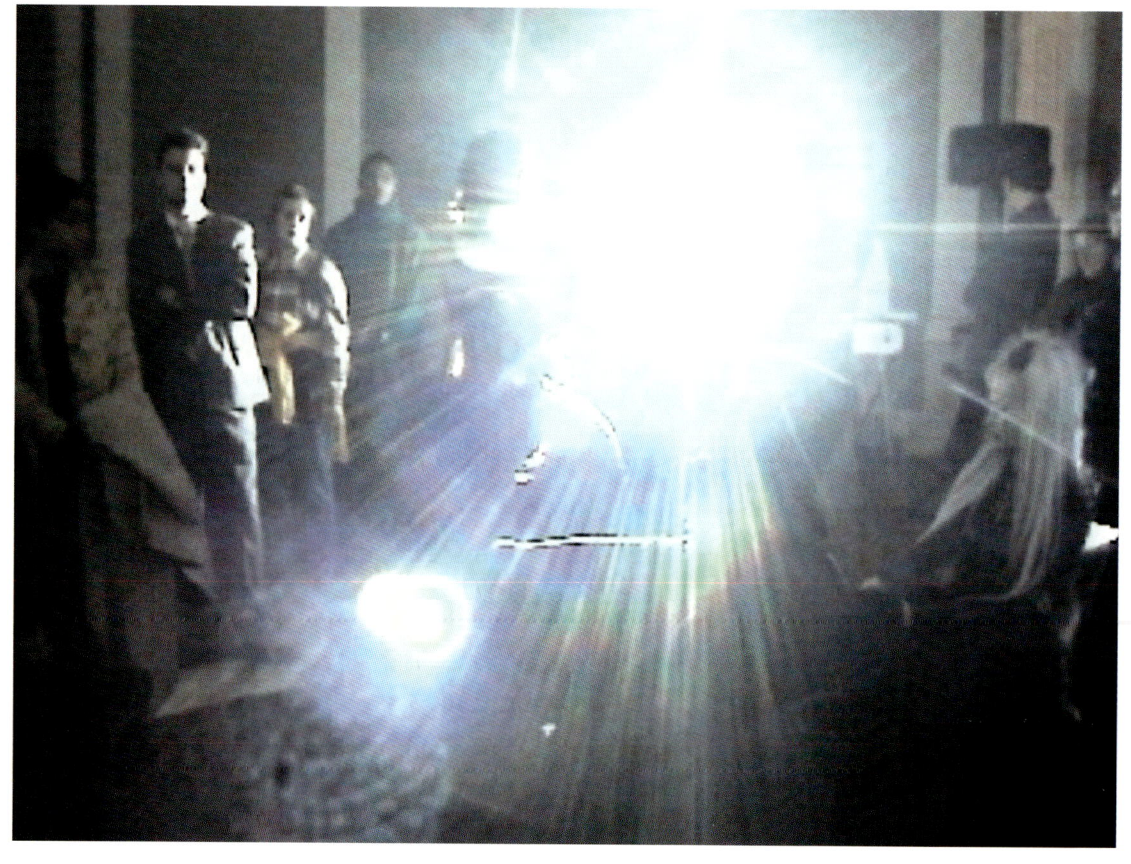

Francesco Bernardelli

Wildness of Love
Claudio Guarino

Enchanted gardens, splendid but aloof *dames sans merci*, solitary heroes in search of a lost love, magical apparitions immersed in blinding light and sudden visions. How does Claudio Guarino's astonishing and prolific, seemingly eclectic, though in reality so generous, activity come into being, and where do we place it?
One can distinguish this creativity by its attention to the formal parameters of the final product, its brilliance, and, more generally, in the complete attention to itself. Perhaps it resides in a metabolizing capacity, here as ever more explicitly expressed in a complex oeuvre that ranges from objects and installations to film and vocal works?
From what particular historical circumstances (aside from the unpredictable and original voice of the artist) does this ability to include and reabsorb the most diverse sources and transform them derive, fusing every element in a larger togetherness, with such an organically imbued result that it appears felt and re-experienced?

About Certain London Antecedents.
That London truly appears as the first, inevitable entity in which the dense work of Guarino is recontextualized, is an option that cannot be avoided. That London since the mid-1960s has represented a fundamental crossroads of tastes, trends, and artistic innovation, together with an often strong cross-disciplinary tendency, certainly isn't news. The years of the Beat Generation, Swinging London, and the first flowering of an authentically counter-cultural, youth-oriented fashion were not an independent phenomenon. There were opportunities for communication, for sharing and intermingling explorations and approaches to work. More generally, there was a common sensibility. It was a situation, or better, a cultural moment whose origins go back in time; between the 1960s and 1970s, however, it had the upper-hand, and there was an authentic and drastic rejuvenation of the protagonists and the public figures that had conquered the spotlight.
After rather elite historical antecedents, of a both eclectic and *camp* taste (studied and revealed—in certain ways, to the general public—in the celebrated work published in 1964 by the young Susan Sontag), that developed in the years after World War II, and after the illustrious, but decisively few, ancestors of the Bloomsbury group, toward the end of the 1960s the underground movement began growing at a feverish rate.

Together with the first, great moments of sexual liberation and of a new, open homosexuality, there emerged situations that allowed for the development of new artistic practices. Fashion, theatre, music, and cinema were also situated and contextualized within the birth and exposure of the eccentric (today more often referred to as *queer*).

Certain figures who over the years became almost legendary points of reference, like (Sir) Quentin Crisp, Andrew Logan, with his celebrated Alternative Miss World event (an exuberant and extravagant pageant/live art show dedicated to "alternative" creations somewhere between fashion and art), and Derek Jarman (a fundamental presence given that he was a genuinely interdisciplinary artist: poet, writer, painter, as well as an excellent filmmaker) were more than valid protagonists. They were "actors" in the gradual transformation of a much broader artistic scene. This scene slowly began to receive and transmit, with different levels of absorption, the signs of freer visions, not subjected to a traditional and normative representation of mainstream patriarchal heterosexuality that had dominated (and partly continues to dominate) the collective cultural and artistic imaginary.

A key film by Derek Jarman (1942, Northwood, Middlesex – 1994, London), *Jubilee* (1978), can be read as a precursor, an important example of a radically new approach, free to reunite and overturn ideological and figurative concepts, provocatively mixing "high" and "low" culture with nonchalance, just as we see in the artistic work of Guarino. In the crossing and colliding of various epochs found in his work (Queen Elizabeth I finds herself in an apocalyptic post-punk England, Buckingham Palace is transformed into a recording studio, situations of complete anarchy, also existentially speaking), one can see that the great filmmaker's power lies in his assimilation not only of the variegated and extremely colorful new generation of musicians/interpreters (among them the New Wave stars Adam Ant and Toyah Wilcox), but also in his ability to reimagine a world of fantasy and extreme passion. This was similarly evidenced with his even more successful, and pessimistic, film *The Last of England* (1988). Whether he was working on his Super-8 films or dedicating himself to his more complex and ambitious cinematic creations (such as *Caravaggio, Edward II, Wittgenstein*), Jarman, in almost complete autonomy and often in courageous solitude, reinvented a vision of creativity independent of an entire era, pushing the idea of cinema toward a new artistic frontier.

In the difficult years from the end of the 1970s to the second half of the 1980s, the experimental underground scene in Great Britain proved itself as capable of producing a variegated body of work that combined the most diverse disciplines. On the one hand there was the experimental music scene that would make self-production a firm credo and a method of irreducible expressive originality; on the other, the discotheques, these temples of amusement and hedonism, gave rise to a new phase of creativity. It was in the very rapid proliferation of the clubs, events, and theme evenings that the vivacity and cultural curiosity of a new generation, which Guarino belonged to, found stimulus and vital energy.

On a more esoteric side, new performative and musical experiences—later known as industrial culture—came into being, almost at the same time as the night club universe embraced innovation and experimentation that would produce charismatic figures such as, and above all, Leigh Bowery.

From the eponymous label (Industrial Records) founded by the pioneering radical group Throbbing Gristle, who were active in the field of extreme body art under the name C.O.U.M. Transmission (two of the four members of the group), the not-only-artistic activity that some groups nurtured between 1977 and 1982 was a variegated and extreme range of rebellion to any aesthetic and ethical canon. The great attention given to some of the most obscure and remote aspects of our society—deviance, psychopathologies, and behavior disorders (interesting also on an anthropological level)—were the foundation of music and film performance and publications that carved a niche out for themselves, and were destined to grow over the years.

Drawing attention to a more hedonistic, liberating, and happily uninhibited context, pursuing that creative energy typical of the explosion of disco music during the mid-1970s, the discotheque during the 1980s went from being a simple meeting point to a free space, a real space in which to reclaim and renegotiate personal interests and needs. From the perspective of specific theme nights, there appears a continuous, underground flourishing of alternative models, of visions and representations explicitly referred to as "alternative."

According to a taste that from *camp* (as it was at the beginning of the 1970s) became more proudly *queer*, there emerged the talent and creative force of new leading figures, especially—on the London scene—Leigh Bowery (1961, Sunshine, Melbourne – 1994, London).

The imaginative and aesthetic radicalness of the new and provocative ideals of beauty, quasi-modern manifestations of the celebrated surrealist motto on "convulsive beauty," together with considerable eclecticism, gave rise to a number of creations transcending any possible distinction between genders. This led to increasingly transformed and

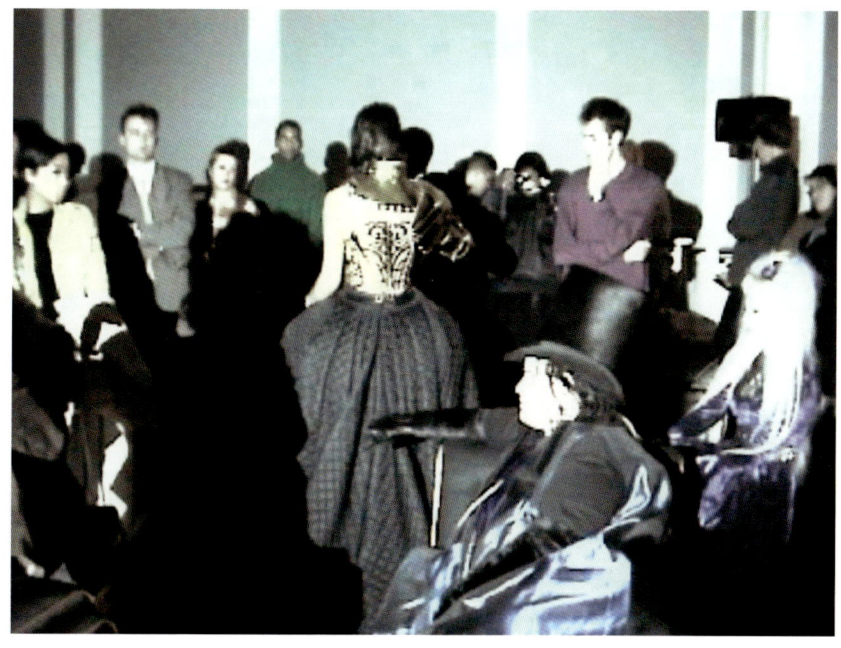

House of Injection, 1997

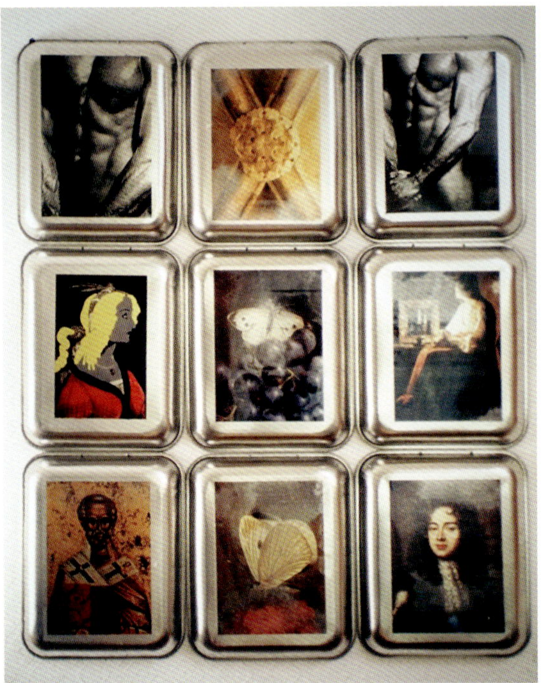

Unbalance, 1994

transforming forms and bodies, beyond the prospect of recognizable representation. A unique figure in his own way, Bowery possessed a multiplicity of roles and creative possibilities. At first an alternative fashion designer and club promoter (for the controversial and very famous Taboo), in 1983 Bowery began to collaborate with the celebrated dancer and choreographer Michael Clark. Bowery even managed to participate directly, as a dancer and performer, in some of the company's shows. A true stroke of genius took place in 1988 at the unexpected event, which only lasted for a week, at Anthony d'Offay: Bowery presented himself as a living work of art, a sort of tableau vivant, lying on a sofa, accompanied by music he himself had composed amidst a vast selection of clothes he had designed.

During the difficult course of the 1980s, the stage was set for a clear-cut reaction against the grayness and austerity of the Thatcher years. New energy and sensibility were pervading society, and the first anti-conformist punk and post-punk experiments began to represent the unexpected tidal wave of a new generation able to threaten, from within, established artistic canons and traditions. Some of these original and eccentric figures were Cerith Wyn Evans, Baillie Walsh, John Maybury, Grayson Perry, Isaac Julien, and of course Leigh Bowery.

About Certain Historical Neapolitan Antecedents.
The desire to put together some reference points (veritable action/reaction magnetic poles) for a more all-encompassing perspective of the London art scene is a necessary premise in order to analyze the work of Claudio Guarino, which should be ideally integrated with another rich artistic palette coming from the Bay of Naples. Literally transported, if not possessed, by an uncommon syncretic ability, Guarino's art is not only nurtured by an intermingling of very different sources, but re-elaborates and reshapes these in highly organic aesthetic forms.

From his very first plastic and figurative works there appears a richness and heterogeneity of materials upon which the artist effortlessly draws, redefining the parameters of reference and thereby obtaining original results. This impression is also reinforced with his performances and videos.

An early work such as the series *Roasting Tins* or *Divicomio* (1994), consisting of photocopies on acetate mounted on tin roasting pans, which feature black and white images deriving from an art history re-experienced (and re-created) *sub specie corporis*, allow classic statuary figures and portraits from the history of painting to collide and interact with the photographs of body-building, or the famous "beef-cakes." The par-

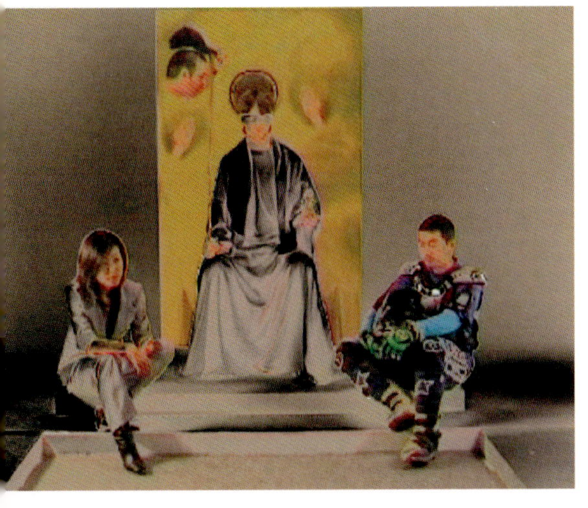
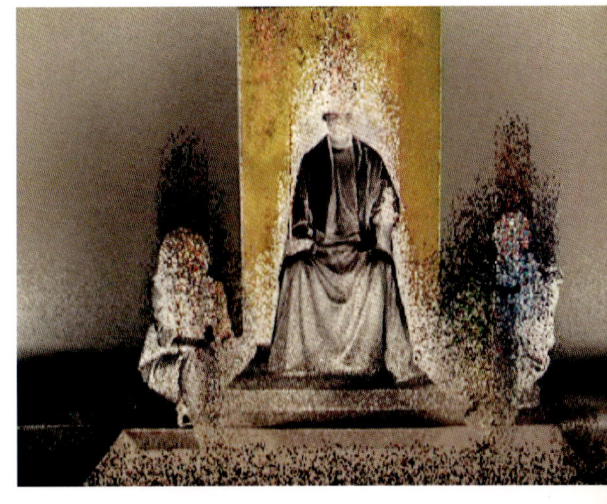
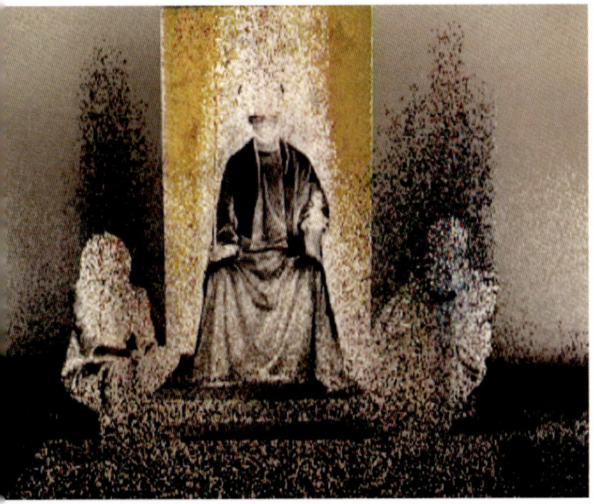
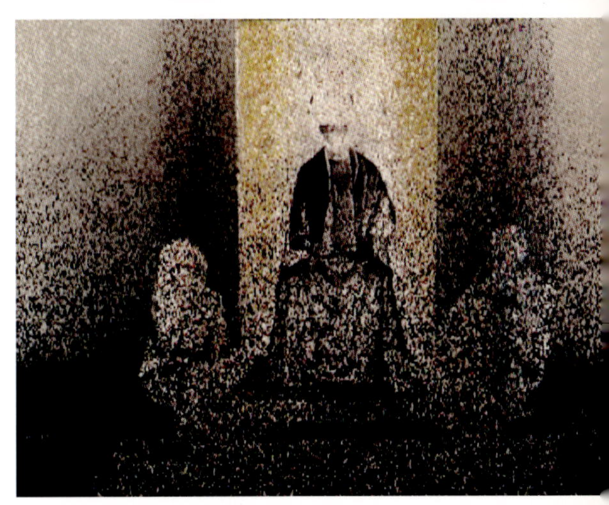
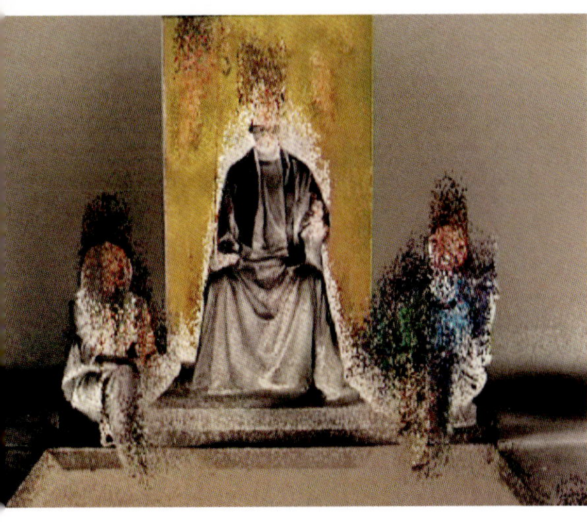
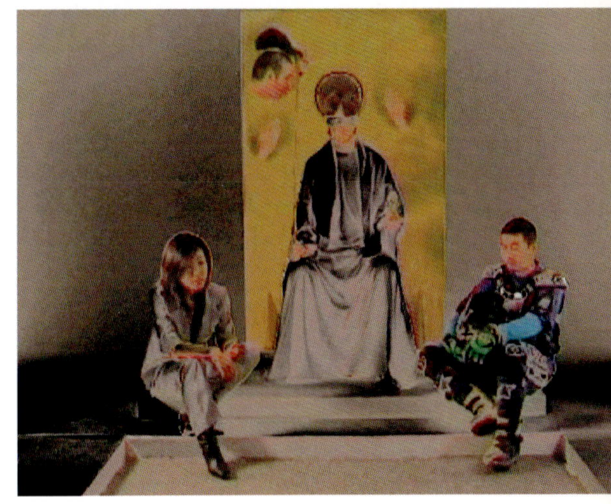

Beato, 2003

149

ticular choice of images and representation of bodies plays on the reap-
propriation of art history transformed (through its icons) into a bril-
liantly charming and appealing gallery of beef-cakes.
The game of evocation, from the almost tactile qualities of the created
objects, leads one to note how the beauty thereby evoked offers access
to the splendor and glamour that are consumed every day in images
and reproductions of every sort, from fashion magazines to art publications. The presence of a "weighty" artistic tradition, such as Italian art
history, however, acts on more than one level. The fascination with the
theatrical figurative tradition of Renaissance and baroque art
(absorbed and reinterpreted by Guarino with unrestrained irony) and
with figures from classical mythology collides with one of the more
universally known artistic and expressive Italian genres: opera and
melodrama.
By singling out and using recurring *tòpoi*—the typical "fixed figures"
which are inscribed in the history of drama and theatre (as though
handed down from two centuries of tradition)—Guarino embarked
upon an interesting process of recuperation and transformation. This
can be seen as early as his first performances, *Suspicion* (1996) and *Mater
Dolorosa* (1997). Choosing not to use characters from the history of opera
(like, for example, Violetta or Lucia di Lammermoor—with the sole
exception of Tosca, to whom he would dedicate an aloof and clever
video), but rather their figures and their functions, the artist opts for a
vast repertoire of dramatic, romantic, or pathetic protagonists from
the Italian operatic tradition, who thereby become recognizable reference points. Therefore, these figures are somehow transformed and
become a-historical, almost mythical, a genuine distillation of moral
qualities and expressive spheres that the artist can freely reuse as new
ready-mades. They can then interact with the extravagant scenarios
that Guarino would imagine in a number of brilliant operas and sung

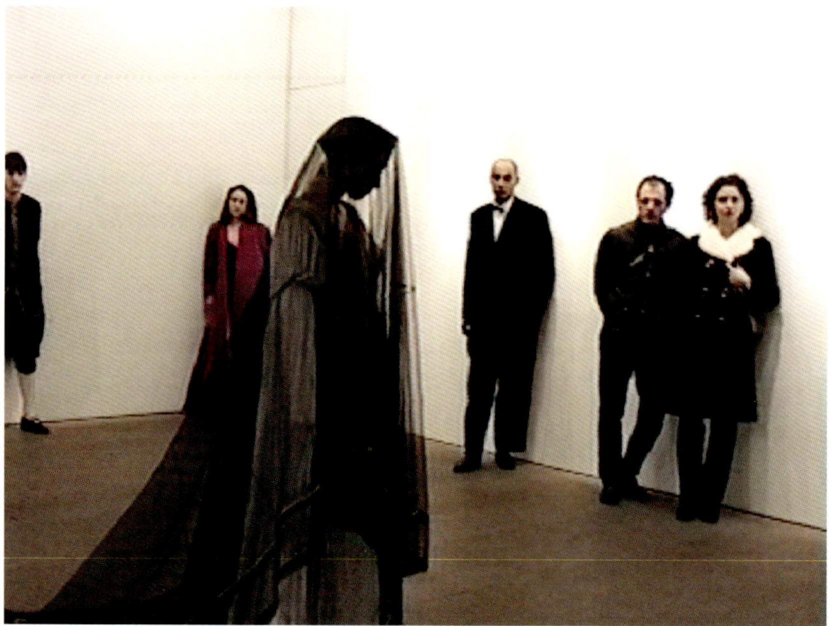

*Suspicion - More Horrible
than the Most Horrible
Wrong of Wrongs*, 1996

performances, full of striking intuitions and visionary results, that were staged in England and Italy over the course of three years.

The particular inclination Guarino shows for a complex and expanding game of relationships among figures (which are almost allegories of specific virtues or moral qualities) chosen for his complex compositions and reinterpretations (more evident in works such as *Mater Dolorosa* and *House of Injection*) makes the analysis of his performances a veritable territory of transcultural hybridization practices.

What is defined here as the practice of hybridization is a process that internally implies a genuine "collection" and reformulation of the initial materials: from the low-brow, a taste for street-corner melodrama, the displacement of seemingly out-of-place scenes and costumes to the more historically high-brow, operatic stylization, the quasi-hieratic presence that belongs to allegorical medieval theatre and certain narrative formulas of ancient tragedy. Bodies, figures, gestures, eccentric costumes, the careful lighting design are intensely reinvented and reaestheticized with often unforeseeable results. Opera and science fiction coexist with family dramas and mysterious, charming, inscrutable figures, as in the exemplary case of *House of Injection*, a work that truly seems to gather in itself an essential, harmonic balance of cultured and popular references, tempered by a series of authentic gestural choreographies conceived for the evocative rooms of London's ICA and immersed in an atmosphere both futuresque and neogothic.

From the almost parody-like figures of his early years to the spiritual allegories of recent years, the range of types and characters that substantiate the works of Guarino is always enriched with new visual, formal, and expressive intuitions, which give rise to vast and transformative scenes.

There unquestionably emerged a decisive liking for theatricality, which would develop in complex works like *Spasmodico* (1998) or *Aria*. On the

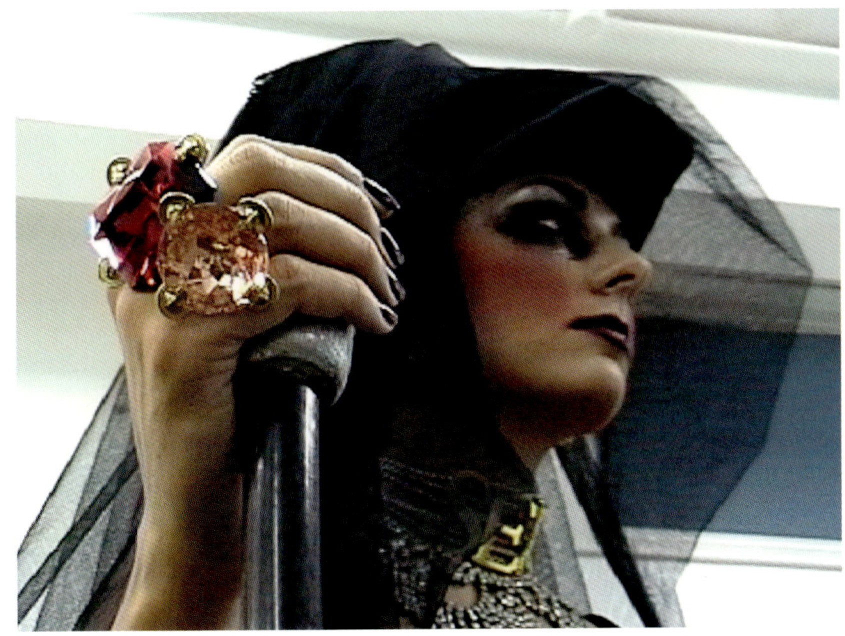

Mimicry, 1998

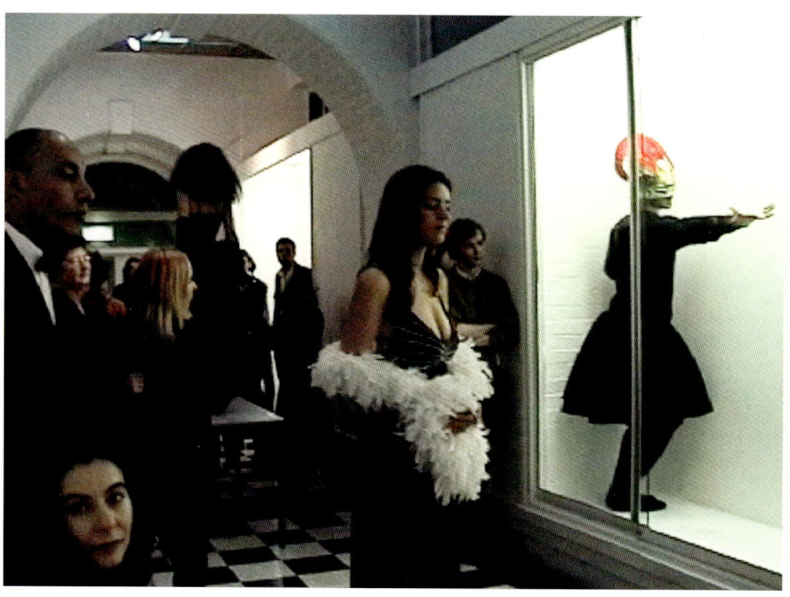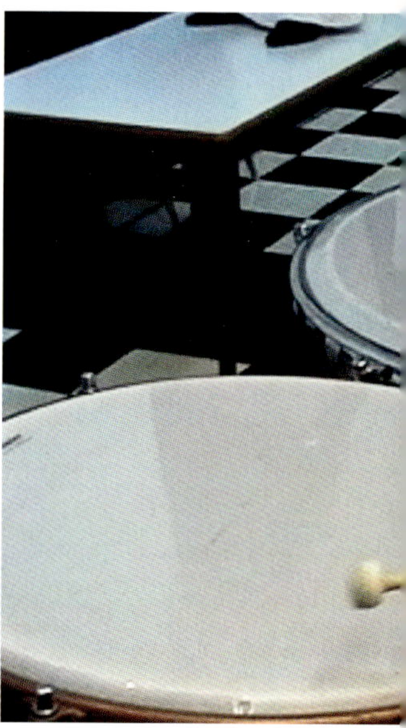

Spasmodico, 1998

one hand, as already mentioned, there is Italian opera, which is contemplated as a *summa* of a specific theatrical tradition that is hyperstylized, codified, the bearer of additional meaning (almost of an anthropological matrix). On the other hand there is a quite different, though famous, genre: the Neapolitan *sceneggiata*, or "street-corner theatrics." The presence of ways of acting and gesturing, often excessive and over-the-top in comparison to the usual standards of order, composure, and self-control; the relation between singing, performing, and music; and the exploration of the purest expressivity, which seems to lead toward an increase of "words," versus language, cannot but reinforce the impression that such "elevated" musical and dramatic traditions are closely bound to the primigenial power of the more genuine and exuberant melodrama quality of Naples.

The typically expressive Neapolitan music, which establishes itself through the contexts and settings of the *café-chantant*, and above all the famous variety theatres of the second half of the nineteenth century, became the first true instance of a repertoire genuinely shared between two worlds: the world of popular singers and that of opera singers, in a sort of early exchange between low-brow and high-brow culture. Soon after, in 1919, with Enzo Lucio Murolo's *Sorrento gentile*, the *sceneggiata* makes its appearance. At the time it constituted a new and genuine theatrical genre, constructed as "scenes on songs," contemporary with the more spectacular and famous genre from the other side of the ocean—the American musical. The *sceneggiata* was destined to a more underground, yet enduring, existence until its subsequent revival with Mario Merola, an important singer and actor who, from 1965 on, reintroduced the *sceneggiata* with the creation of a series of live shows and numerous successful movies.

In the theatrical and vocal articulation that develops between *sceneggiata*—a relative and descendent of the classic Neapolitan song—and opera, strong lines of continuity, as expressed by the approach to per-

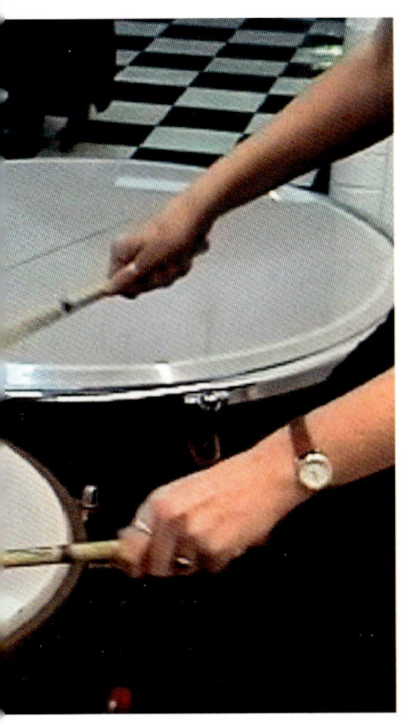
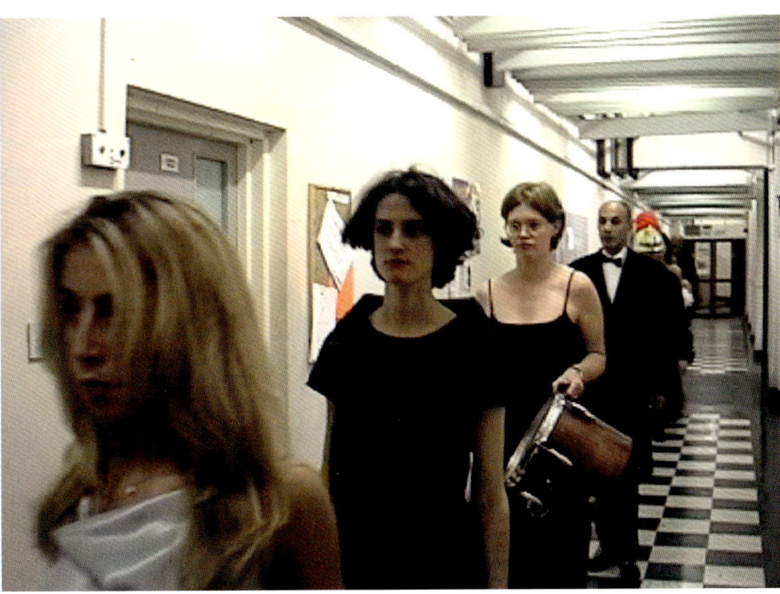

formance that Guarino imagined and realized, are established. The real presences of the singer become the link to a work made according to the purest expressivity of full-throated singing (vocalization and melisma). The traditional aspects of embellishment of the opera arias—authentic expressive measures of dramatic situations—are transformed into starting points and material for new and more wonderful creations.

Together with other, less cinematographic genres, including the cinematographic *sceneggiata*, or better yet, any new Neapolitan drama that makes its way onto the screen, the *sceneggiata* is therefore defined by the best and most traditional feelings, especially those that today seem to have disappeared. From a popular faith both deeply felt and lived to the sincere love between married couples, a passionate love for sons who reciprocate in equal measure, and those playful moments in which friends and neighbors jokingly or chorally participate in happy or sad stories that regularly recur according to formulaic narrative schemes and pre-established patterns: all of these narrative structures seem to derive from the ancient theatrical tradition of *atellana* (or *fabula atellana*) of the Greco-Roman era, to which Guarino is linked by obvious geographical connections. Such an historical experience originally developed among the Osci of Atella, a town in Campania between present-day Afragola and Aversa. Originally, the *atellane* were farces with an improvisational structure, based on a repertoire of situations, and characters in masks with a playful, comic, even licentious appearance. They gradually lost their improvisational qualities and became written theatrical pieces.

In Guarino's work, even those figures that are

Aria, 1998

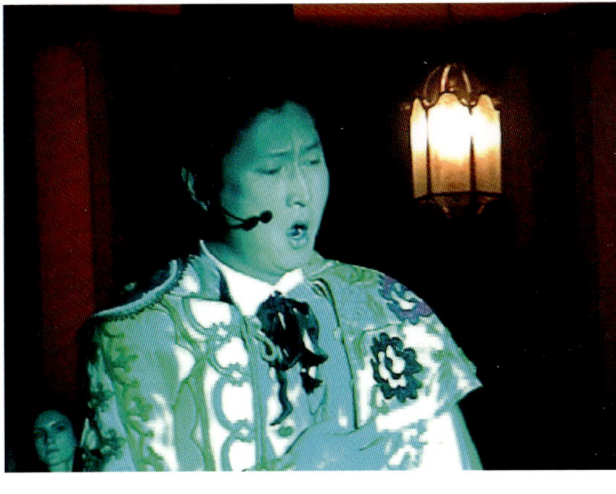

immediately recognizable, such as the "long-suffering mother," "unhappy lovers," "the prodigal son," or the "righteous avenger," and so on, cannot be directly identified with a specific role or character. They do indeed offer descriptive hand-holds thanks to their typically lyrical and passionate tone, but in fact they refer to a random and often delirious staging more reminiscent of a sort of happening, where music, costume, performance, and even dramatic timing follow a general framework, avoiding the dramaturgic expectations that the spectator may have. Instead, they seem to be projected into fantastical, parallel universes.

The unusual practice of the performance dealt with and freely reinvented by Guarino in a few super-active, almost frantic, periods is distinguished by a casual expressive freedom that is an extraordinary forerunner to the performative explorations of well-known contemporary artists such as Catherine Sullivan or Lali "Spartacus" Chetwynd. Such artistic practices, similar because of the adopted freedom with which they reveal and subvert theatrical conventions and re-elaborate ways and forms that had been codified by the history of theatre (and by artistic performance), finally investigate the terms and capacity of meaning of a body, an actor, or a singer.

Guarino's performance project follows a direction where music and opera singing—in close relation with the many forms of performance— are woven together in a game that aims to push the limits, a game where the most important elements, re-elaborated and combined with self-confident taste, are not afraid to constitute a show. The particular alchemy created between different musical themes (often composed by Guarino), melodies, light and sound effects, and the groups of characters gives the here and now a complex geography of passions and feelings (together with the vast related repertoire of gestures) that strongly connote the contemporary modernization of a-historical figures. Real types, or better, "characters" (according to the well-suited definitions of Theophrastus, subsequently reformulated by La Bruyère), these galleries of figures are absorbed by Guarino from the outset. He then reintroduces them into a larger context, where characters from popular melodrama, figures from romantic opera, and apparitions from avant-garde theatre manage to coexist. Such figures are then updated in an "other" space and time: that of the performance in real time in an art gallery, a museum, or a baroque church. The power and presence embodied by key figures, in dialogue with all of the other elements (textual, theatrical, allegorical), provide an opportunity for the appearance of a distinguished sensitivity and allow for a reflection on the meaning of life, death, and artistic representation, which is in spectacular tension with the peculiar taste for the ever-constant visual pleasure.

From the presence of death and resurrection in *Mater Dolorosa* to the esoteric gothic atmosphere of *House of Injection*, the passages of opera in *Aria*, and the spectacular (almost

Viene, se ne va, poi torna.
Credi di tenerlo, ti evita.
Vuoi evitarlo, ti prende!,
1998

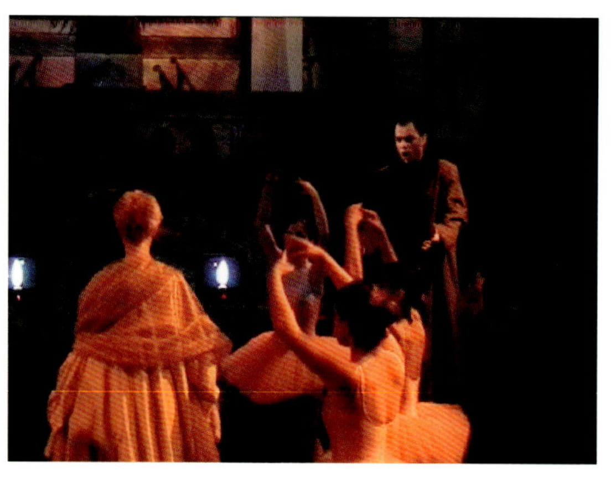

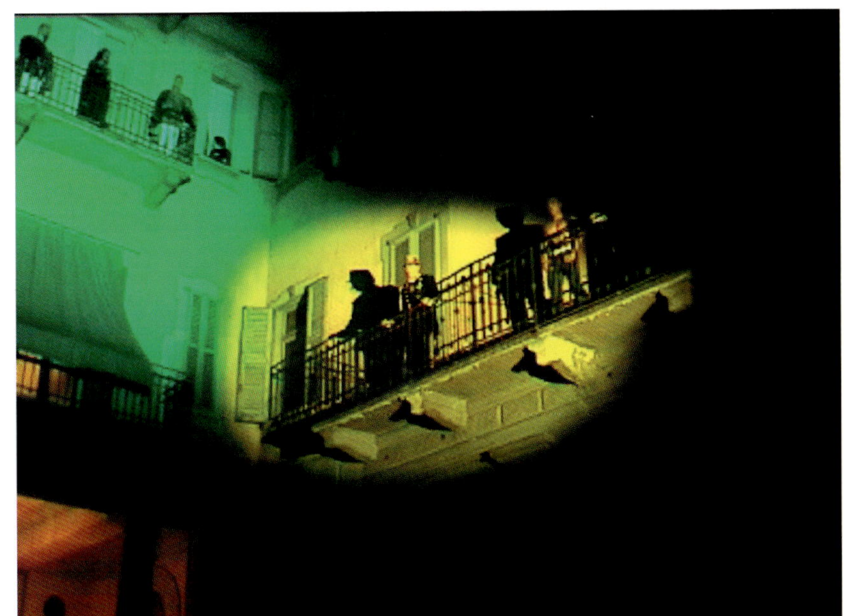

baroque) architectures of *Viene, se ne va, poi torna. Credi di tenerlo, ti evita. Vuoi evitarlo, ti prende!* (1998), we witness Guarino's very pronounced ability to begin from authentic *tableaux vivants*, full of descriptive power, and then present galleries of characters seemingly linked to one another. Only certain purely documentary photographs or videos can communicate an idea of the peculiar space-time created by the expressive force of this genuinely unique performance-experience: an atmosphere of total illusionistic power able to suspend any disbelief or bias and to transpose the observer into an enchanted, parallel dimension. The set of historically recognizable and identifiable elements and characteristics helps to avoid forcing these figures inside the temporal flux of the plot. On the contrary, thanks to the effect of immersion in the moment of performance, the protagonists seem to live in a state of pure reality, pure presence, time as it unfolds. And it is precisely the involving presence of music (never mere background or simple illustration with Guarino), with its indisputable ability to touch all of the spectator's emotions, that organizes the perception of space-time in a discourse that manages to speak simultaneously of desire, pleasure, eroticism, not opposed to or compared with the operative norms, but rather imagined in a fantastical, fabulous, and boundless world.

Elenco delle opere
List of Works

Giro Tondo, 1987
Scultura / sculpture, tecnica mista /
mixed media
p. 118

Carro funebre, 1988
(realizzato per la rassegna / made
for the event *Video storie*)
In collaborazione con / in
collaboration with Paolo Lastrucci,
Luigi Verde, Clemente Oliva,
Emilio Marino, vedovamazzei
(Stella Scala, Simeone Crispino),
Michele Guida, Antonio Marino,
Gennaro Bencivenga,
Gennaro Acquino, Enzo Pigliafora
VHS video a colori / color video, 43'06"
p. 119

A Day in my Mother's Bedroom,
1989
Installazione / installation, tecnica
mista / mixed media
pp. 100, 116

Gold Corner Piece, 1989
Scultura / sculpture, tecnica mista /
mixed media
p. 102

Divicomio, 1994
Fotocopia su acetato, teglie di
alluminio / photocopy on acetate,
roasting tins
pp. 104, 120

Archeological Memories, 1994
Fotocopia su acetato, teglie di
alluminio / photocopy on acetate,
roasting tins
p. 137

Unbalance, 1994
Fotocopia su acetato, teglie di
alluminio / photocopy on acetate,
roasting tins
p. 148

4 dive, 1995
Stampe serigrafiche / silkscreen prints
p. 106

I ritmi di Norma, 1996
Set di 11 biglietti da visita / set of 11
business cards
pp. 6-7

**Suspicion - More Horrible than the
Most Horrible Wrong of Wrongs**, 1996
Performance presso / at Victoria Miro
Gallery, Cork St, London, 22 dicembre /
December 1996
Scritto e diretto da / written and
directed by Claudio Guarino
Musiche / Music: Hayden Parsey
Cantanti / Singers: Jorunn Torsheim,
Annida Christofi, Parnnus Christofi,
Jane Deakin
Presentatore / Announcer: Laura
Macaulay
Interpreti / Performers: Christine Payne,
Phillip Baker, Simon Popper, Hayden
Parsey, Pepe
pp. 12-15, 107, 123, 150

Mater Dolorosa, 1997
Performance presso / at Victoria Miro
Gallery, Cork Street, London, 3-4 maggio
/ May 1997
Scritto e diretto da / written and
directed by Claudio Guarino
Musiche / Music: Claudio Guarino,
G.B. Pergolesi
Cantanti / Singers: Jorunn Torsheim,
Lara Moehlenhof, Annida Christofi,
Raman Guttridge, Jane Harvey
Interpreti / Performers: Jane Deakin,
Simon Hinks, Phillip Reynolds, Cate
Warren, Eleonore Crompton, Tom
Nelssen
Violoncello / Cello: Neil Shorney
Design del suono / Sound design: Mario
Veranda
Cappelli / Hats: Lucy Smith
pp. 16-23, 108, 125

House of Injection, 1997
Performance presso / at Institute of
Contemporary Art (ICA), London,
7 dicembre / December 1997
Scritto e diretto da / written and
directed by Claudio Guarino
Testo / Text: poesia di / poetry by

Gennaro Bencivenga
Musiche / Music: Hayden Parsey,
Biotoxic Corporation
Cantanti / Singers: Jorunn Torsheim,
Annida Christofi, Jane Deakin, Andrew
Thody, Muriel S. Reigrsberg
Danzatori / Dancers: Sabrina Venezia,
Aldo Alessio
Percussioni / Drums: Sarah Ellis
Interpreti / Performers: Simon Popper,
Christine Payne, Chiara Bersi Serlini,
Francesca Migliorati, Vivian Gaskin,
Lol, Sini, Patrizia Ricci
pp. 24-31, 134, 135, 143, 144, 147

Kit, 1998
Installazione di video a colori digitale
su 10 schermi in stanza oscurata
presso / 10 monitor color digital video
installation in darkened room,
Goldsmiths College, London, 1998, loop
Realizzato e diretto da / created and
directed by Claudio Guarino
Musiche / Music: improvvisazione /
improvised
Interpreti / Performers: Annida Cristofi,
Aldo Alessio, Antonia Cviic, Leandroa
Taliotis, Jorunn Torsheim, Lichi, Sonali,
Neil Shorney, Sarah Ellis, Anon
pp. 8-11

Aria, 1998
Performance presso / at galleria Artra,
Milano, 28 marzo / March 1998
Realizzato e diretto da / created and
directed by Claudio Guarino
Testo / Text: Gennaro Bencivenga
Musiche / Music: Claudio Guarino
Cantanti / Singers: Song Ju Hye,
Hyung Jun Kim, Seong Baei Kim,
Miyoung Hong
Interpreti / Performers: Gianni Muriglio,
Letizia Jorge, Marco Montangiero,
Orsola Capretti, Pasquale Geremicca,
Carlo Grandioso, Laura Viale
pp. 32-39, 140, 153, 155

**Viene, se ne va, poi torna. Credi di
tenerlo, ti evita. Vuoi evitarlo, ti
prende!**, 1998
Performance presso / at Chiesa di /

Church of Sant'Andrea, Pisa, 23 aprile /
April 1998
Realizzato e diretto da / created and
directed by Claudio Guarino
Testo / Text: Gennaro Bencivenga
Musiche / Music: Claudio Guarino
Cantanti / Singers: Annida Christofi,
Jorunn Torsheim, Antonio
Pommenunzio, Giovanni Ferrisi
Interpreti / Performers: Paola Bolelli,
Rita Paperini, Candida di Benvenuto,
Valentina Moretti, Pier Paolo Magnani
Chitarra elettrica / Electric guitar: Adriano
Conte, Pier Luigi Madonna
Coro / Chorus: S. Nicola
Corpo di ballo / Corps de ballet: l'Etoile
Prodotto da / Produced by: Fondazione
Teseco per l'Arte
A cura di / Curated by: Rita Selvaggio
pp. 40-45, 132, 136, 141, 154

Spasmodico, 1998
Performance presso / at Goldsmiths
College, London, 18 giugno / June 1998
Realizzato e diretto da / created and
directed by Claudio Guarino
Testo / Text: Gennaro Bencivenga
Musiche / Music: Claudio Guarino,
Giuseppe Verdi
Interpreti / Performers: Jane Bhoyroo,
Annida Christofi, Antonia Cviic,
Jorunn, Torsheim, Nicholas Watkiss
Voci / Text spoken by: Sabrina Venezia,
Aldo Alessio, Colin Harlow, Sarah Ellis,
Jane Harvey, Sonali Banerjee,
Phillip Baker, Camilla Masini Paoletti,
Francesca Migliorati, Graziano,
Afrodite
pp. 46-49, 138, 139, 152, 153

Mimicry, 1998
Performance presso / at Tea Factory,
Liverpool, UK, 3 luglio / July 1998
Performance presso / at Camden Art
Centre, London, 6 agosto / August 1998
Scritto e diretto da / written and
directed by Claudio Guarino
Musiche / Music: Claudio Guarino
Interpreti / Performers: Jane Bhoyroo,
Annida Christofi, Antonia Cviic,
Leandros Taliotis, Preshanthi

Navaratnam, Sarah Ellis, Jane Harvey,
Francesca Migliorati, Sabrina Venezia,
Aldo Alessio, Graziano
pp. 50-55, 138, 151

Aria, 1998
Video a colori digitale / color digital
video, 9'25"
Scritto e diretto da / written and
directed by Claudio Guarino
Musiche / Music: Claudio Guarino
Cantanti / Singers: Song Ju Hye,
Hyung Jun Kim, Seong Baei Kim,
Miyoung Hong
Interpreti / Performers: Orsola Capretti,
Pasquale Geremicca, Jordanus Tekle,
Sandro Jorge, Carlo Grandioso
pp. 56-57, 140, 153, 155

Duet Song, 1999
Video digitale, bianco e nero / black
and white digital video, 4'01"
Scritto e diretto da / written and
directed by Claudio Guarino
Musiche / Music: Richard Wagner dal
Tristano e Isotta / from *Tristan und Isolde*
Interprete / Performer: Antonio
Marruzzella
pp. 58-61

Ragù, 1999
Video a colori digitale / color digital
video, 69'05"
Scritto e diretto da / written and
directed by Claudio Guarino
Musiche / Music: Claudio Guarino
Interpreti / Performers: Sabrina Venezia,
Colin Harlow, Laura Macaulay,
Gennaro Bencivenga, Nando D'Angelo,
Phillip Baker, Antonio Marruzzella,
Francesca Migliorati
Voce fuori campo / Voice Over: Aldo
Alessio
Ragù cucinato da / ragù sauce cooked
by Steve Child
pp. 62-65

Fio ragni, 1999
Animazione, video a colori digitale /
animation, color digital video, 33"
p. 105

Mouths, 1999
Animazione, video a colori digitale /
animation, color digital video, 2'22"
pp. 120-121

Kiss of Tosca, 2000
Video a colori digitale / color digital
video, 13'10"
Realizzato e diretto da / created and
directed by Claudio Guarino
Prodotto da / produced by galleria
Artra e / and Claudio Guarino
Testo / Text: traduzione inglese del
secondo atto della *Tosca* di Puccini /
English translation of the second act
of Puccini's *Tosca*
Interpreti / Performers: Haver Chasen,
Terence Brown, Antonio Marruzzella,
Nando D'Angelo
Trucco / Make-up: Clemente Oliva
pp. 66-71, 113

Distance, 2001
Video a colori digitale / color digital
video, 6'
Scritto e diretto da / written and
directed by Claudio Guarino
Interprete / Performer: Nasser Abdul
Lahis
pp. 72-75

Scherzo, 2001
Video a colori digitale / color digital
video, 2'38"
Scritto e diretto da / written and
directed by Claudio Guarino
Interprete / Performer: Julie Blaise
pp. 76-81

La ninnia, 2002
Video a colori digitale / color digital
video, 5'30"
Scritto e diretto da / written and
directed by Claudio Guarino
Musiche / Music: Una ninnia di / A ninnia
(lullaby) by Maria Carta
Interprete / Performer: Benna Harper
Teste / Heads: Claudio Guarino, Nahoko
Kudo, Rody Canas, Philip Baker,
Gennaro Bencivenga, Clemente Oliva
pp. 82-85

Lost - The Unmoveable Desire, 2002
Registrazione in formato di video a
colori digitale di film 8mm / 8mm film
transferred to color digital video, 2'43"
Scritto e diretto da / written and
directed by Claudio Guarino
pp. 86-89

Limit, 2003
Video a colori digitale / color digital
video, 3'55"
Scritto e diretto da / written and
directed by Claudio Guarino
Interprete / Performer: Gennaro
Bencivenga
Cantante / Singer: Yukiko Yoshimoto
pp. 90-93, 130

Japanese Flowers, 2003
Video a colori digitale (non terminato)
/ color digital video (unfinished)
pp. 94-95

Vanitas, 2003
Installazione a tecnica mista / mixed
media installation
pp. 96-99

Beato, 2003
Video a colori digitale / color digital
video
p. 149

Apparati
Appendix

Biografia / Biography

Claudio Guarino è nato a Cesa
(Caserta) nel 1966, ed è morto a
Londra, nel 2004.
Claudio Gaurino was born in Cesa
(Caserta), 1966, and died in London,
2004.

Studi / Education

Accademia delle Belle Arti, Napoli

1995-1998
BA (Hon.), Fine Art, Goldsmiths
College, London

2001-2003
MA Photography, Royal College of Art,
London

**Mostre personali selezionate /
Selected Solo Exhibitions**

2005
Claudio Guarino Video Works, Royal
College of Art, London

2002
Lost the Unmoveable Desire,
galleria Artra-Palazzo Ducale, Genova

2000
The Kiss of Tosca, galleria Artra, Milano

1998
Aria, galleria Artra, Milano

1992
Strappi, Filef Centre, London

**Mostre collettive selezionate /
Selected Group Exhibitions**

2003
Video Invitational, fa projects, London

2002
Foreign, Kyoto Art Centre, Kyoto
Sledge, Jam Factory, London
Meantime, Royal College of Art, London

2001
Avviso ai naviganti, galleria Artra, Milano

2000
I giochi e le fiabe, Museo Laboratorio
d'Arte Contemporanea,
Città Sant'Angelo (Pescara)
Eurostar, Westland Place Gallery, London

1999
Soggettività e narrazione, Museo d'Arte
Contemporanea, Castello di Rivoli,
Torino

1998
newcontemporaries98, Tea Factory,
Liverpool; Camden Arts Centre,
London
Moltimediamania, Palazzo Reale, Napoli

1997
Corto circuito, Palazzo Reale, Napoli
Reprojection, Oval House, London
Degree Show, Goldsmiths College,
London

1996
Italians 2, Sala Partecipanza, Bologna

1995
Italians, 30 Underwood Street, London

1992
Shy Stockwell Sky, Filef Centre, London

1988
Circumvesuviana, Ultimate Academy,
Köln
*Ogni tanto vado sotto un Tir, mi distende i
nervi*, Cesa (Caserta)

**Performance operistiche / Opera
Performances**

1998
Mimicry, newcontemporaries98, Tea
Factory, Liverpool e / and Camden Arts
Centre, London
Spasmodico, Goldsmiths College,
London
*Viene, se ne va, poi torna. Credi di tenerlo,
ti evita. Vuoi evitarlo, ti prende!*, Chiesa di
/ Church of Sant'Andrea, Pisa
Aria, galleria Artra, Milano

1997
Mater Dolorosa, Victoria Miro Gallery,
London
House of Injection, Institute of
Contemporary Art, London

1996
Suspicion, Victoria Miro Gallery, London

Premi / Awards

2002
Kyoto City University of Art Awards

1997
Hammand Butt Awards

Bibliografia / Bibliography

2008
Claudio Guarino, Milano, Edizioni
Charta.

2002
"Claudio Guarino", mentelocale.com.
Viana Conti, "Lost", *Arte e critica*, n. 30.
Maria Rosa Sossai, *Artevideo: Storie e
culture del video d'artista in Italia*, Milano,
Silvana Editoriale, pp. 81-83.

2001
Maria Rosa Sossai, "Sconfinamenti:
Video art in Italia", *Flash Art*, febbraio /
February.
Adriana Martino, "I Giochi e le Fiabe",
Flash Art, gennaio / January.

2000
Giorgio Verzotti, "The Kiss of Tosca",
Artforum International, novembre /
November.
Caroline Corbetta, "Artisti italiani a
Londra", *Kult*, giugno / June.

1998
David Burrows,
"newcontemporaries98", *Art Monthly*,
n. 219.
Karen Wright, "newcontemporaries98",
Modern Painters, n. 11.
Jacqueline Ceresoli, "Aria", *Juliet*, n. 88.

1995
John Stathalos, "Italiano", *Untitled*, n. 7.

Claudio Guarino

Un appassionato artista italiano con un inconsueto senso del melodramma

Negli ultimi dieci anni, Claudio Guarino, morto all'età di 38 anni, si è divertito a capovolgere le convenzioni dell'arte britannica. Laddove la moda prediligeva il cerebrale e l'austero, le opere di Guarino propendevano per la passione, il melodramma e l'opera.

L'opera l'aveva accompagnato sin dall'infanzia, trascorsa a Cesa, vicino a Napoli, e ogniqualvolta visitava una città nuova trascinava immediatamente i suoi amici, volenti o nolenti, al locale teatro d'opera. Aveva studiato belle arti all'Accademia di Napoli, ma il corso di studi si era rivelato troppo limitativo e tradizionale.

Quando visitò la Gran Bretagna nei primi anni Novanta, Claudio percepì l'energia irrequieta del mondo delle arti visive che sembrava mancare in Italia. Si trasferì subito a Londra, lavorando per breve tempo come cameriere in un hotel vicino a Charlotte Street, uno dei tanti lavori che non mantenne mai a lungo. Dopodiché fondò una società che si occupava dell'allestimento di stravaganti vetrine per negozi. Il suo primo lavoro per il gioielliere Tiffany, preparato mettendo insieme riviste piegate, si rivelò un trionfo, ma ben presto si stancò anche di questo impiego, che mai più svolse.

Nel 1995 fu selezionato per *Italians*, una mostra collettiva, a Londra e Bologna, che presentava opere di giovani artisti italiani che lavoravano in Inghilterra. Strinse amicizia con altre due partecipanti, Elisa Sighicelli e Giuseppina Esposito. Entrambe studiavano nello stesso college d'arte i cui corsi gli parvero molto più interessanti di quello di disegno classico che era stato costretto a seguire in Italia.

Decise immediatamente di iscriversi al college d'arte e quando Sighicelli gli suggerì di fare un elenco di altre scuole, nel caso la prima l'avesse respinto, rifiutò. O il Goldsmiths College, a sud di Londra, o niente. Alla domanda di iscrizione allegò il lavoro eseguito per Tiffany, ma una cosa lo preoccupava tantissimo: il panciotto che aveva intenzione di indossare sarebbe stato abbastanza brillante? Naturalmente sì, e venne accettato.

All'epoca gli studenti del Goldsmiths eseguivano lavori poveri, austeri e seri, sperando di ripercorrere le orme degli Young British Artists. Una compagna di studi, Nahoko Kudo, ricorda una delle prime installazioni di Claudio, con venti grandi elicotteri giocattolo, ciascuno provvisto di un'immagine della Madonna appesa sotto. Gli studenti intellettuali e il personale guardarono con sospetto a questa esibizione di sentimentalismo latino, ma quando Claudio accese tutti gli elicotteri che si alzarono in volo ronzando e rombando, gli spettatori rimasero impressionati, anche senza capire il perché.

Al Goldsmiths si insegnavano anche musica, danza e moda e Claudio si divertiva a convincere gli studenti di altri dipartimenti a partecipare agli eventi che dovevano diventare i suoi lavori tipici: performance operistiche negli spazi delle gallerie, concentrati più sull'estetica visiva che musicale. Durante il secondo anno, gli fu chiesto di realizzare due opere site-specific, *Suspicion* e *Mater Dolorosa*, presso la Victoria Miro Gallery.

Claudio rovesciò come suo solito il normale rapporto esistente tra pubblico e performance. La performance si svolgeva all'interno della galleria mentre il pubblico rimaneva fuori in Cork Street, scrutando dalla vetrina e ammirando un *tableau vivant* di cantanti lirici in costumi esagerati. La sua opera fu scelta per *New Contemporaries* (1998); in seguito egli montò pezzi sempre più ambiziosi all'ICA, e a Genova, Roma e Pisa.

Uomo dotato di un calore umano immenso, incantava le persone più improbabili convincendole a collaborare alla realizzazione delle sue opere. Quando *Aria* fu realizzato alla galleria Artra di Milano, con un cast di studenti coreani reclutati alla scuola dell'opera di Milano, Claudio volle ambientare il lavoro sulla dozzina di balconi affacciati sul cortile, all'esterno della galleria. I balconi, però, appartenevano ad appartamenti privati. Imperterrito, persuase le famiglie a rinunciare alle loro case per quella sera: nessuna di esse si rifiutò.

Claudio fu sempre affascinato dal parallelismo tra l'opera italiana e il melodramma stilizzato delle tradizioni giapponesi Kabuki e Noh; prima di lasciare l'Italia aveva studiato il giapponese per due anni. Durante il suo Master of Arts al Royal College, vinse una borsa di studio che gli permise di trascorrere tre mesi all'università di Kyoto.

Tuttavia, probabilmente, iniziava già a soffrire del cancro che successivamente gli verrà diagnosticato come incurabile. La morte, che nei suoi lavori era sempre stata rappresentata in maniera macabra e giocosa, assunse un tono più cupo. L'anno scorso, con il poeta Gennaro Bencivenga, un vecchio compagno di scuola, Claudio realizzò *Limit*, un film che evoca il dipinto di Mantegna del Cristo morto.

Pur rimanendo un ospite squisito e un ottimo cuoco, le condizioni di Claudio peggiorarono sempre più ed egli prese a odiare la pressione che la sua lenta morte avrebbe esercitato su Steve Child, suo compagno da molti anni. Prese una camera proprio in quell'hotel vicino a Charlotte Street, e lì scrisse messaggi affettuosi e personali a molti suoi amici. Fu trovato morto il giorno successivo.

Tony Knox

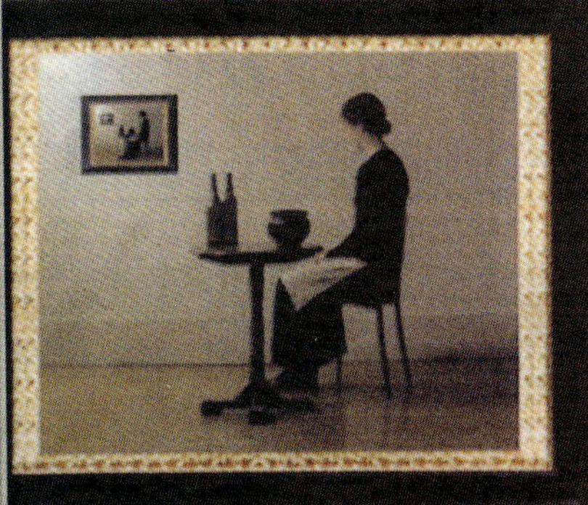
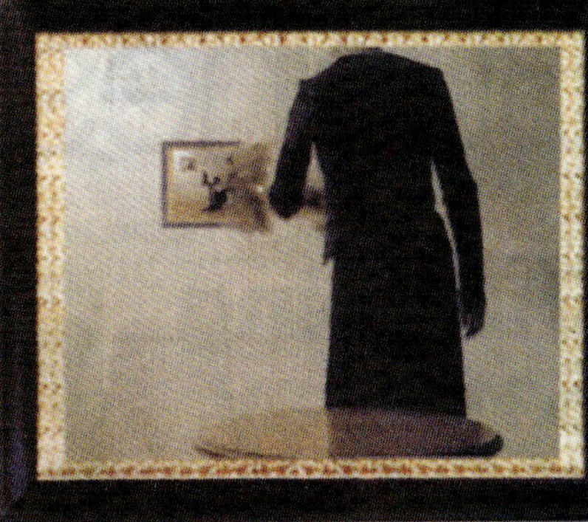
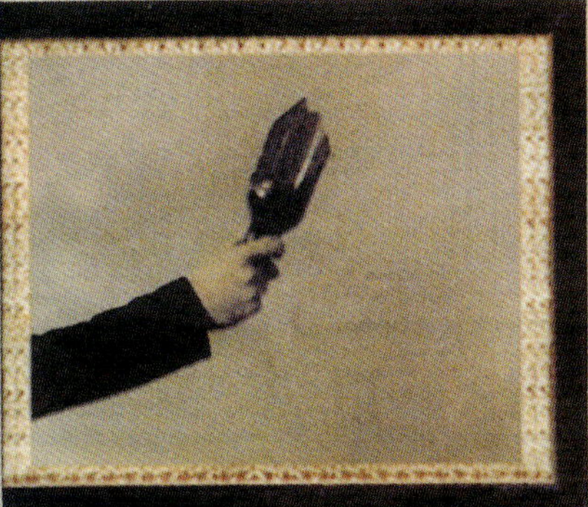
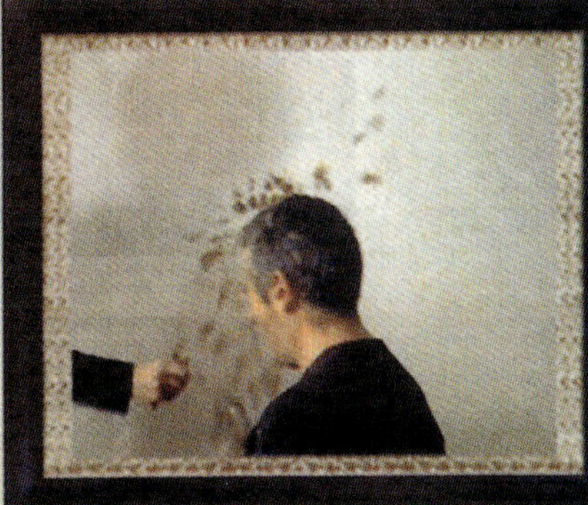

Claudio Guarino

Passionate Italian artist with an unfashionable sense of melodrama

For the past decade, Claudio Guarino, who has died aged 38, delighted in overturning the conventions of British art. Where fashion favoured the cerebral and the austere, Guarino's work was passionate, melodramatic and operatic.

Opera was always played at home while he was growing up in Cesa, near Naples; whenever he visited a new city, he would immediately drag his friends, willing or no, to the local opera house. He studied fine art at the Naples Accademia, but found the course restrictive and traditional.

When he visited Britain in the early 1990s, Claudio sensed a restless energy in the visual world that seemed lacking in Italy. He promptly moved to London, working, briefly, as a hotel waiter near Charlotte Street, though he never stayed long in one job. After that, he set up a business creating extravagant window displays. His first commission, for Tiffany's, the jewellers, was a triumph, concocted from folded magazines; but he immediately got bored, and never attempted another.

In 1995, he was selected for Italians, a group art exhibition in London and Bologna, featuring the work of young Italian artists working in England. Two other participants, Elisa Sighicelli and Giuseppina Esposito, became close

Guarino . . . the artist in characteristic pose, and (above) a sequence from his film, Lost The Unmoveable Desire (2002)

friends. Both were studying at art college, and their courses sounded far more interesting to Claudio than the classical drawing he had been forced to do in Italy.

He immediately decided to apply to art college himself. When Sighicelli suggested that he list several different schools, in case his first choice turned him down, he refused. It was to be Goldsmiths College, in south London, or nothing. He included the Tiffany display in his application, but worried more about whether the waistcoat he was planning to wear at his interview was sufficiently dazzling. Clearly it was; he was accepted.

Goldsmiths students at that time were making lean, spare, thoughtful work, hoping to follow in the footsteps of the Young British Artists. A contemporary, Nahoko Kudo, remembers one of Claudio's early installations, with 20 large toy helicopters each carrying an image of the Madonna slung beneath them. The cerebral students and staff looked at this display of Latin emotion with suspicion, but, when Claudio switched all the heli-

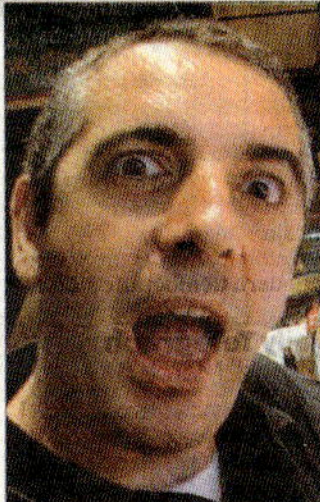

copters on, and they buzzed and whirred away, the viewers were impressed, even if they did not understand why.

Goldsmiths also taught music, dance and fashion, and Claudio revelled in persuading students in other departments to take part in the events which became his characteristic work — operatic performances in gallery spaces, focusing on the visual, rather than the musical aesthetic. By his second year, he was asked to make two site-specific pieces, Suspicion and Mater Dolorosa at the Victoria Miro gallery.

Typically, Claudio reversed the normal relationship between audience and performers. The performance took place inside the gallery; the audience stood outside in

When he applied to art college, he worried most about whether the waistcoat he planned to wear was sufficiently dazzling. Clearly, it was; he was accepted

Cork Street, gazing through the window at a *tableau vivant* of opera singers in outrageous costumes. His work was chosen for New Contemporaries (1998), and he mounted increasingly ambitious pieces at the ICA, and in Genoa, Rome and Pisa.

An immensely warm man, he charmed the most unlikely people to cooperate in his work. When Aria was shown at the Artra gallery in Milan, with a cast of Korean students recruited from the Milan opera school, Claudio wanted to set the piece around the dozen or so balconies that overlook a courtyard outside the gallery. But the balconies belonged to private flats. Undeterred, he coaxed the families into giving up their homes for the evening; not

one family turned him down.

Claudio was always fascinated by the parallels between Italian opera and the stylised melodrama of the Kabuki and Noh traditions of Japan; he had studied Japanese for two years before he left Italy. While doing his MA at the Royal College, he won a scholarship to spend three months at Kyoto University.

But he was probably already beginning to suffer from the cancer which he was subsequently told was incurable. Death, which had always featured in his work in a macabre, playful way, took on a more sombre note. Last year, with the poet Gennaro Bencivenga, a friend from schooldays, Claudio made Limit, a film piece echoing Mantegna's painting of Christ in the tomb.

Although he remained a wonderful host and a fine cook, Claudio was becoming increasingly ill, and hated the pressure that his slow death would put on Steve Childs, his partner over many years. He checked into that same hotel near Charlotte Street, and wrote warm, personal notes to many of his friends. He was found dead there the following day.
Tony Knox

Claudio Guarino, artist, born January 23 1966; died February 18 2004

Progetto grafico / Design
Gabriele Nason, Daniela Meda

Coordinamento redazionale / Editorial Coordination
Filomena Moscatelli

Redazione / Copyediting
Federica Cimatti
Emily Ligniti

Traduzione / Translation
Valeria Chiodetti
Gianmarco Del Re
Livia Signorini
Kelly Zinkowski

Copy e Ufficio stampa / Copywriting and Press Office
Silvia Palombi Arte&Mostre, Milano

Direttore editoriale USA / US Editorial Director
Francesca Sorace

Promozione e Web / Promotion and Web
Monica D'Emidio

Distribuzione / Distribution
Antonia De Besi

Amministrazione / Administration
Grazia De Giosa

Magazzino e Spaccio / Warehouse and Outlet
Roberto Curiale

Copertina / Cover
Aria, 1998

Referenze fotografiche / Photo Credits
Riho Aihara
Steve Child
Lucio Guarino
Elisa Sighicelli

Ci scusiamo se per cause indipendenti dalla nostra volontà abbiamo omesso alcune referenze fotografiche.
We apologize if, due to reasons wholly beyond our control, some of the photo sources have not been listed.

ISBN 978-88-8158-671-4

Edizioni Charta srl
Milano
via della Moscova, 27 - 20121
Tel. +39-026598098/026598200
Fax +39-026598577
e-mail: edcharta@tin.it

Charta Books Ltd.
New York City
Tribeca Office
Tel. +1-313-406-8468
e-mail:
international@chartaartbooks.it
www.chartaartbooks.it

Printed in Italy

Grazie alle famiglie e a tutti gli amici
di Claudio che, dalla sua morte, ci sono
sempre stati vicini.

Un ringraziamento particolare va alla
"famiglia" di Londra:
Steve Child, Gennaro Bencivenga,
Nahoko Kudo, Elisa Sighicelli,
Ruben Levi, Giuseppina Esposito,
Tony Knox, Gabriella Sancisi,
Lucy Harris, David Leister,
Eva Tait e Gianmarco Del Re.

Grazie a Simeone Crispino,
Stella Scala e Clemente Oliva.

Grazie ancora ad Artra,
Marcella Stefanoni e Massimo
Masciulli, al Royal College of Art
e a Victoria Miro.

Un ringraziamento speciale a
Teresa LoCastro e alla famiglia
di Claudio.

Grazie a Liz Godwin e alla famiglia
Child per essere stati sempre presenti.

Grazie a tutti coloro che hanno
collaborato nelle performance
e nei video di Claudio.

Grazie a Giorgio Verzotti
e Francesco Bernardelli per i testi
contenuti in questo libro.

Thanks to all of Claudio's friends
and families who have been so
supportive since his untimely death.

Particular thanks go to
the London "family":
Steve Child, Gennaro Bencivenga,
Nahoko Kudo, Elisa Sighicelli,
Ruben Levi, Giuseppina Esposito,
Tony Knox, Gabriella Sancisi,
Lucy Harris, David Leister,
Eva Tait, and Gianmarco del Re.

Thanks to Simeone Crispino,
Stella Scala, and Clemente Oliva.

Thanks to Artra and Marcella
Stefanoni and Massimo Masciulli, The
Royal College of Art,
and Victoria Miro.

Special thanks to Teresa LoCastro
and Claudio's family.

Thanks to Liz Godwin and the Child
family for always being there.

Thanks to all those who collaborated
in the performances and videos of
Claudio.

Thanks to Giorgio Verzotti and
Francesco Bernardelli for their texts in
this book.

To find out more about Charta, and to learn
about our most recent publications, visit

Per saperne di più su Charta ed essere
sempre aggiornato sulle novità entra in

www.chartaartbooks.it

Finito di stampare nel maggio 2008
per conto di Edizioni Charta